現代応用社会心理学講座—2

快適環境の社会心理学

岩田 紀 編著

ナカニシヤ出版

まえがき

　今日われわれが直面している環境にかかわる問題は、ごみ処理や近隣騒音といった地域環境にかかわるものからオゾン層の破壊や酸性雨といった地球環境にかかわるものまで多種多様である。しかも環境にかかわる多様な問題は年々深刻の度を増してきており、われわれの将来の快適な生活はこれらの問題を解決あるいは緩和することにかかっている。したがって、快適環境の確保が今日ほど重要な課題になった時代はないであろう。

　このような社会的背景を顧慮すれば、今回ナカニシヤ出版によって企画された『現代応用社会心理学講座』の第2巻として『快適環境の社会心理学』が加えられたことはきわめて意義深いことであり、環境心理学の分野で長年仕事をしてきた者にとっては喜ばしいかぎりである。

　環境には従来の社会心理学が扱ってきた社会的環境と環境心理学が扱う物理的環境があるが、本書では環境心理学的視座から快適環境について論ずることにする。快適環境について考える際には、環境あるいは環境刺激と人間との関係について理解を深めることが必要である。したがって、第Ⅰ部の「環境と人間」では、第1章で環境刺激と人間の関係について述べる。また、われわれをとりまく環境は人間が構築した人工的環境と自然環境に分けられるが、第2章では圧倒的多数の人々が居住する人工的環境である都市環境の特質と人間の関係について、そして第3章では自然環境と人間の関係について明らかにする。

　第Ⅱ部では主要なタイプの環境をよりミクロな環境からマクロなものまでとりあげ、第4章では住宅環境、第5章では住宅のなかでも特有な問題を有する超高層集合住宅、第6章ではオフィス環境、第7章では学校環境、そして第8章では地域環境について、それぞれ、快適環境とはどのようなものであり、それを規定する要因にはどのようなものがあるか、そしてどのようにして快適環境を創出するかについて述べる。なお、快適環境に関して人間工学の分野で豊富な知識が蓄積されているが、社会心理学に関する講座の1巻であるという本

書の性格上，人間工学の分野にかかわる詳細な知識の記述は極力さしひかえた。

一方，上述のよりミクロな環境の快適性は地球全体のマクロな環境がどのような状況にあるかによって規定される。このことは，環境の快適性について論ずる際，地球環境が適切な状態であるか否かがもっとも根幹にある重要な問題であることを意味している。したがって，第III部では，よりミクロな快適環境を創出あるいは維持するための前提として，われわれが生活するもっともマクロな環境である地球環境を保全するためのさまざまな方略を提示することにする。第9章では地球環境の汚染や破壊の問題と環境保全のために何をなすべきかについて，第10章では環境保全のための環境教育について，そして第11章では環境保全の実践についてふれる。

各章の執筆はそれぞれの分野で顕著な業績を上げている第一線の研究者や環境心理学の分野で活発な研究を行っている研究者に依頼してご快諾いただいた。これらの執筆者のご協力を得て，環境心理学の分野の最新の研究成果を盛りこんだ従来の類書に見られない書物を刊行することができたと自負しているが，これもひとえに執筆者各位のご努力とご協力の賜物であると編者として厚くお礼申し上げる次第である。なお，第10章は態度や態度変容の研究成果を交えながら環境教育のあり方とその実践について論じることのできる執筆者を期待したが，残念ながら心理学の世界でそのような執筆者を見いだすことができず，教育を専門とする方に執筆をお願いせざるをえなかった。したがって，本書の構成上，第10章が読者に違和感を与えるとすれば，それは編者の責任であるが，本章が心理学徒の環境教育への関心とこの分野の心理学的研究を触発することができれば幸せである。

最後に，本書の編集の労をおとりくださったナカニシヤ出版編集長宍倉由高氏に厚くお礼申し上げる次第である。また，すべての原稿が揃うまでに2年以上を要し，早々と玉稿をいただいた執筆者の方々にご迷惑をかけたことをお詫びしたい。

地球環境の未来を案じつつ
2001年2月
編　者

目　次

まえがき ———————————————————— 1

第I部　環境と人間 ———————————————— 7

1章　環境刺激と人間 ———————————————— 8
　　　1．環境―人間行動への関心　8
　　　2．人間と環境のかかわり　10
　　　3．人間―環境研究に関する理論を求めて　21

2章　都市環境と人間 ———————————————— 29
　　　1．都市の特質と都市化　29
　　　2．都市の快適性　33
　　　3．都市環境の特質と影響―過密の影響　37
　　　4．都市環境の特質と影響―環境刺激の影響　41
　　　5．都市環境と社会行動　44

3章　自然環境と人間 ———————————————— 49
　　　1．はじめに　49
　　　2．自然環境の概念　50
　　　3．自然環境―人間に関する研究の動向　54
　　　4．自然環境―人間に関する主要な研究分野　57
　　　5．今後の展望　64

第II部　快適環境の創造 ——————————————— 69

4章　住宅環境と居住性 ——————————————— 70
　　　1．はじめに　70

2．居住環境の快適性　71
3．平面計画と使いやすさ　75
4．室内の安全性と使いやすさ　79
5．インテリアのデザイン計画　81
6．環境心理学と住宅計画　84

5章　超高層集合住宅 ──────────── 90
1．超高層集合住宅の現状　90
2．超高層集合住宅の心理的ストレス―居住者への心理的行動的影響　94
3．まとめ　113

6章　オフィス環境の快適性 ──────────── 117
1．なぜオフィスなのか　117
2．オフィス研究の方法　119
3．オフィスのかかえる問題―狭さと開放感　121
4．オフィスにおける生産性　123
5．オフィスの快適性と個人スペース　126
6．これからのオフィス　135

7章　学校環境の快適性 ──────────── 142
1．体験のなかの学校　142
2．学校の建築空間における快適性　144
3．キャンパス空間の快適性　153
4．学校空間を創造するためのデザインプロセス　158

8章　地域環境と快適性 ──────────── 169
1．地域環境と住民の生活　169
2．地域環境の構成要素と構造　171
3．地域環境の計量指標　175
4．地域環境に関する快適性の評価　175

5．地域の環境改善による快適性の向上　*180*
　　　6．地域の環境整備における効率性と公平性　*182*

第Ⅲ部　地球環境の保全 ―――――――――――――*189*

9章　地球環境と人間 ――――――――――――*190*
　　　1．環境問題の新たな局面　*190*
　　　2．環境ハザードとリスク・コミュニケーション　*195*
　　　3．環 境 態 度　*200*
　　　4．人間の未来：環境倫理　*206*

10章　環境保全と環境教育 ―――――――――――*209*
　　　1．は じ め に　*209*
　　　2．環境教育の国際的動向　*210*
　　　3．諸外国の環境教育の動向から学ぶ主な視点　*215*
　　　4．日本の環境教育　*218*

11章　環境保全の実践 ――――――――――――*229*
　　　1．環境保全についての態度と行動の規定因　*229*
　　　2．環境配慮行動を促進するための社会心理学的アプローチ　*233*
　　　3．環境ボランティアによるアクション・リサーチ　*239*
　　　4．お わ り に　*247*

索　引 ――――――――――――――――――*251*

I
環境と人間

環境刺激と人間

1

石井眞治

1 環境ー人間行動への関心

　今世紀において，今日ほど，われわれ人間をとりまく「環境」や「環境と人間行動」に対して，人々や科学者の関心が寄せられた時代はなかったであろう。
　大山・望月（1979）も指摘するように，「環境」という言葉は今日，問題とされている意味では辞書に見あたらず，都市や邑の意味で使用されているだけである。心理学でも，Milieu（中心をもった広がり）や Habitat（生物の住む場所）の英語訳として使用されていた。
　1960年代に入り，人口の増加，都市への人口移動に伴う都市の過密，居住環境の悪化，交通事情の悪化，大気汚染や水の汚染，さらには周辺地域の過疎化，資源の枯渇や地球の砂漠化など，われわれ人間をとりまく環境に変化が現われはじめた。こうした環境の変化に伴い，人々の行動や意識も変化し，快適な生活の場としての地球の存続，人間が快適に暮らしていくための環境のあり方が，大きな社会問題となってきた。
　一方，生物学，地理学，法律学，経済学，建築学，心理学をはじめとする，人類が幸福に暮らせる方法を模索すべき，また，そのような環境を構築すべき科学者たちも，重大な問題である「環境」や「人間と環境のあり方」については，今日ほど真剣に考えてこなかった。心理学に限定するならば，人間の行動を理解するもっとも適切な方法は，「制御された刺激」を人間をとりまく環境と考え，このような刺激と知覚，認知，学習などとの因果関係を明らかにすることであると考えてきた。

1970年代にはいり，われわれをとりまく環境の悪化が深刻になるとともに，人類が快適に暮らすためにはどのような環境が好ましいのか，どのような環境を構築すべきかを研究する，伝統的な学問領域を越えた学際的な性格をもった環境心理学が台頭し，今日までに，さまざまな理論や研究成果が蓄積されるにいたった。

StokolsとAltman（1978）は，いままでの研究を概括し，1970年以降，人間と快適環境に関する研究については，伝統的な心理学のうえに，パーソナル・スペース，クラウディング，テリトリー，環境に対する態度，環境評価，空間認知，資源の保全，行動セッティング，環境のストレスに対する人間の反応，コミュニティの健康問題など，従来の心理学や建築学，地理学，社会学ではみられなかった現象（人間行動）が研究対象としてとりあげられてきたことを指摘し，環境―人間行動を理解するためのさまざまな理論が提唱されてきたことを明らかにしている。

また，Altman（1973）は，快適な環境を構築するためには，人間と環境の関係を巨視的かつ学際的にとらえることが必要であることを指摘し，さまざまな人間―環境研究が図1-1のような三次元空間のどこかに位置づけられると主張している（永田，1979）。

Altman（1973）は場所（環境対象），現象（行動概念），過程という3つの次元を想定し，環境と人間行動を考えている。場所とは国，都市，建物のような「まとまりをもつ全体」である。現象とはプライバシーとかテリトリーなどの顕在的な人間の行動やその心理状態である。過程は

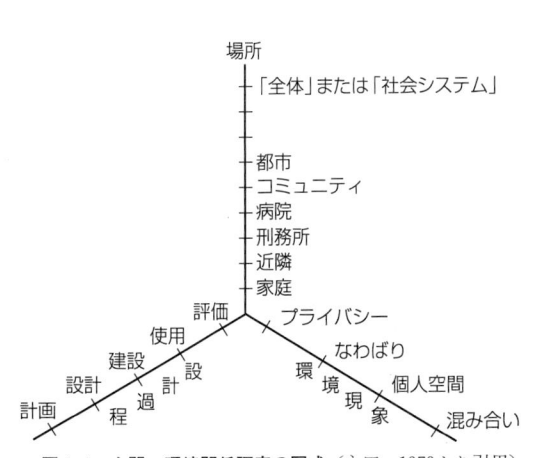

図1-1 人間―環境関係研究の図式（永田，1979より引用）

構築すべき環境の具体的な設計，使用，評価などの過程である。いずれの場所が対象であれ，人間にとって快適な環境，適切な人間―環境の関係を構築するためには，次の3点，即ち，(1)人間とはいかなるものか，(2)環境は人間にとってどのような意味や力があるのか，(3)環境は人間にどのような過程を経て影響を及ぼすのかを明らかにする必要があるとしている。

本書では，以上の3点から人間―環境の関係を明らかにしていく。

2　人間と環境のかかわり

(1)　人間と環境の関係

心理学だけが人間―環境の関係に関心を示してきたわけではないが，環境は人間にどのような過程を経て影響を及ぼすかについて考える前に，いままでの心理学理論が，人間の行動，人間，環境をどのように考えてきたかについて知っておく必要がある。人間―環境の研究において提唱されてきた理論やモデルは，究極的には，人間，環境それぞれがどのような力や機能を有し，その力や機能が人間―環境の関係のなかでどのように作用するかに関する考え方だからである。表1-1はいくつかの人間―環境理論の仮説を検討し，それぞれの仮説が人間，環境の力をどのように考えているのか，また，このような仮説に影響を与えたと思われる伝統的な心理学の理論について整理したものである。

表1-1　人間―環境関係に関するモデル

	理論		行動に及ぼす影響力の重視度		
	伝統的心理学理論	人間―環境論	人間特性	媒介特性因	環境特性
個人決定観	人格理論 認知発達論 均衡理論	覚醒理論 情動論 刺激負荷理論 個人空間論	高	無	低
相互作用観	ゲシュタルト理論 生活空間論	空間近接学	中 中	高 高	中 中
相互交流観	相互交流理論		高	高	高
環境決定観	・行動主義論 ・物理的環境決定論	適応水準理論	低 無	低 無	高 高

(2) 伝統的な心理学理論

1）個人決定観　人間の行動に及ぼす環境の影響を完全に無視するというわけではないが，人間の能動性，機能性を重視する考え方である。精神分析理論，人格理論，認知論などである。

①人間刺激要求論　人間は本来刺激を求める存在であるという考え方がHeron（1957）によって提起された。彼は図1-2のような実験室に学生を寝かせその反応を調べている。学生はベッドに寝かされ，外部からの刺激を遮断するために，半透明のメガネをかけていた。部屋は防音室であり，一定の明るさが維持されていた。学生は報酬をもらい，部屋の中では寝台で休むように求められ，その間の脳波が測定された。その結果，認知の能力が低下するとともに，幻覚が生じた。また，脳損傷の場合に認められるのと同様の脳波が現われた。

この研究は，われわれが人間―環境の関係を考える際に考慮しなければならない重要なことを示唆している。それは，人間は環境からの適度の刺激が与えられないかぎり心身の正常な機能を維持することができないということである。このことは人間が刺激を求める存在であるということを意味している。

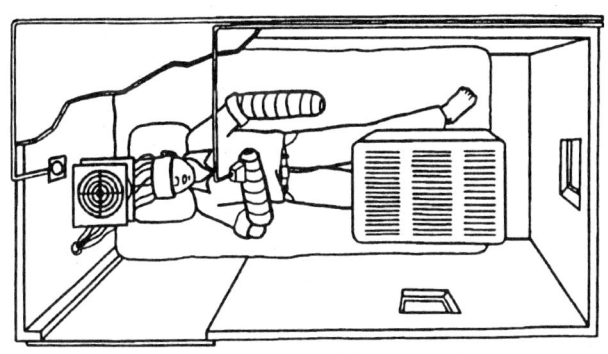

図1-2　感覚遮断の状況（Heron, 1957）

②人格心理学　人格心理学に基づく人間行動の理解の仕方は，人間の行動は個人をとりまく環境からのはたらきかけによって生じるというよりは，むしろ個人がもつ人格の量的・質的な側面によって決定されるという考え方である。個人がもつ恒常的な人格特性が行動を決定するのであり，人間は環境が変化してもいつも同じ行動を示す傾向があるという考え方である。

Eysenck（1976）は上記①について検討を行い，外向的性格の人は内向的性格の人より，多様な刺激を必要とすると主張している。

③認知論　Heider（1958）の認知均衡理論やPiaget（1952）の認知発達理論も個人決定観にたつ人間―環境に関する理論に大きな影響を与えた。

Heider（1958）は対象や他人に対して抱く個人の認知の均衡を保とうとする内部の力が個人をとりまく事象や他者に対する態度・行動を決定すると考えた。個人の外部にある対象物や他人はそれほど重要ではなく，むしろ，人間の内部の認知要素が行動を決定すると考えた。

Piaget（1952）も人間は自らの生得的な力によって認知（知能）構造を変化させ，この認知構造や知的構造が行動を決定すると考えた。彼の理論は個人をとりまく環境との同化や調節により，認知構造が連続して変化すると考えてはいるが，人間が環境との間で均衡を保とうとする能動性を強調している。

2）環境決定観

①行動主義論　この立場は人間をとりまく環境を考慮しなかったわけではなく，環境を単純で客観的なものであると考えた。行動主義理論の関心は，観察・測定できる刺激を人間に提示し，観察・測定できるどのような行動が環境からの刺激によって生じるかというところにあった。行動主義に従えば，環境からの刺激が個人にとって正の（望ましい）意味をもっているかあるいは負の（望ましくない）意味をもっているかが重要な意味をもつことになる。現実には，われわれをとりまく環境には観察できない要素もあるが，行動主義にとっては，観察できない要素は環境とはなりえないことになる。この理論の代表的研究者はSkinner（1953）であるが，環境が個人にとって正あるいは負の意味を有するものであることを主張し，後の人間―環境に関する理論に大きな影響を与えた。

②物理的環境決定論　物理的な距離や事物などを含む物理的環境が人間の行動の原因であるとする考え方である。Festingerら（1950）は図1-3のような学生用の建築物を対象とし，このアパートに居住する個人属性の類似した学生およびその家族相互の接触と世帯間の直線距離の関係を検討した結果，物理的距離が家族相互の交際に強い影響があることを明らかにした（永田，1979）。

居住者は距離の短い隣家と交際する頻度が高く，この直線距離が増加するに

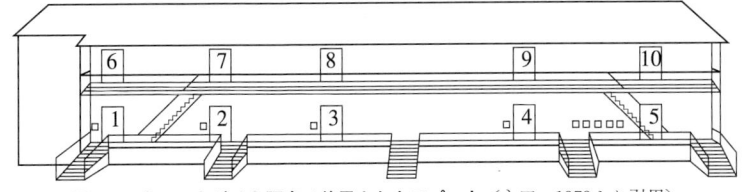
図1-3　ウエストゲイト研究で使用されたアパート（永田，1979より引用）

つれて交際は減少していた。この結果は住居間の物理的距離が人々の交流を規定するとする環境決定論の提起する仮説を支持するものであった。

また，Blakeら（1956）は壁で仕切られた閉鎖型兵舎と仕切りのない開放型兵舎における対人認知と交友関係を比較している。その結果，開放型兵舎の居住者は閉鎖型兵舎の居住者より仲間の対人認知が正確であった。一方，閉鎖型兵舎の者は開放型兵舎の者に比べて兵舎内の仲間と過ごす時間が長かった。この結果は住居の空間配置が対人認知や社会的孤立を左右するという環境決定論の仮説を支持するものであった。

この環境決定論は物理的な環境特性が直接人間行動を規定するとする考えである。さらに，人間が他の動物と異なるところは環境を変容あるいは破壊する力がきわめて強力なことであるとする考えである。したがって，環境決定論の主張はあまりにもかたよった見方であるようにみえる。しかし物理的環境といえども，ただ静的に存在するのではなく人間に対して力動的な存在であり，環境特性が人間に情報を送っているとするその後の見方の基礎となったという点では環境決定論は意義がある。

3）相互作用観　　人間—環境の関係を考える際に影響を与えたのが，ゲシュタルト心理学と場の理論であった。

①ゲシュタルト心理学　　Koffka（1935）に代表されるゲシュタルト心理学の関心は，先に述べた行動主義のように顕在的行動にあるのではなく，人間をとりまく環境がいかに認識されるかという過程にあった。人間の行動を生起させる環境とはたんなる刺激の寄せ集めではなく，それらが複雑に関連しあったより大きな全体である「場」であると考えた。「馬にのった旅人が雪に覆われた広い平原をやっとの思いで越してきて幸い一軒の宿にたどりついた時，亭主は旅人に向かって"あなたの通ってきた平原はコンスタンツ湖の氷面だった

のを知っておいでか？"といった。それを聞いた旅人は恐怖のあまり，その場にくずれて死んでしまった。」(大山・望月, 1979) に示されたように，ゲシュタルト心理学は人間をとりまく環境を地理的環境（湖水）と行動環境（心理的環境）に区別して考えるべきであるとしたのである。したがって，ゲシュタルト心理学は，人間―環境の研究において，人間をとりまく環境を人間と対峙して客観的に存在する環境と人間の行動に影響を及ぼす心理的な環境に分けて考える必要があることを主張したのである。

②**生活空間論**　現代の伝統的心理学にもっとも大きな影響をあたえたのが生活空間論（Lewin, 1935）であった。この理論では，ゲシュタルト心理学が提唱した行動の決定に関与する行動環境の概念が明確に示された。人間の行動を規定しているのは，異なる個人的特質をもった人間が地理的な環境を認知し自己の内部に形成した行動空間，すなわち，生活空間なのである。

Lewin(1935)はこの生活空間が個人特性と環境特性の相互作用によってできあがると考え，図1-4に示したような図式を提唱した。図のなかのBは行動，Pは性格をはじめとする人間の特性，Eは環境特性を示している。同じ環境特性であっても，人間が環境から刺激を受ける際の状況，要求，価値観，感情などによって環境の認知の仕方が異なると考えた。一方，同じ人間であっても，環境特性によってその認知は異なってくる。

Lewin（1935）はさらに，生活空間のあり方と具体的な行動の生起の関係を説明するために，環境の誘因性および移動という概念を導入した。たとえば，人が喫煙しようとした

$B = f(P, E = f\{B = f[P, E]\cdots\})$

Bvariables	Pvariables	Evariables
	種	汚染物質
	人間	騒音
行動	ネズミ	温度
課題		
知覚	人格	微視環境
	権威主義	飛行機
社会	自己効力	教室
攻撃性		
無気力	体質	巨視環境
	性差	土地開発
生理水準	容姿	養老院
心拍		
ホルモン	文化差	地球環境
	知覚	天候
文化差		
子育て法		

図1-4　生活空間論（Veitch & Arrkelin, 1995）

とき，その場に灰皿があればそれがないときよりも喫煙行動が生起する確率が高くなる。一方，その場に禁煙の掲示があれば，喫煙行動が生起する確率は減少する。喫煙者にとって，灰皿のある環境は正の誘因性の高い客観的な環境であり，灰皿を認知したときには誘因性の高い生活空間となり，この生活空間が具体的な喫煙行動をもたらすことになる。逆に，それが認知されなかったときには，灰皿があるためにいくら地理的環境が誘因性の高い環境であっても，生活空間は誘因性の低いものとなる。禁煙の掲示がある環境は地理的環境としては誘因性の低い環境であり，それが認知され，喫煙行動の低い誘因性をもつ生活空間となった場合は，喫煙行動は生じない。しかし，禁煙の掲示が認知されなかった場合は，掲示の存在によって地理的環境が誘因性の低いものであっても，生活空間は誘因性の高いものとなり，喫煙行動が生じると考えられる。図1-4は Veitch と Arrkelin (1995) が Lewin (1935) のモデルに従い，人間―環境の理解に適用しようとしたものである。Lewin (1935) の考え方は生活空間の内容，構造，力動性について概念化を試みた理論であり，人間―環境を理解しようとする際に著しい影響を及ぼした理論である。

③**生態学的心理学**　Barker (1963) はゲシュタルト心理学の影響を強く受けたが，Lewin (1935) とは異なった仕方で人間の行動と環境との関係を明らかにしようとした。Lewin (1935) が環境と人間の認知の両者に注目したのに対し，Barker (1963) は環境側の全体性が行動を生起させると考えた。Barker (1963) はある行動が生じる場を「行動セッティング」と名づけた。「行動セッティング」は空間と時間のそれぞれに境界をもっている全体としての「行動の場」であり，この「行動セッティング」が具体的な行動をひき起こすと考えた。特定の時間に特定の場所で起こる行動は定型化されたものである。地理的環境特性，人間の集まりによって生じる社会的環境，その場所の目的を含む文化的特性が相互に関連して，一つの「行動セッティング」を形成する。そしてこの「行動セッティング」に直面した人間はだれでも，その「行動セッティング」に対応した行動を示すようになる。すなわち，「行動セッティング」はだれでもそこに臨んだ者に共通の行動を起こさせる力を持っていると考えられる。ある「行動セッティング」で現われる行動とその「行動セッティング」の物理的環境特性，社会的環境特性，環境に求められる機能との関係を解明す

れば，人間のすべての行動が予想されることになる。

（3） 人間―環境研究から導きだされた理論

　1970年以降，人間にとってどのような環境が望ましいのかという観点から研究が進むにつれ，今までみてきたような心理学の諸理論が，そのままでは，人間―環境を理解する際に役に立たないのではないかという疑問が生まれてきた。なぜなら，従来の心理学の諸理論は人間行動の生起の原因やその過程を説明することを目的としていたからである。心理学のいくつかの理論も確かに人間をとりまく環境を重視してはいたが，それはあくまでも人間の行動生起の解明という観点からであり，環境そのもの，すなわち，どのような環境が人間にとって快適なものかといった点には注意が向けられていなかった。そのため，環境の役割を重視する立場の理論においても，微視的な環境への関心が中心であり，人間が暮らしている現実の複雑な環境への興味や関心は乏しかった。このような状況のなかで，これまで心理学の研究対象とは考えられなかった事象について研究が行われるようになってきた。また，先述したような伝統的な心理学理論を土台にしていくつかの人間―環境に関する図式が提唱されてきた。それらはいずれも試論の域をでるものではなく，洗練された理論といえるものではない。しかし，それらは本章のテーマである，(1)人間とはいかなるものか，(2)環境は人間にとってどのような意味や力があるのか，(3)環境は人間にどのような過程を経て影響を及ぼすのかを検討する際には重要なヒントを与えてくれるものである。

1）人間と環境に関する研究

　①覚醒理論　　部屋の温度，騒音，景観，人口密度などの環境特性が人間の覚醒水準を決定し，この覚醒水準が人間の環境への接近や行動の生起を規定するという考え方である。人間は適切な覚醒を生じさせる環境を快適と評価し，その環境のなかで行われる行動が適切なものとなる。逆に，過度に低いまたは過度に高い覚醒を生じさせる環境は不快と評価され，その環境でなされる行動は不適切なものとなる。この覚醒理論は環境が人間にもたらす覚醒水準に注目した理論である。図1-5に示したように，環境のなかで生起する行動は覚醒水準が適切な水準で最適となる逆Uカーブを描くとされている。この図式は本節

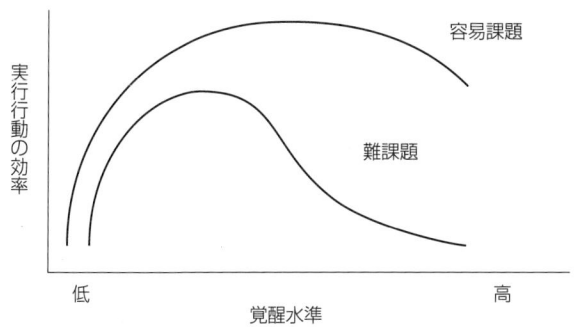
図1-5 覚醒理論の図式（Veitch & Arrkelin, 1995）

で示した人間刺激要求論に基づくものである。Hebb（1972）は，人間に対する環境からの刺激が少なすぎることによって，網様体が脳の皮質を覚醒させておくことができず，認知機能に障害が生じ，行動の生起を阻害する場合と，これとは反対に，人間に対する環境からの刺激が多すぎることによって，脳が効果的に機能できなくなり，認知が困難になり，行動の生起が阻害される場合があると考えている。人間―環境研究における覚醒理論は，現実の環境，特に都市や建築物などの快適性を評価する際に Hebb（1972）の理論を適用しようとしたものである。また，Milgram（1970）は「都市の生活というものは，過度の刺激を与える環境であり，これが認知機能の低下や人間の無責任な行動をもたらす」として，都市環境がもたらす過剰な覚醒に注目している。Mercer（1975）は Milgram（1970）の見方が一方的なものであるとしながらも，この理論の精緻化に期待を寄せている。

②環境への「接近―回避」に及ぼす情動論　環境の評価において，人間を近づけようとする魅力をもった環境なのか（接近），それとも，遠ざけようとする環境なのか（回避）に関する検討から，環境の快適性を明らかにしようとする試みもなされている。Mehrabian と Russel（1974）や Russel と Lanius（1984）は，環境への「接近―回避」行動が生じるのは，環境が人間に情動を生じさせる力をもっており，この情動を媒介として環境への「接近―回避」行動を解発するからであると考えている。彼らは環境が人間の内部に生じさせる情動を明らかにするため，意味微分法を用いて研究を行った。すなわち，環境

は感覚器官を媒介として，個人に特有の情動を生じさせる。そして接近させようとする情動をひき起こす環境は人間にとって快適な環境であるのに対し，回避させようとする情動をひき起こす環境は人間にとっては不快な環境となるというモデルである。

③刺激負荷理論　人間は環境から種々の情報を含む刺激を受け，その刺激を手がかりとして行動する。しかし，人間が刺激を処理できる能力には限界がある。そのため，人間の処理能力を越えた情報をもたらす環境のなかでは，必要な情報への注意が散漫になったりそれを無視をしてしまうようになると考えられる（Cohen, 1978）。Ittelsonら（1974）は Milgram（1970）の次の問題提起（①過剰負荷の環境においては，それぞれの情報に対する対処時間が短い，②重要でない環境情報は無視されてしまう，③対処の責任を「それは自分のやることではない」といったように他者に転嫁してしまう，④個人と環境の間に他者を仲介させる）を引用しながら，刺激が過剰になっている都市の住民の無責任性，非道徳性，社会性の希薄さを説明するのにこの理論が有効であるとしている。

2）新しい研究対象　1970年以降，人間—環境の関係を説明しようとする理論の模索とともに，それまでは研究の対象として顧みられなかったプライバシー，クラウディング，テリトリー，パーソナル・スペースなどの人間の空間行動に関する研究が盛んになってきた。

①個人空間論　人間をとりまく環境は物理的なものだけではなく，人々がつくりだす社会的環境および文化的環境も環境の快適性に対して影響を及ぼしている。人間は他者から離れ孤独になることを恐れるとともに，ときには，孤独になりたい場合もある。快適な空間を確保するためには，孤独を望むときには孤独を確保し人との交流を望むときには他者に接近するというように，空間行動を調整することが大切である。このような環境概念は動物の空間における行動に関する研究や後述する Hall（1966）などの研究に触発されて，人間の空間行動に関する研究が始まった。

a）プライバシー：Altman（1975）は，人間が環境のなかでより良い精神衛生を保つためには，人間が本来もっているプライバシー欲求の充足が必要であると考えている。プライバシー欲求とは自分に関する情報が他人に知られな

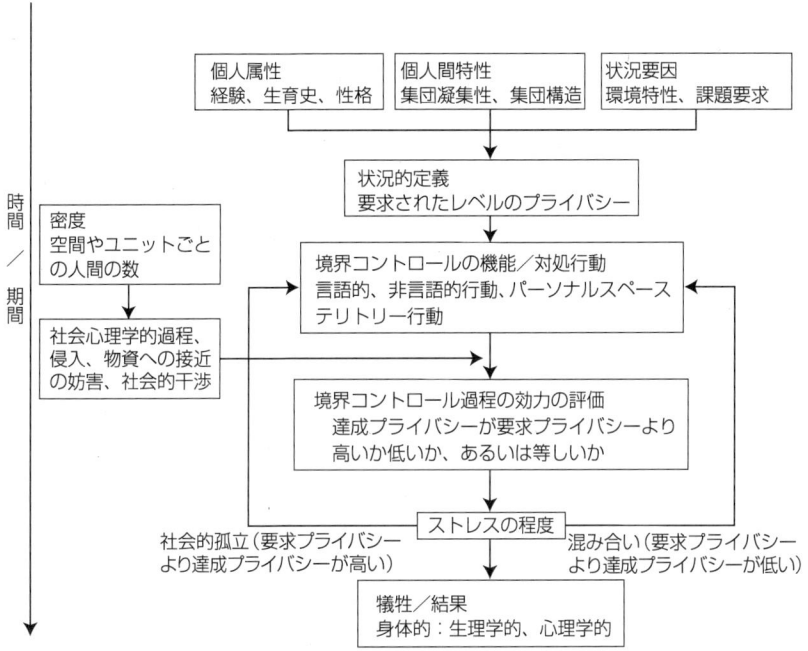

図 1-6　個人空間の影響（Altman, 1975）

いように自分の意思でコントロールしたいという欲求であるが，人間が他者から離れ自分だけの世界を保持したいとする欲求はその一面である。そして，Altman（1975）は図1-6に示したような過程を経て人間がこの欲求を充足するために，種々の空間行動を行うと考えている。

　都市化された現代社会では，人々は強いプライバシー欲求をもっている。このプライバシー欲求が満たされている場合は，人間の精神衛生は好ましいものとなる。すなわち，プライバシー欲求が満たされている環境は，その個人にとって快適な環境となる。もちろん，このプライバシー欲求は年齢，性別，その時の心理状態により異なる。個人が求めるプライバシー欲求以上のプライバシーが得られれば，孤独を感じ，さびしさのような不快感を生じる。一方，求めるプライバシー欲求が満たされない環境においては，人間はクラウディング（人口・人口密度とそれに付随する要因によって生じる気づまりやいらいらといった不快感）とよばれる不快感を生じる。

人間をはじめすべての動物はこのプライバシー欲求と現実の環境との不均衡を埋めるためにテリトリー，パーソナル・スペースなどをうまくを利用すると考えられる。

b）テリトリー：Altman（1975）の個人空間論のなかで重要な役割を果たしている概念はテリトリーである。これは個人および集団がなんらかの程度に独占的に占拠している私的な空間である。人間は公園の決まった場所，行きつけの店，個室など，特定の空間に愛着をもち，他者から侵害されない場所をもつことによって心理的安定感とプライバシーの確保が保証され，より良い精神衛生を保つことができる。

c）クラウディング：テリトリーが確保できず，自分のプライバシー欲求が満たされないと認知した状態でクラウディングが生じる。人間のクラウディング研究は過密がもたらす動物の行動に関する研究よって触発された。

Calhoun（1966）は飼育箱で飼育するネズミの数によって密度の条件を操作し，極端な過密がネズミの異常行動の原因であることを明らかにしている。この個人空間論に関する研究は快適な都市環境，住宅環境，建築環境の構築の際に重要な知見を提供している。

②**空間近接学**　社会・文化に関心をもつ人類学の領域からも，人間の行動に影響を及ぼす文化社会的環境について検討が始まった。Hall（1966）は文化社会的な所産としての空間の利用について検討を行っている。彼は人間が自分と他者との間に快適な距離を使用すると考え，それを対人距離とよんだが，後にこの距離は個人空間とよばれるようになった。また，彼は米国での研究に基づき，対人距離には，①親密距離，②個体距離，③社交距離，④公衆距離があり，これらが文化によって異なることを示し，空間近接学（Proxemics）を確立した（望月，1977）。その後，Horowitzら（1964）は精神的状態がこの個人空間に反映することを明らかにしている。また，Sommerら（1969）はこの個人空間が侵害された場合に人間がそれを守るために種々の行動に訴えることを明らかにしている。

この分野の研究は，われわれが人間—環境の関係のなかで快適な環境を構築しようとする際に，文化的背景について考慮しなければならないことを示唆している。文化や社会が異なれば，空間がもつ意味も異なってくる。したがって

ある文化における快適な距離，空間，環境は他の文化では快適なものとはなりえない場合がある。

3 人間―環境研究に関する理論を求めて

快適な人間―環境の関係を構築するために，(1)人間とはいかなるものか，(2)環境は人間にとってどのような意味や力があるのか，(3)環境は人間にどのような過程を経て影響を及ぼすのかという観点から，人間行動に関する伝統的心理学の理論や人間―環境の研究から導きだされた人間―環境に関するモデルについて検討してきた。これらのいくつかの理論やモデルを比較することにより，人間―環境の研究を進める際の一つのモデルを示してみることにする。

(1) 人間をどのように考えるべきか

伝統的心理学の諸理論や人間―環境の研究から導きだされた人間―環境モデルは，人間を受動的な存在ととらえるか能動的な存在としてとらえるかによって二分され，それによって人間―環境を研究する立場が異なってくる。

行動主義論，物理的環境決定論，生態学的理論，覚醒理論など，その程度に差はあれ，人間は環境によって規定される存在である，あるいは人間は環境からの情報を受動的に受け止める存在であると考えている。刺激欲求論者たちも人間は環境からの刺激を受けないかぎり，心身の機能を正常に維持することができないと主張している。人間にとって快適な環境はその物理的環境がもつ新奇性，複雑性，親和性であると主張し，精力的に物理的環境次元について研究を行った。Wohlwill (1974) は，人間―環境の関係を理解するためには，環境の特定の側面と行動の特定の側面の関係を明らかにすることが必要であり，人間―環境の関係は $B = f(E)$ によって理解されるとしている。上述のような人間を環境に対して受動的な存在とする立場から，環境への人間の嗜好，環境の刺激特性の最適水準などに関する研究が行われている。

一方，こうした人間観と対峙するのが相互交流理論 (Ittelson, 1964；Ittelson et al., 1974) の立場である。この立場は，人間とは本来能動的であり，種々の機能を利用して積極的に環境にはたらきかけ，環境を自ら構造化する存在で

あると考える。相互作用論に立つ Lewin（1935）も人間―環境の関係における人間の役割について認めてはいるが，この相互作用論が人間を比較的静的なものとしてとらえているのに対し，相互交流論の立場は認知発達論における人間観と同様，人間をより能動的，目的解決志向的な存在としてとらえている。人間は環境からはたらきかけられると同時に，自分をとりまく環境に積極的にはたらきかけ，より良い環境を構築しようとする存在である。人間は，環境にはたらきかけられる一方環境にはたらきかけることにより，一つの心理的世界，いわゆる生活空間（Lewin, 1935）を形成するが，この心理的な場のあり方によって行動が規定される。このような生活空間は一つの心理的な場であるが，この場は静的なものではなく，その場をより良い場へと発展させていこうとする存在として人間をとらえているのが，有機体―発達理論（Wapner, 1981, 1987；Wapner et al., 1973）である。この理論は，人間を，自らをとりまく環境を能動的に探索し，それに意味を与え，その環境のなかで自分の存在意義を見つけようとする存在としてとらえている。

（2）環境は人間にとってどのような意味や力があるのか

伝統的心理学の諸理論や人間―環境の研究から導きだされた人間―環境モデルにおいては，環境をわれわれをとりまく客観的に存在するもとしてとらえるのか，あるいは人間によって認知されたものとしてとらえるのか，環境内の物理的事物，人間，観察することのできない文化・慣習などのどの側面を環境として考えるのか，さらには，人間自体のなかで生じている事象も環境としてとらえるのかという点に関して，環境の定義は多種多様である。

人間―環境の関係における環境の役割に注目した，伝統的な物理的環境決定論は無論のこと，人間―環境の関係に関心を示した Wohlwill（1974）に代表される適応論者たちでさえその関心は物理的環境にあった。彼らは，環境は環境内における物理的特性によって決定されると考え，環境内の社会的環境の側面をむしろ排除しようとした。都市には多くの人々が居住しており，彼らが醸しだす社会的環境の側面が重要であるにもかかわらず，都市のイメージに関する初期の認知地図研究も，建物や道の構造にしか関心がなかった（Lynch, 1960）。

伝統的な社会心理学の関心は社会的環境にのみ向けられていたが，1970年代の後半になり，ようやく環境内における物理的側面と社会的側面の両者を統合した人間―環境の研究が現われはじめた。Barker（1963）の生態学的研究はその先鞭をつけた。彼は場所（物理的環境の側面）とそこにいる人々（社会的環境の側面）の両者を統合し，一つの「行動セッティング」とし，これが環境の特性を決定すると考えている。この点において，「行動セッティング」という概念は，物理的環境と社会的環境を独立に扱う研究よりも，はるかに良く，われわれに現実の環境の特性を示してくれるように思われる。しかし，Barker（1963）の定義した環境は，文化的環境の側面を考慮していない。しかも，その「行動セッティング」が個人にどのような意味をもつかについては考慮されていない。社会的環境と物理的環境によってできあがった一つの「行動セッティング」によって行動が生じるわけではない。一つの「行動セッティング」内にいる人は，その「行動セッティング」の意味を自分なりに解釈し，それによって行動の生起が規定される。物理的環境や社会的環境がまったく同一であっても，すなわち，Barker（1963）のいう「行動セッティング」が同一であっても，異なった文化圏の人が違った行動をするのは，「行動セッティング」のもつ意味が文化によって異なるためである。

　快適な環境とは何かを定義する際には，物理的側面，社会的側面，文化的側面単独で定義できないことは当然であり，環境のこれらの三側面が複合的・力動的に関係して，一つの「行動セッティング」を形成していることに注意する必要がある。

（3）　環境は人間にどのような過程を経て影響を及ぼすのか

　本章の目的は，人間にとって快適な環境を構築するために，いかなる枠組みで人間―環境の関係を明らかにすべきかということである。そのため，この人間―環境の関係を理解するのに役立つと思われる伝統的心理学から導きだされた諸理論や人間―環境の研究領域から得られた知見について論じてきた。ここでは，種々の理論やいままでに明らかにされた事実を統合し，どのような観点から人間―環境の関係を研究すべきかについて枠組みを示すことにする。こうした枠組みを示す前にこれまでに得られた知見を整理し，この枠組みとなる仮

説を示すことにする。

1）環境のもつ機能から導きだされた仮説

①環境は人間を覚醒させたり，注意を引いたり，快，不快といった情動をひき起こす力をもっている。

②このような人間の生理・心理に及ぼす影響の大きさと刺激の強さの関係は直線的なものではなく，逆U字型である。

③このような人間の生理・心理に影響を及ぼす環境には物理的な環境のみならず，社会的環境および文化的環境がある。

④環境を構成している要素はそれぞれが単独に機能するのではなく，それらが複雑かつ力動的に統合されて，一つの全体として影響を及ぼす。したがって，環境を構成する物理的側面，社会的側面，文化的側面の一側面の変化はその側面の変化にとどまらず，環境全体の特性の変化として人間に影響を及ぼす。

⑤環境は直接人間行動の生起やその変化に影響しない。その影響は，環境からの情報を認知し，それによって感情を生起させ，環境に関する評価を行った人間の内部に形成された心理的環境によって規定される。

⑥快適であると評価された環境は人間の適切な行動を促進し，不快であると評価された環境は適切な行動を阻害する。

2）人間のもつ機能から導きだされた仮説

①人間は環境からの刺激にたんに反応するだけの受動的な存在ではなく，能動的に環境にはたらきかけ，環境からの刺激を知覚し，認知し，それに対する感情を生起させ，評価をくだし，それらが統合された一つの心理的世界を構造化する。そしてその心理的世界によって，具体的な行動が生起する。

②人間は自分をとりまく環境から独立して存在するものではない。人間内部に生じた生理的・心理的変化も環境となりうる。人間は環境と対峙する存在ではなく，人間—環境は一つの構造をもったシステムをつくり，そのなかで生を営んでいる。

③心理的世界を構造化する認知，感情，評価は単独で機能しているわけではない。それぞれが力動的に関連しあっており，環境刺激による情動の変化

は認知，評価にも影響する。
④人間─環境システムは人間の諸機能を媒介として構築されたものであるから，人間がもつ知能，動機，長期・短期の目標，価値などによって異なる。したがって，ある人にとっては快適な環境であっても，他者にとっては不快なものとなりうる。
⑤人間は能動的な存在であると同時により良い均衡を求める存在である。人間─環境は一つのシステムであるから，人間側もしくは環境側に変化が生じこのシステムに不均衡が生じた場合，人間は，自己を変化させるかあるいは環境を変化させることによって，均衡をとりもどそうとする。

3）人間─環境の図式　これらの仮説を統合し，図式化したものが次の図1-7である。

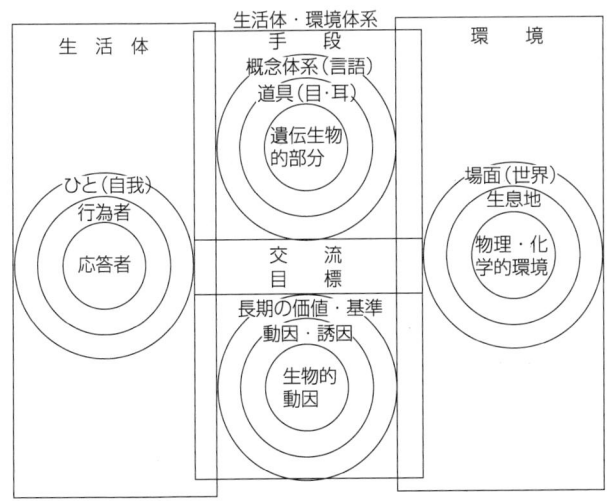

図1-7　人間─環境システム論（Wapner, 1981）

　人間の行動は，①性別，年齢，過去経験，価値，要求などの個人変数，②騒音，汚染，天候，地理的特性，建築物，情報刺激などからなる物理的環境，③地位や性別が異なる人々，人口や人口密度などが形成する社会的環境，④慣習，法律などの文化的環境のあり方によって変化する。確かに環境決定論が主張するように，環境の変化は行動の変化をもたらすが，それはさまざまな要因によって媒介されている。美しい教会や寺院を訪れた観光客はそれらをただ鑑賞す

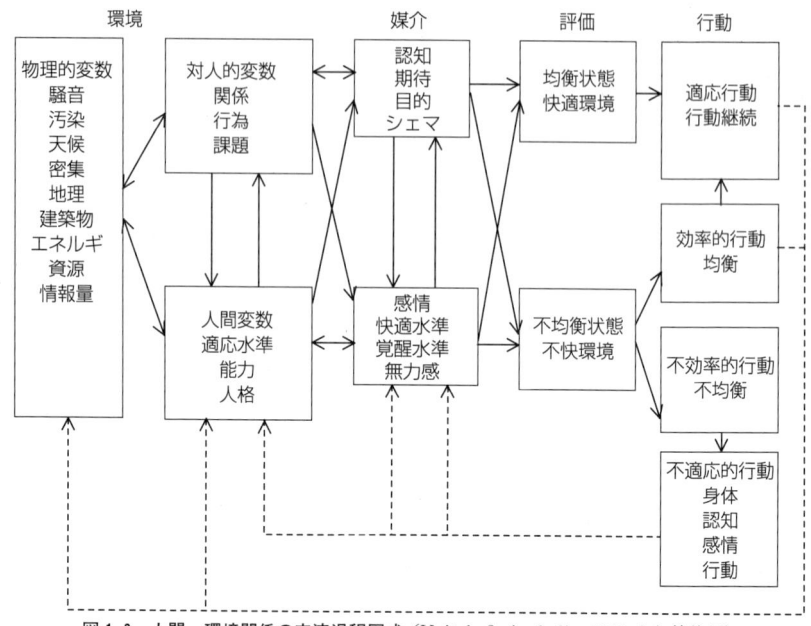

図1-8 人間—環境関係の交流過程図式 (Veitch & Arrkelin, 1995 を加筆修正)

るだけである。しかし，信者はひざまづいて祈りをささげる。この行動の差異は寺院であるか，教会であるかの物理的特性がもたらしたわけではない。観光客と信者の認知や評価が異なっているからである。つまり，図1-7の種々の特性をもつ人が次の図1-8に示した交流過程を経て構築した人間—環境システムのあり方がこのような行動の差異を生じさせたと考えるべきである。

この図1-8は Veitch と Arrkelin（1995）が快適環境への接近，不快環境の回避という「接近—回避」行動の生起過程を明らかにするために提唱したモデルである。環境は種々の刺激を人間に与える。それを受容した人間は環境に関する認知を形成し情動を生起させる。環境特性が個人の要求水準にかなうものであれば，快適な環境と評価され，その環境は快の感情を生じ，環境内での行動は適切なものとなる。一方，環境特性が個人の要求水準にかなうものでなければ，その環境は不快なものと評価され，不快の感情が生じる。そして環境内での行動は不適応なものとなり，生理，心理，行動に異常が生じることになる。

本章は人間—環境における快適性に関する研究にとっていかなる枠組みが適

切であるかについて検討してきたが,いまだ個々の事象について十分なデータがあるとはいえず,ここに提示した二つのモデルが有効であるか否かについてはまだ結論はだせない。

ただ,本節ですでに示したように,環境が快適なものであるか否かは種々の特性をもつ人間の個人的要因によっても規定されるため,個人差の観点からの検討が必要である。

引用文献

Altman, I., & Haythorn, W. W. 1967 The ecology of isolated groups. *Behavioral Science,* **12**, 169-182.

Altman, I. 1973 Some perspectives on the study of man-environment phenomena. *Representative Reserach in Social Psychology,* **4**, 1.

Altman, I. 1975 *The environment and social behavior.* Monterey, CA: Brooks-Cole.

Blake, Rhead, Wedge & Mouton. 1956 Housing architecture and social interaction. *Sociometry,* **19**, 133-139.

Barker, R. G. 1963 *Ecological psychology.* Stanford,CA: Stanford University Press.

Calhoun, J. 1962 Population density and social pathology. *Scientific American,* **206**, 139-148.

Cohen, S. 1978 Environmental load and the allocation. In A. Baum, J. E. Singer, & S. Valins (Eds.), *Advances in environmenal psychology.* Hilsdale, NJ: Erlbaum.

Eysenck, H. J. 1976 *Fact and fiction in psychology.* New York: Penguin.

Festinger, L., Schachter, S., & Back, S. 1950 *Social pressures in informal groups.* New York: Harper & Brother.

Hall, E. T. 1966 *The hidden dimension.* New York: Doubleday.

Hebb, D. 1972 *Text of psychology.* Philadelphia: Saunders.

Heider, F. 1958 *The psychology of interpersonal relations*.New York: Wiley.

Heron, W. 1957 Pathology of boredom. *Scientific American,* **196**, 52-56.

Horowitz, M. J., Duff, D. F., & Stratton, L. O. 1964 Body buffer zone. *Archives of General Psychiatry,* **11**, 651-656.

Ittelson, W. H. 1964 Environmental perception and urban experience. *Environment and Behavior,* **10**, 193-213.

Ittelson, W. H., Proshansky, H. M., Rivlin, L. G., & Winkel, G. H. 1974 An introduction to environmental psychology. New York:Holt ,Rinehart and Winston.

Koffka,K. 1935 *Principles of gestalt psychology.* London: Routledge, Kegan Paul.

Lewin, K. 1935 *A dynamic theory of personality.* New York: McGraw-Hill. (相良守次・小川 隆 1959 パーソナリティの力学説 岩波書店)

Lynch, K. 1960 *The image of the city.* Cambridge, MA: MIT Press.

Mehrabian, A., & Russel, J. A. 1974 *An approach to environmental psychology.*

Cambridge, MA : MIT Press.
Milgram,S. 1970 The experience of living in city. *Science,* **167**, 1461-1468.
永田良昭　1979　環境心理学序説　新曜社
望月　衛　1977　環境心理学の基礎　新曜社
大山　正・望月　衛　1979　環境心理学　朝倉書店
Piaget, J. 1952 *The origin of intellig NY : Norten.*
Russel, A., & Lanius, U. F. 1984 Adaptation level and affective appraisal of environment. *Journal of Environmental Psychology,* **4**, 119-135.
Skinner, B. F. 1953 *Science and human behavior.* New York : Macmillan.
Sommer, R. 1969 *Personal space.* Englewood Cliffs, NJ : Prentice-Hall.
Stokols, D., & Altman, I. 1987 *Handobook of environmental psychology.* New York : John Wiley & Son.
Veitch, R., & Arrkelin 1995 *Environmental psychology.* Englewood Cliffs, NJ : Prentice-Hall.
Wapner, S. 1981 Transaction of person in environment. *Journal of Environmental Psychology,* **1**, 223-239.
Wapner, S. 1987 A holistic developmental systems-oriented environmentl psychology : Some beginnings.　In D. Stokols, & I. Altman, (Eds)., *Handbook of environmental psychology.* New York : John Wiley & Son. pp. 1433-1465.
Wapner, S., Kaplan, B., & Cohen, S. 1973 An organismic developmental psychology. *Environment and Behavior,* **5**, 255-289.
Wohlwill, J. F. 1974 Human response to levels of environmental stimulation. *Human Ecology,* **2**, 127-147.

都市環境と人間 2

岩田 紀

1 都市の特質と都市化

(1) 都市とは何か

1) 都市の定義　都市は多面的な顔をもっており，その実像を一口で正確に言い表すことは困難である。田辺（1988）によると，都市は人類の居住形態あるいは人類が形成する社会のひとつであり，居住形態は土地と直接関係する産業に従事する人々が居住する村落と，土地とは直接関係のない産業に依存する人々が居住する都市的集落に分けられ，後者が都市とよばれる。さらに，田辺（1988）によれば，住居，業務や公共のための建物，道路，公共のための緑地，鉄道などの都市的土地利用の集積した地域が都市である。都市をこのように定義すれば，都市が行政単位としての市とは別の概念であることはいうまでもない。

このような定義から明らかなように，ほとんどの人々が農業・林業・漁業のような産業に従事している地域が村落であり，居住者のほとんどがこのような産業に従事していない地域が都市である。しかしながら，村落を意味する田舎と都市の違いはたんに土地を直接生計の手段にしているか否かの違いだけではなく，それに付随して，日常生活における行動やライフスタイルに及ぶ多くの側面における差異をもたらしている。都市がもつ多面的な顔は都市とよばれる地域がもつさまざまな特質の複合体である。そしてこのような複合体のなかには心理学の研究対象である行動とその裏にある心が含まれている。次に，都市に居住する人々あるいは都会人の社会行動を規定するうえで重要であると考え

られる都市の主要な特質について述べることにする。

2）都市を構成する人間からみた都市の特質　都市の実像をより鮮明に把握するためには都市と同義に用いられる都会とその対比で用いられる田舎を比較することが有効であろう。ここでは，居住者である人間に焦点を当て，都市における人間行動を規定するうえで重要な2つの特質について述べる。

①都市は高度の人口密集地域である。このような特質をもつ都市では，人々が健康で快適な生活を営み社会の活動や仕組みが円滑にはたらくように，政治・経済・物流・教育・医療・娯楽などのあらゆる機能が集積している。そして特定の行政区画に人口とこれらの機能がどの程度集積しているかによって，その区画がどの程度「都市らしい」都市であるかが決まってくる。したがって，行政単位としての市が人口の規模によって決まっていることを除くと，どの程度「都市らしい」都市であるかに関して，市と町村の間に明確な一線を画することは困難である。

②都市は異質な人々の集合体である。近年，兼業という形態が圧倒的に多くなったとはいえ，田舎では，都会に比べて，農業を営んでいる者の比率が高い。田舎の人々は農業という共通の産業基盤やそれに基づく共通の社会文化的背景をもち，しかも外部から入ってくる居住者が少ないため，必然的に，人々はより類似した物の考え方や行動様式をもつようになってくる。それに対して，都会は産業基盤が広く，そこに住む人々の生育環境・経験・文化・教育レベルなどが異なるため，異質な人々が一緒に生活しなければならない。そのうえ，異質な人々が共存する都会はより同質的な田舎になじまない者にとって魅力的であり，彼らは都会に集まってくる。一方，地域の外国人居住者の国籍と人数は地域がどの程度異質な人々からなりたっているかを示す重要な指標であるが，就労や勉学の機会が多い都会により多くの外国人が住んでいることはデータを示すまでもないであろう。

3）都市化の進行　上述の都市の定義から判断すれば，都市化（urbanization）は土地に直接依存した生活を営む人々からなる農山漁村が人々が土地に直接依存しない産業に従事する地域に変化することである。北川（1988）は，都市化の指標として，①都市的産業に従事する者の人口増加・人口密度の増加・村落人口に対する都市人口の増加・第二次および第三次産業に従事する者

の人口増加などの人口に関するもの，②宅地・住宅・商店といった都市的土地利用の増加に関するもの，③事業所の増加・通勤通学者の増加・交通量の増大といった都市的機能の増大に関するもの，④農家・農地の減少のような村落的機能の低下に関するもの，⑤世帯人口の減少・核家族化・未婚率・犯罪発生率の増加・電話の普及率などの社会的側面，および，⑥伝統主義から合理主義への移行・個の尊重・共同体意識の低下などの個人の意識の6つをあげている。とくに社会心理学の立場から重要なのは⑤と⑥である。

　わが国では，昭和30年代後半に始まった急速な経済成長に伴い，大都市を中心とした都市への人口移動が始まり，貧しく生活の不便な山村を中心に人口が激減する地域が現れた。そしてこのような地域における過疎は仕事に支障をきたしたり防災体制を弱体化させ，地域社会の維持さえ困難な所がみられるようになった。一方，都市の過密はますますひどくなり，住宅や上下水道といった公共施設の整備の遅れ，慢性的な交通渋滞，通勤地獄といわれる公共交通機関の混雑，大気汚染，近隣騒音，地域連帯感の喪失などのさまざまな問題が深刻の度を増してきている。

　都市におけるこのような生活環境の悪化に伴い，都市生活に関する人々の意識にも変化がみられ，大都市への急速な人口移動にも陰りがみえはじめることになる。昭和35年以降55年まで5年ごとに都市の規模別に人口構成比の推移を検討した経済企画庁（1982）によると，人口3万未満の小都市の人口構成比が急激に低下していたが，昭和45年頃からその低下が急速に鈍ってきた。一方，人口100万以上の大規模都市と人口3万未満または3万以上10万未満の小規模都市は，昭和35年以来，わが国の人口全体で占める人口構成比があまり変化しないかあるいは低下してきている。それに対して，人口10万以上30万未満あるいは30万以上50万未満の中規模都市は年々人口構成比を増加させている。さらに，矢野恒太郎記念会（1992）によると，1985—1990年の人口増加率をみると，東京と大阪の社会増加はマイナスであるが，北海道・東北・北陸・中国・四国・九州の人口流出は大きく，首都圏4県の人口増加率は5％強で，依然として首都圏への人口流入が続いている。

　今日，急激な過疎と過密は一応鎮静化に向かっているとはいえ，決して事態が改善されたわけではない。しかも「若い時は都会で」という青年の都会志向

は依然として強いことから，大都市とその周辺は過密化が続くものと思われる。さらに，人口増加が目立つ地域の中核都市や県庁所在地は今後も過密化が進行するが，その弊害を防ぐために，それら以外の小都市における就労の機会を増やすだけではなく，若者が重視する余暇を楽しむためのさまざまな施設の充実が大切であろう。

4）都市的行動様式　　岩田（1987a）は都市化の心理的側面を重視して，都市化を「地域が都市的構造や機能をもつことによって住民が心理的ならびに行動面で都市的性格をもつようになること」と定義している。上述の北川（1988）の都市化の6指標のうち，⑤の社会的側面と⑥の個人の意識はこの定義に当てはまる。岩田（1987a）は都市の構造・機能および環境に関するさまざまな要因と都市化の心理的指標との関係を検討することが環境心理学の重要な研究課題であることを指摘している。そして都市的行動様式として皮相な人間関係・無責任性・個人主義・非援助傾向の4つをあげている。都市化によってもたらされる個人の意識や行動における都市化を心理的都市化とよぶことができるが，古屋・林（1988）は対人行動と態度に関する都市型生活様式尺度を作成し，対人行動に関して役割内適応・役割外適応・心理的適応の3因子そして態度に関して個人主義傾向・伝統重視傾向・都市嫌悪傾向・他人指向性・共同体指向性の5因子を抽出している。今後，心理的都市化を測定する適切な方法を開発することが重要である。

　交通・通信網が高度に発達した今日，人々は都会人の行動様式や生活に関するおびただしい情報に接する機会が多い。このことが都市でない地域に住む人々の心理的都市化を助長していることは否定できない。したがって，地球上の圧倒的多数の人々が心理的に都市化している今日，別名「行動の科学」といわれる心理学は都会人の行動を解明することなくして人間行動を理解することはできないであろう。このように考えると，毎年多数の研究が発表されているにもかかわらず，この分野の仕事がほとんどなかったことは，心理学，とりわけ，社会心理学に携わってきた者の怠慢を指摘されても仕方がないといえよう。今後，この分野の研究が発展することが期待される。

2 都市の快適性

(1) 都市の快適性を促進する要因

1）生活水準の高さ　暮らしの豊かさに関して都会と田舎の間にどのような差異があるであろうか。1970と1980の両年度は矢野恒太郎記念会（1981）の数値，そして1992年度は総務庁統計局（1996）の資料を用いて筆者が算出した数値であるが，1970，1980および1992の各年度の東京を100とした場合の1人あたりの県民所得によると，大阪は90.0，83.3，81.3，神奈川は84.2，81.5，78.6そして愛知は77.8，76.2，78.1と大都市圏を抱える地域における所得は地域にもよるが相対的に減少している。逆に，1970年度に県民所得がもっとも低かった4県の所得の推移を見ると，沖縄は40.3，50.4，48.6，青森は50.4，55.5，52.4，鹿児島は42.3，54.8，52.0，そして岩手は51.0，58.4，55.1であった。このように，自治体間の所得格差は縮小してきているが，依然として大きい所得格差が存在している。さらに，勤労者世帯の1ヵ月平均値を用いたところ，町村を除けば，都市の規模が大きくなるにつれて収入と消費支出がともに増加する傾向が認められた。

2）充実した社会資本　アメニティ（amenity）という言葉は人間をとりまく環境の快適さを表し，快適性と訳すことができる。物質文明といわれる今日の社会では個人が達成できる物質的な豊かさが生活の快適性を規定する主要な要因であるが，人間生活に必要な社会や地域に共通の基盤として，道路・上下水道・学校・病院・図書館・体育館などの社会施設および社会や地域の環境の整備や充実が重要であることはいうまでもない。環境庁（1983）の社会施設に関する要望の調査によると，都市規模が大きいほど，道路，下水道そして福祉・厚生・医療関係施設の整備に関する要望が少なかった。しかし逆に，都市規模が大きくなるにつれて，住宅に関する要望が多かった。さらに，数字の上では差異は目立たないが，文化・リクリエーション施設の充実度に関しても都会の方が恵まれているといえよう。

3）便利な生活　現代の日本人は便利で快適な生活のためなら出費を惜しまない。そのような生活を支えるために，都会では金さえ払えばさまざまな

サービスを受けることができる。なかでも，都会の公共交通の便利さと運賃の安さは特筆すべきであろう。また，生鮮食料品を含むさまざまな食料品が全国各地そして外国から大量に集められ，何でも手に入れることができる。さらに，都会では，スーパーマーケット，デパート，ディスカウント・ストア，各種専門店そして小売店というように，多様な流通形態が買い物客の幅広いニーズに応えることができる。一方，カード時代といわれる今日，カードを利用できる店舗や施設も都会のほうが多い。このように，あらゆる社会生活の機能が集積している都市ではより便利で快適な生活が可能である。

4）他人に干渉されない生活　都市的行動様式の1つとして岩田（1987a）が個人主義をあげていることはすでに述べたが，それによって都会人の対人関係において相互不干渉の規範が生まれることは容易に想像できる。都市には国籍・出身地・ものの感じ方や考え方・価値観・生育暦・宗教的信条・趣味などに関して非常にバラエティに富んだ人々が集まっており，社会規範の力が相対的に弱いため，あまり社会規範を気にしないでよい。また，個人主義は「他人を干渉しない代わりに他人からも干渉されたくない」という風潮に通じるため，人々は他人の目を気にしないでよい。経済企画庁（1991）によると，東京と大阪の居住者を対象とする東京圏と大阪圏それぞれの魅力に関する調査結果は東京圏では「人目を気にせず生きていける」が約40％でトップそして大阪圏では約30％で2位となっている。この結果は都市，とくに大都市の居住者が他人に干渉されない生活をいかに強く望んでいるかを示唆しているといえよう。

5）豊富な文化・娯楽施設　経済企画庁（1991）によると，10年前に比べて1991年には，女性ではすべての年代で余暇時間が増え，30代から50代の男性では逆に余暇時間がわずかに減少している。これは週休2日制の導入によって平日の仕事が増加したことによるものと思われる。余暇の増えた中高年の女性が教養講座・カルチャーセンター・スポーツスクールなどに通い，多様な生き甲斐を見いだしていることは生涯学習に関するさまざまな調査結果によって示されている。さらに，経済企画庁（1991）は自由時間活動のなかのレジャー時間（見物，鑑賞，行楽・散策，スポーツ，勝負ごと，趣味・けいこごとに費やした時間）を全国平均を100として比較している。それによると，東京圏，関西圏，愛知県，福岡県といった大都市を擁する地域でレジャー時間が長く，青

森県・岩手県・山形県などの田舎ではかなり短くなっている。いずれにせよ，大規模な都市ほどレジャーを楽しむ施設や機会が豊富であり，このことが都市を魅力的にする重要な一因であることは否定できない。

6) 恵まれた教育の機会　わが国の大学のほとんどは都市，なかでも京阪神と東京周辺に集中している。大学受験生の都会へのあこがれはきわめて強く，大都市の大学入試の競争率は異常なほど高くなる。受験戦争とよばれる熾烈な競争のため，いわゆる有名大学に入るために有名高校に入らなければならないが，そのためには有名中学に入学しなければならない。ところが，受験に有利な学校や学習塾は大規模な都市に集中している。大きい都市ほど専修学校の種類が多く，生涯教育の多様な機会にも恵まれている。

7) 多様な就労の機会　都市の所得水準が高いということは高い収入を保証する就労の機会が多いことを意味している。経済企画庁（1991）が地方出身者が東京と大阪で就労した理由を調査している。それによると，「地方に勤め先が少なかったから」という理由をあげた者は東京と大阪ともに40％強，「賃金や労働時間など労働条件のよい仕事に就きたかったから」という理由がともにほぼ22％，そして「自分の能力を生かせる仕事に就きたかったから」が東京でほぼ39％，大阪で約31％であった。このように，高い収入，良い労働条件，自分の能力や好みを満たすことができる仕事に就くことができる機会は大都市ほど多く，このことが地方出身者の多くが都市で生活するもっとも重要な原因であるといえよう。

8) 多い社交の機会　人間にとって親和欲求が重要であることは多くの事実が明らかにしている。さらに，われわれの生活や仕事は人間関係を抜きにしては考えられない。したがって，多くの人々と知りあえる機会の多い都市ではより生活を充実させ仕事に成功するうえできわめて有利である。また，国際化や国際交流がさけばれている今日，外国人との交流を望む人々が増加してきたが，そのような機会も大規模な都市ほど多い。

(2) 都市の快適性を阻害する要因

1) 交通渋滞　都市にはあらゆる機能や施設が高度に集積しているため，都市とその周辺の交通渋滞はきわめて深刻になりしかも慢性化している。この

交通渋滞によって生じる損失を貨幣に換算すると莫大な損失になるであろう。そのうえ，このような交通渋滞が大気汚染をいっそう深刻にしている。しかも深刻で慢性化した交通渋滞はドライバーにストレスをもたらし，心身の疲労を増大させる。一方，ラッシュアワーの公共交通機関の混雑ぶりは通勤地獄とよばれるほどひどく，このような状態での長距離通勤は心身の疲労を増すことになるであろう。

2）悪い住宅事情　これまで，わが国の都市では諸外国では考えられないほど地価が高かったため，平凡なサラリーマンが土地を購入して家を建てることは一生かかってやっと実現できる夢であり，それがたんなる夢に終わることも少なくなかった。住宅建設の資金が準備できるまでは，家賃が比較的安い公営住宅か民間のアパートやマンションに住むことになるが，公営住宅に入れる者は少数の幸運な人々であった。その他の人々は高い家賃を払って良いマンションに住むか，それができない場合は，家賃が安いアパートやマンションに住むことになる。それらのなかには，部屋の壁が薄く上下の階の床が粗末なため，話し声や物音が筒抜けになることが少なくない。このように，プライバシーの確保さえ困難な住まいでは，息を潜めて生活しなければならない。

3）大気汚染　環境汚染は生産・輸送・レジャー・家庭生活などのさまざまな活動によって生じるものであり，都市の人口および人口密度と密接な関連がある。経済企画庁（1982）は公害による被害状況を調べ，環境汚染のなかでも，とくに，大気汚染と騒音は田舎に比べて都会でしかも都市の規模が大きくなるにつれて深刻になることを明らかにしている。

4）騒音　上述の経済企画庁（1982）の資料は騒音による被害が田舎に比べて都会でしかも都市の規模が大きくなるにつれて増加することを示している。田舎に比べて過密な都市では，自動車が昼夜を問わず頻繁に通行する道路沿いに住宅が密集しており，騒音による被害は深刻なものと考えられる。さらに，昭和58年の環境庁の調査によると，日常生活によって生じる近隣騒音によって過去1年間に迷惑を被ったと回答した者の割合は村で55％，町で58.4％，人口25万未満の市では66.3％，25万以上の市では77.4％と，人口規模が増大するにつれて近隣騒音の被害が増加している（岩田，1987a）。

5）自然環境の喪失　都市は人工の構築物であり，都市地域が拡大するこ

とは自然環境の破壊が同時に進行していることを意味している。川名・板倉（1971）によると，昭和7年と37年の東京における緑を分類し，その面積の推移を見ると，昭和7年を100とした場合，公園や遊園地のような市民が自由に利用できる緑が存在する地域は439と著しく増加し，学校や公の庭園といった市民が自由に利用できない都市内の緑としての価値をもつ地域も122とわずかに増加している。逆に，森林や野原のような自然の緑地は9と著しく減少し，田畑のような生産緑地は47と大幅に減少している。品田（1987）は居住地周辺の自然に触れる行動や山・河辺などへの日帰りの遠出といった身近かな自然に触れる行動が都市化につれて増加することを明らかにしている。

3　都市環境の特質と影響—過密の影響

（1）　クラウディングとその規定因

クラウディング（crowding）は人口・人口密度とそれに付随する要因によって生じる不快感である。わかりやすくいえば，エレベーターや待合室などの小さい空間で見知らぬ人々と一緒にいる時に生じる気まずさ・気づまり・いらいらなどの不快感を意味している。英語の crowding を「込み合い」と訳している者がいるが，物理的に込み合った状態を連想させる「込み合い」という日本語は心理的状態を指す crowding の訳語としては適切でない。

人口が多いとか人口密度が高い状態は必ずしもクラウディングを生じるとは限らない。したがって，人口の多いことや人口密度が高いことはクラウディングの必要条件ではあっても十分条件ではない。クラウディングの生起に関する人口の要因に関して，一定の空間を占拠する人々の人数が多いか少ないかを表す社会的密度（social density），人口密度の要因に関して，一定の人数の人々が占拠する空間が広いか狭いかを表す空間的密度（spatial density）という術語が用いられている。クラウディングの実験室的研究では，この両密度が操作され，それによって生じるクラウディングが測定される。クラウディングの規定因は次の3つに分けられる。

1）個人的要因　クラウディングを規定する個人的要因はそれを生じる個人の要因とその個人が空間を共にする他人に関する要因に分けられる。クラウ

ディングを生じる個人の側の要因として性別・年齢などの人口統計学的変数や性格に関して検討が行われているが，必ずしも明確な結果は得られていない。それは，これらの変数がクラウディングの生起やそれへの対処行動を直接規定するのではなく，クラウディングの生起やそれへの対処行動を規定する心理的変数を通して間接的な影響を及ぼすに過ぎないからであろう。重要なのはクラウディングの生起やそれへの対処行動を直接規定すると推測される要因である。岩田（1978）は一定の空間を示しその中で不快感を生じることなく最大限何人と一緒にいることができるかをクラウディングの生じやすさの指標とし，個人空間との関係を検討している。個人空間あるいはパーソナル・スペース（personal space）は個人の身体を中心として前後左右に広がり他人の接近を許容できるもっとも狭い空間であるが，通常，距離によって表示される。検討の結果，個人空間が狭い者ほどクラウディングを生じやすいという関係について仮説が証明された。また，岩田（1980）は「縄張り指向性の強い者ほどクラウディングを生じやすい傾向がある」そして「プライバシー指向性の強い者ほどクラウディングを生じやすい傾向がある」という2つの仮説を支持する結果を得ている。さらに，岩田（1979）は「適応的な性格の者に比べて適応的でない者のほうがクラウディングを生じやすい傾向がある」ならびに「親和傾向が弱い者ほどクラウディングを生じやすい」という仮説をそれぞれ証明している。

　一方，個人が空間を共にする他人の要因に関して，岩田（1978）は，他人が親しくないか，自分と異なる人種か，異性か，年長であるか，社会的地位が高いか，犯罪者であるか，知的障害者であるか，身体的障害者であるか，嫌われているか，あるいは自分と類似していない場合に，そうでない場合に比べてそれぞれクラウディングを生じやすいことを示唆する結果を報告している。

2）物理的要因　　環境の物理的要因として温度や湿度，騒音，空間や部屋の広さと構造，座席の配置，共同利用施設の有無，窓，過密を回避する空間や仕切りの有無，そしてたとえば，壁に飾った絵や部屋のTVのように，過密から注意をそらさせるものの有無がクラウディングの生起を規定する重要な要因であろう。クラウディングによるストレスを緩和するためには，一時的にせよ過密な事態を回避してプライバシーを確保できるかあるいは過密な事態から注意をそらさせることができる配慮が有効であると思われる。

3）社会的要因　人がどのような状況に置かれているかあるいはどんな活動を行っているかによってクラウディングの生起が規定される。たとえば，にぎやかなパーティはいくら込み合ってもあまり気にならない。また，集団で行う活動は個人で行う活動に比べて人込みのなかでは妨害されやすいためクラウディングを生じやすいと考えられる。さらに，集団の人間関係やそれによって生じる社会的雰囲気がクラウディングの生じやすさを規定する。最後に，身体的接触により許容的な接触文化（contact culture）は非接触文化（non-contact culture）よりもクラウディングを生じにくいと推測される。

（2）クラウディングの生起に関する理論

　クラウディングは人と人との関係に基づいており，対人行動に関する現象である。Altman（1975）は願望されたプライバシーと達成されたプライバシーの関係によってクラウディングを定義している。それによると，ある事態における願望された水準のプライバシーよりも達成されたプライバシーが低い場合にクラウディングが生じ，後者が高い場合には社会的孤立の状態になる。そして両プライバシーにずれがある場合，人はそれをなくすためにさまざまな行動によって他人との境界を調整する。

　BaumとPaulus（1987）はクラウディングに関する過去のモデルを整理統合して図2-1のモデルを提唱している。それによると，高い密度は次の4つの要素を含んでいる。第1の要素は過剰負荷である。クラウディング理論の1つに環境からの刺激がもたらす過剰負荷がクラウディングを生じるという考え方がある。それによると，個人の処理しうる限界を超える刺激や快適な範囲を超える刺激がもたらされた状態が過剰負荷であり，密度がもたらす過剰負荷がクラウディングの原因である。とくに，人々が接触しなければならない相手の人数と相互作用の頻度がクラウディングをもたらす過剰負荷の重要な要素である。第2の要素は親密性の水準である。高密度は視線の交差・身体的近接・身体的接触といった本来は親密さの指標となりうる非言語的な親密さを表す行動の可能性を増大させる。親密でない人々とのこのような行動はクラウディングを生じる一因となる。第3の要素は行動の束縛である。すなわち，高密度は自由な行動を制限したり目標達成行動を妨害したりあるいは個人が望む広さの空

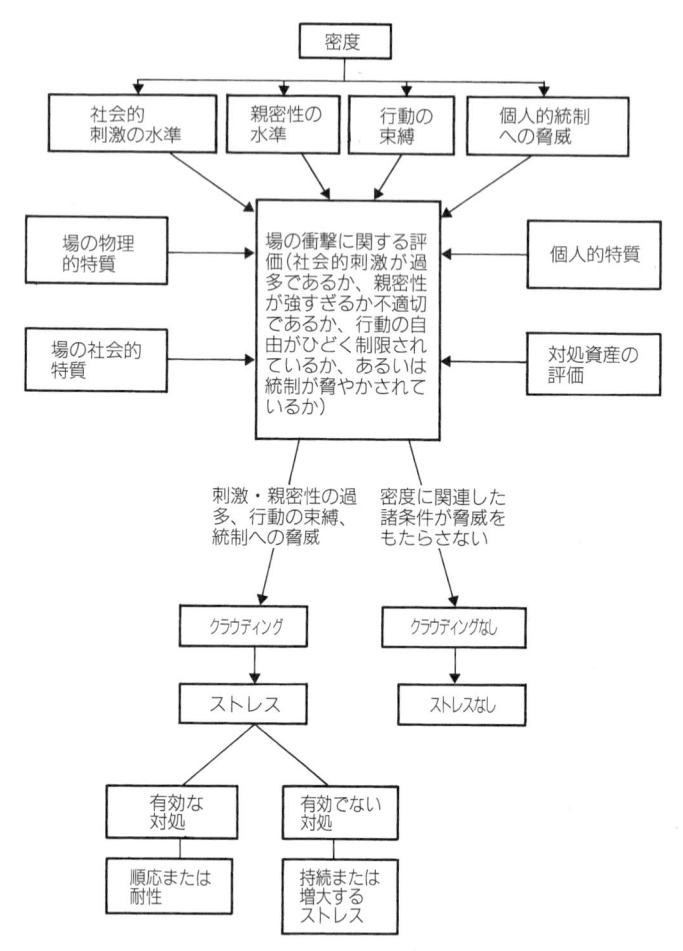

図 2-1　クラウディング・ストレスのモデル（Baum & Paulus, 1987）

間の確保を妨げたりする。このような行動の束縛がクラウディングを生じるという説がある。第4の要素は個人的統制（personal control）への脅威である。これまでの多くの研究によると，たとえ有害な刺激を与えられても，それを自分で自由に統制できるという統制感（perceived control）がその影響を軽減することができる。しかし高密度の事態では自分の周辺の環境を統制できるという統制感が脅かされる。個人が置かれているある場の密度はこれら4つの次

元を含んでおり，個人はその場がもたらす衝撃に関する評価を行うが，どのような評価が行われるかは4つの要因によって影響される。そしてその評価によってクラウディングが生じるか否かが決まってくる。

クラウディングの生起を防ぐには，個人が望まない他人との接触や相互作用をできるだけ少なくするような仕切りの設置や空間設計が役立つであろう。

4 都市環境の特質と影響―環境刺激の影響

(1) 騒　　　音

　一般に都市の規模に応じてさまざまな騒音の発生源が多くなると考えられ，騒音と都市の規模の間には密接な関連があると推測される。公害に関する苦情のなかでも騒音に関するものがもっとも多い。しかも今日，いわゆる近隣騒音が深刻な状態になってきている。騒音が聴覚機能に及ぼす影響に関する研究は多いが，騒音が聴力低下をもたらすことは広く知られている。聴覚以外の機能に及ぼす騒音の影響に関して，さまざまな課題遂行に及ぼす影響が検討されている。そして課題や騒音あるいは音響刺激の種類によって結果は異なっているが，課題によっては騒音が課題遂行を妨害することが明らかにされている。一方，最近になって，社会行動に及ぼす騒音の影響が注目されるようになり，騒音が援助行動を抑制することが一貫して報告されている。たとえば，Page (1977) は3つの実験によって騒音が援助の提供を阻害することを明らかにしている。実験Ⅰでは，建物を結ぶトンネル状の空間の中で，50 dB のみの背景音の条件，80 dB または100 dB の削岩機が出すような音を提示する2条件を設け，通りかかった被験者の前で実験協力者に本を落とさせ，それに対する反応を観察した。その結果は有意ではなかったが，高い騒音レベルでは援助の提供が少なかった。実験Ⅱでは，道路で削岩機による作業が行われている92 dB の騒音条件と交通騒音のみの72 dB の条件の下で，通行してくる被験者の前で実験協力者が包みを落として，気づかずにそのまま歩いていく場面を設定している。その結果，高い騒音レベルの下で援助の提供が少なかった。実験Ⅲでも，電話をかけるために両替してくれるように依頼する場面を設けて，同様な騒音の影響を明らかにしている。これらの結果は都会における高いレベルの騒音が

都会人の他人に対する援助の提供を抑制する一因であることを示唆している。

近年，近隣騒音が深刻な問題になってきているが，この問題を解決するには，一人ひとりが騒音を出さないように配慮しなければならない。また，日頃から近隣に住む人々と友好的な関係を築いておくことによって，近隣騒音が深刻になるのを未然に防ぐことが可能になる。

(2) 都市の気象条件

気象条件が人間の生活や行動の様式に影響を及ぼすことはよく知られているが，都市の気象条件の特色としては，周辺地域に比べて都市の内部の気温が高いという都市気候の一面をあげることができる。したがって，都市の夏の高温が都会人の行動に及ぼす影響が注目される。Persinger（1975）は90日間にわたり気分と当日およびそれ以前の1週間の10個の気象に関する変数との関係を検討し，より悪い気分が前の2日間の日照時間の少なさ，高い相対湿度，湿度の小さい変動と関連があることを報告している。Cunningham（1979）は調査への協力依頼に対して通行人が回答したいと意志表示した項目数を援助の指標とし，気象変数との関連を検討している。その結果，夏にはより長い日照時間，より低い気温，より低い相対湿度およびより強い風力，そして冬にはより長い日照時間，より高い気温および弱い風力が援助行動と関連していた。一方，Bell（1981）は過去の研究を概観して，一般に，高温が課題の遂行，対人魅力，攻撃および援助行動を低下させるかあるいは抑制すると述べている。さらに，高温は覚醒を増大あるいは低減させ，注意の範囲を狭め，不快感を生じることを指摘している。最後に，Anderson（1989）によると，気温と暴動の発生件数の関係が直線的であるか逆U字型であるかは別にして，多くの研究が夏の高い気温が暴動の発生を助長することを示唆している。

(3) その他の環境刺激

上述の環境刺激の外に，大気汚染・悪臭がある。大気汚染が健康に及ぼす影響は主として医学の分野で検討されてきており，たとえば，LaveとSeskin（1970）によって知ることができる。JonesとBogat（1978）は先行条件として怒りを誘発されたか否かにかかわらずタバコの煙が非喫煙者の攻撃を増大さ

せることを報告している。また，Rottonら（1979）は，学習課題で間違った回答をした実験協力者に与える電気ショックの強さを攻撃の指標として，大気中に中程度の悪臭がある場合に，汚染がないかあるいはひどく不快な悪臭がある場合よりも攻撃行動が顕著であることを明らかにしている。社会心理学の立場からは，人々が大気汚染や悪臭をどのように認知し，それらに対する対処行動を含めて，どのような社会行動をとるかは興味のある問題であるが，実証的研究が非常に少ない。なお，EvansとJacobs（1981）は大気汚染が人間行動に及ぼす影響に関する研究を概観している。

（4） 刺激過剰負荷

上述のさまざまな刺激は都市の人口規模が大きくなるにつれて直線的に増大するものと推測できる。したがって，都市の規模が大きくなるにつれて刺激過剰負荷が顕著になるであろう。今日まで，刺激過剰負荷が援助の提供を抑制することを示唆する結果が報告されている。Korteら（1975）は音，交通量，歩行者数，公共的な建物の数を環境からの刺激入力の指標として，a）街頭でインタビューへの協力を依頼する，b）キーを落として気づかない，c）地図を手に道に迷っているという3場面に対する人々の反応を刺激入力が異なる場所で比較している。その結果，a）とc）に関しては，刺激入力の低い場所に比べて，それが高い場所では人々が援助を提供することが少なかった。また，Moser（1988）は周囲の騒音，歩行者数，自動車の交通量，商店数を過剰負荷の指標として，求められている援助が明白な場合と明白でない場合の援助行動を過剰負荷の場所とそうでない場所で比較している。その結果，全般的に，過剰負荷の場所では援助が提供されにくいことを明らかにしている。さらに，過剰負荷を構成する環境刺激のなかでは騒音がもっとも重要であることが示唆された。

環境からの過剰な刺激は快適性を低下させるが，騒音の影響は特に顕著である。都市における騒音や夏の暑さを緩和し大気を浄化するうえで，樹木の緑は重要な役割を果たしており，快適な都市を築くためには街路樹や緑地帯を増やすことが必要であろう。

5 都市環境と社会行動

(1) 都市と犯罪

　都市の規模が増大するにつれて犯罪発生率が増加することは犯罪統計の資料を用いた多くの研究によって明らかにされている。岩田（1987a）は過去の研究をまとめて，「それらの結果を総括すると，都市の人口や人口密度が増加するにつれて犯罪発生率が上昇するというかなり強い関係が見いだされている。しかし犯罪発生率に影響を及ぼすと考えられる教育・社会経済的地位・失業率・人口移動率・全人口に対する少数民族の比率といったような要因の影響を統計的手法によって除去した場合には，そのような関係が低下するかあるいは消失する場合が多い」と述べている。都市でなぜ犯罪が発生しやすいかに関して，岩田（1987a）は犯罪のチャンスの多さ，匿名性，欲望を刺激する享楽的雰囲気，激しい競争による対立・抗争，犯罪の潜在力となる年齢層の厚さ，反社会的規範を許容する社会的風土および経済的に不安定な職種の多さの7つの理由をあげている。

　空間や建物が犯罪を防ぐためには，次の5つが必要である。①空間や建物の所有者が明確でなければならないが，それと同時に空間や建物がよく管理され手入れが行き届いていること。それによって，所有者の縄張り維持への強い意志と監視の眼を意識させることができる。②いつも人の流れが絶えず，自然なかたちで人々の監視の眼があること。③地域や居住者の連帯を強めることによって犯罪者につけいるすきを与えないこと。④犯罪に対する警戒を怠らないこと。⑤犯罪の起こりやすい場所や犯罪者の心理に思いをめぐらすこと。

(2) 都市と援助行動

　われわれは現代社会が他人に対して冷たい社会であることを示すエピソードには不自由しない。岩田（1987b）は援助の提供を阻害する現代社会の特質として個人主義，社会規範の混乱，競争，犯罪の多発をあげているが，そのどれもが田舎よりも都会で顕著である。実際，都市と田舎における援助行動に関する研究は一般的に都会人に比べて田舎の人々が見知らぬ他人を親切に援助する

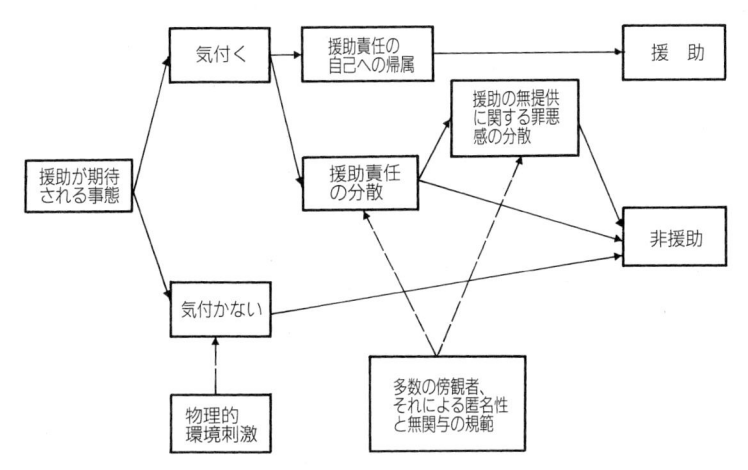

図 2-2　都市環境における援助行動生起のモデル（岩田，1987b）

ことを明らかにしている。

　たとえば，Amato（1983）は援助行動の指標として，①落ちている封筒を拾い上げる，②多発性硬化症協会への献金，③学生の依頼に対して好きな色を記入する，④足に包帯をし血を流して歩道に倒れている人を助ける，⑤知らない人に与えられている指示を漏れ聞いてそれを正す，および⑥国勢調査への無回答を用い，オーストラリアの55地域を人口規模によって分け，援助行動との関係を検討している。その結果，①と⑥以外については，人口が多い地域ほど援助の提供率が低下することを明らかにしている。

　都市環境が都会人の援助行動を抑制するメカニズムに関して，岩田（1987b）は図2-2のようなモデルを提唱している。図2-2の「援助責任の分散」と「援助の無提供に関する罪悪感の分散」は，たとえば，自分を含めて5人いる場合にはそれぞれが5分の1になることを意味している。そして実線の矢印が向かうルートによって援助か非援助かが規定される。なお，点線の矢印は環境要因によって規定されることを意味しているが，物理的環境刺激は周囲に居あわせた人々を意味する傍観者とその密度，騒音，悪臭，生活テンポなどを含んでいる。

(3) 都市と人間関係

これまで都市環境の特質について述べてきたが，都会人の人間関係は都市環境を構成する要素のなかでもとくに人口・人口密度および刺激過剰負荷によって影響されると考えられる。われわれは親和欲求を満たすために家族や親友あるいは親類との親密な対人関係を強く望んでいるか，あるいはいやであってもそれを避けることができない。したがって，いくら人口・人口密度や刺激過剰負荷が重圧となっても，この対人関係を回避することはできないであろう。しかし近所に住んでいる人々との人間関係は，義務として必要なものを除けば，回避することが可能である。一方，都市の公共的空間では，自分の利害に直接関係のない事柄には関与すべきではないという「無関与の規範」が強いため，都会人は見知らぬ他人とのかかわりを避ける傾向がある。このように考えると，田舎の人々に比べて，都会人は見知らぬ他人や近所の人々との人間関係が希薄であると推測できる。吉森（1980）は岩国市を都市，準都市および農村の3地域に分類し，成人を対象とする調査結果を報告している。それによると，「用事をたのめるほどの付き合いをしている」かあるいは「家族同士行き来するほどの付き合いをしている」と回答した者が農村では約72%であるのに対して，都市では「付き合いをしていない」かあるいは「挨拶または世間話をする程度の付き合いをしている」と回答した者が約67%にものぼり，都市地域ほど近所との付き合いが薄かった。さらに，農村では近隣関係が密で近隣関係に満足している者が約57%であったが，都市では近隣関係が疎で近隣関係に満足している者と近隣関係が疎で近隣関係に不満足な者がそれぞれ約3分の1であった。

引用文献

Altman, I. 1975 *The environment and social behavior : Privacy, personal space, territory, crowding.* Monterey, CA : Brooks/Cole.

Amato, P. R. 1983 Helping behavior in urban and rural environment : Field studies based on a taxonomic organization of helping episodes. *Journal of Personality & Social Psychology,* **45**, 571-586.

Anderson, C. A. 1989 Temperature and aggression : Ubiquitous effects of heat on occurrence of human violence. *Psychological Bulletin,* **106**, 74-96.

Baum, A., & Paulus, P. B. 1987 Crowding. In D. Stokols, & I. Altman (Eds.), *Handbook of environmental psychology.* Vol. 1. New York : Wiley. pp. 533-570.

Bell, P. A. 1981 Physiological, comfort, performance, and social effects of heat stress. *Journal of Social Issues*, **37**, 71-94.

Cunningham, M. R. 1979 Weather, mood, and helping behavior: Quasi experiments with the sunshine Samaritan. *Journal of Personality & Social Psychology*, **37**, 1947-1956.

Evans, G. W., & Jacobs, S. V. 1981 Air pollution and human behavior. *Journal of Social Issues*, **37**, 95-125.

古屋　健・林　春男　1988　都市型生活様式（SULS）作成の試み　日本社会心理学会第29回大会発表論文集，98-99.

Iwata, O. 1978 Some personal attributes and spatial factors in the perception of crowding. *Japanese Psychological Research*, **20**, 1-6.

Iwata, O. 1979 Selected personality traits as determinants of the perception of crowding. *Japanese Psychological Research*, **21**, 1-9.

Iwata, O. 1980 Territoriality orientation, privacy orientation and locus of control as determinants of the perception of crowding. *Japanese Psychological Research*, **22**, 13-21.

岩田　紀　1987a　都会人の心理―環境心理学的考察　ナカニシヤ出版

岩田　紀　1987b　社会環境と援助　中村陽吉・高木　修（編著）「他者を助ける行動」の心理学　光生館　pp.125-136.

Jones, J. W., & Bogat, G. A. 1978 Air pollution and human aggression. *Psychological Reports*, **43**, 721-722.

環境庁　1983　昭和58年版環境白書　大蔵省印刷局

川名俊次・板倉英則　1971　都市における自然環境の保全と都市公園の整備　都市問題研究，**23**(10)，27-38.

経済企画庁（編）　1982　昭和57年版国民生活白書　大蔵省印刷局

経済企画庁（編）　1991　平成3年版国民生活白書　大蔵省印刷局

北川健次　1988　都市化　世界大百科事典 20　平凡社　p.281.

Korte, C., Ypma, I., & Toppen, A. 1975 Helpfulness in Dutch society as a function of urbanization and environmental input level. *Journal of Personality & Social Psychology*, **32**, 996-1003.

Lave, L. B., & Seskin, E. P. 1970 Air pollution and human health. *Science*, **169**(3947), 723-733.

Moser, G. 1988 Urban stress and helping behavior: Effects of environmental overload and noise on behavior. *Journal of Environmental Psychology*, **8**, 287-298.

Page, R. A. 1977 Noise and helping behavior. *Environment & Behavior*, **9**, 311-344.

Persinger, M. A. 1975 Lag responses in mood reports to changes in the weather matrix. *International Journal of Biometeorology*, **19**, 108-114.

Rotton, J., Frey, J., Barry, T., Milligan, M., & Fitzpatrick, M. 1979 The air pollution experience and physical aggression. *Journal of Applied Social Psychology*, **9**, 397-412.

品田　穣　1987　自然を求める行動の主環境要因を求める　品田　穣・立花直美・杉山恵一（共著）　都市環境学シリーズ **3**　都市の人間環境　共立出版　pp.28-54.

総務庁統計局　1996　社会生活統計指標　日本統計協会

田辺健一　1988　都市［定義］　世界大百科事典　平凡社　pp.270-272.

矢野恒太郎記念会（編）　矢野一郎（監修）　1981　1981年版日本国勢図会　国勢社

矢野恒太郎記念会（編）　矢野一郎（監修）　1992　1992年版日本国勢図会　国勢社

吉森　護　1980　地域社会における近隣関係に関する社会心理学的研究（1）　日本社会心理学会第44回大会発表論文集, 709.

3 自然環境と人間

網藤芳男

1 はじめに

　「自然」に関する記述は,哲学や文学,エッセーなど,有史以来今日まで数えきれないくらい多い。それらのなかでは「自然」とは何かが考究され,「自然」が賛美され,「自然」は価値あるもの,必要なものとする考えが一貫して示されてきたといってよいだろう。しかし,自然そのものの意味や自然と人間との関係を実証的あるいは科学的に理解しようという試みがなされるようになったのは比較的最近のことである。

　環境心理学 (environmental psychology) という名称が心理学をはじめ他の行動科学の分野でも使われるようになったのは1960年代になってからである (Proshansky & O'Hanlon, 1977)。この時期には,先進諸国における高度経済成長の結果,公害や自然破壊が人々の間で社会のゆがみとして深刻にとらえられるようになった。その後,施策的な環境計画において環境評価のために実際に役立つ理論やデータが求められるようになったことを背景に,人間をとりまく物理的環境が心理学の研究対象として注目され,都市や建築物のような人工的な環境だけでなく,自然環境と人間の関係も実証的な研究の対象としてとりあげられるようになってきた。

　本章では,最初に,「自然」とは何かについて少しばかりの整理を試み,本章のテーマである自然環境の範囲と特徴について言及する。次節では,自然環境と人間に関するレビュー文献や著書をもとに,現在の研究テーマおよび研究方法ついて概観する。その次に,自然環境と人間に関する主要な研究分野を紹

介する。最後に，まとめとして今後の展望について述べる。

2 自然環境の概念

　自然環境はわれわれが生きていくうえでなくてはならないものだ，ということに異議を唱える人はまずいないだろう。しかし，自然環境が「自然な」ものであるときには，それが人々の意識にのぼることは少ない。逆に，自然が破壊されたり都市化によって目に見えて少なくなり，「自然で」なくなってきてはじめて，自然環境は大切なかけがえのないものとして人々に強く認識されるようになってきた。たとえば，かつては水と空気はタダ同然とみなされてきた。ところが現代は，人工のプラスチックボトルに入れられた「自然の水」が飛ぶように売れるという，皮肉な時代なのである。

　このような状況にあって，筆者は，何が自然であって何が自然でないのかがわかりにくくなってきているような気がしている。本章ではすでに「自然」や「自然環境」ということばを用いてきた。しかし，たいていの人々にとってそれらの意味するところは了解されているとは思うものの，必ずしも明確であるとはいいがたい。

　「自然」の意味するもの，あるいは「自然な」事物とみなされるものは，時代により，場所によって異なっているだろう。あるいは，同時代，同じ場所に住む人々によっても個々人では異なっているかもしれない。それでは「自然」とは何かと問われてなんと答えればよいのであろうか。ある人は「人間の手の加えられていないもの」と答えるだろう。またある人は「人間が『自然な』と考えている事物の全体」と規定するだろう。「自然」をひとつのまとまったかたちに定義しようとすると，それがとても難しいことに気づかされる。

(1) 自然とは

　まず，辞書にとりあげられている「自然」の定義からみていくことにする。少しばかり引用が長くなるが，『広辞苑第四版』（新村, 1991）によると，

　　し-ぜん【自然】①（ジネンとも）おのずからそうなっているさま。天然の

ままで人為の加わらないさま。あるがままのさま。(「ひとりで(に)」の意で副詞的にも用いる)……②(イ)(physis, ギリシア・natura, ラテン・nature, イギリス・フランス)人工・人為になったものとしての文化に対し,人力によって変更・形成・規整されることなく,おのずからなる生成・展開によって成りいでた状態。(ロ)おのずからなる生成・展開を惹起させる本具の力としての,ものの性(たち)。本性。本質。(ハ)人間を含め山川・草木・動物など,天地間の万物。宇宙。(ニ)精神に対し,外的経験の対象の総体。すなわち,物体界とその諸現象。(ホ)歴史に対し,普遍性・反復性・法則性・必然性の立場から見た世界。(ヘ)自由・当為に対し,因果的必然の世界。③人の力では予測できないこと。(イ)万一。(ロ)(副詞として)もし。ひょっとして。

となっている(用例,熟語等は省略)。これらの定義から,「自然」がただひとつの意味をもつ言葉ではないことがわかる。

　柳父(1977)は,われわれの使っている「自然」ということばには,伝来の日本語「自然」の意味と,西欧語の英語やフランス語で nature ということばの意味とが混在していることを指摘している。以下に,柳父の論考を要約してみる。第1の意味は,今日われわれが使っている「自然」という言葉の意味であると同時に,われわれの先祖が,漢字「自然」を知って以来,さまざまな文献に書き残し,使ってきた意味である。第2は nature の翻訳語としての「自然」の意味である。「自然」と nature の意味するところの共通点は,『広辞苑』の①と②を比べるとわかるように,どちらも「人為」ということと対立していることである。また,ことばの文法上の面からみると,nature は必ず名詞であるが,「自然」は,名詞でもあり,副詞でもあり,かつては形容詞や動詞でさえあった。今日でも形容動詞の語幹として使われる場合が少なくない。このことから,nature はいつもある実体,実質的なものをさし,その輪郭ははっきりしている。対照的に「自然」は,むしろある状態であって,その輪郭を明確にとらえにくい場合が少なくない(柳父,1977,1982)。

　次に,「自然」の概念的な分類についてみてみよう。
　中埜(1985)は,われわれが「自然」という言葉を用いる時に脳裏に表象されるものを,①物質的(物理学的)自然,②生命的(生物学的)自然,③心的

（心理学的）自然，の3つに分け，自然そのものは物質と生命と心のいずれかもしくは三者の統合体と考えている。これらは順に，宇宙的自然，地球的自然，人間的自然ともよばれる。そして，自然は「もの」（実体概念）であるか，それとも「働き」（機能概念）であるのか，という問題を提起したうえで，「自然」は本質的に様態概念であり，意味のうえではむしろ「自然的」が「自然」に先行する概念であることを指摘した。つまり，様態概念としての「自然（的）」は物質と生命と心について語られる述語であるとされる。

これについて内山（1988）は，自然が形容詞，副詞的な言葉から名詞的な言葉へと変化していく過程で，自然を作用として認識する時代から，客観的な認識対象としてとらえる時代への転換があったのではないかと述べている。わが国の場合，その転換が顕著であり，自然科学の知識と技術の導入を積極的に図り，自然をnatureの翻訳語として採用した明治時代が，その転換期にあたると考えられる（柳父，1977）。

一方，源（1985）は，日本人の自然観の変遷について論じる際に，自然を，①「外なる自然」，②「内なる自然」，③それらを統一する「宗教的・形而上的自然」の3つに分けて考察している。さらに，「外なる自然」には，①美的享受の対象となるものと，②科学的認識の対象となるものの2側面があり，「内なる自然」というのは人間的自然という場合の「自然」であるとしている。また，第3の宗教的・形而上的自然について，源（1985）は，社会や文化の変化および外来の思想や文化の影響の下に，時代によって自然のある側面が強調されるようになってくると説明しているが，ある社会が「文化として共有している自然」を意味していると考えられる。

以上のような「自然」の意味や分類に基づくと，「自然」は，より人為的なものからより人為的でない（自然な）ものまで，人間を中心として同心円上に何重にも層をなすようにわれわれをとりまいているもの（物質的環境）の全体として，イメージされる。ここでは一応，そのように「自然」を定義しておくことにしたい。「人間を中心として」としたのは，人間による外界の認識および諸活動というフィルターを通して物質的な対象としての「自然」やさまざまな「自然な」事象が理解され，さらにそれはある時代のある社会の「文化」にまで高められていると思うからである。

(2) 自然環境とは

　最初に環境について考えてみる。沼田（1967）は，環境を論ずる場合，どこに重点が置かれた環境であるか，つまり，主体が何であるかに注意をはらわなければならないとして，主体－環境系論を展開した。本章でとりあげる主体は，いうまでもなく「人間」である。また人間を主体とみて，人間－環境系を全体的に統合された状態で機能するひとつのシステムであると仮定し，その分析単位として全体的な事物，つまり人間，活動および場（setting）の時空間内での集合を扱う立場は相互交流主義（transactionalism）とよばれている（たとえば，Altman & Rogoff, 1987；Wapner & Demick, 1991）。

　環境をおおまかに分類すると，物理的（physical）環境，対人的（interpersonal）環境，社会文化的（sociocultural）環境のように分類される（たとえば，Wapner, 1987；Wapner et al., 1991）。また，物理的環境は，一般に，自然環境（natural environment）と人工（man-made）あるいは構築（built）環境に分けられる（たとえば，Wohlwill, 1983；Hartig & Evans, 1993）。一般的に用いられている言葉をみても，アウトドア－インドア，農村－都市，原生自然（wilderness）－都市，未開－文明のような対比は，日常私たちが自然的－人工的という次元によって区別されるものによってとり囲まれていることを示唆している（Hartig et al., 1993）。

　Wohlwill（1983）は，自然環境を「人間活動の産物ではない有機物（生物）と無機物の広大な領域」であると定義した。そして，「自然」や「自然な……」についてそれぞれ哲学的および生態学的な意味を考察した後，自然環境という用語が自然に対する人間の反応の心理学的分析のためにもっとも有用な概念であるとした。つまり，自然環境は，人工物がまったく存在していない，あるいは人工物が排除された物理的環境を表している。また，このように自然環境を人工環境の対極に置く見方は，人類の物質文化の出現にその起源があると考えられている（Hartig et al., 1993）。

　さらに，Wohlwill（1983）は，自然環境を，①過去に人間活動の形跡がみられない領域，②自然なものが人工物よりも優越して存在しているか，人間の利用によってもしくは風景的に「自然な」とみられている領域，③人工的な領域のなかで自然な領域あるいはその要素が一部とりこまれている領域の3つに

分類した。そのうち，①は原生自然（wilderness）とよばれることもある。わが国にはそのような場所はほとんどないといってよいが，基準を少し緩くすれば，植林地までも含めて森林地帯の大部分をこれに含めてもよいであろう。②の領域としては，生態学で「二次的自然」とよばれるものが該当しよう。これは人間が適切に管理することによって生態系の安定が保たれている領域で，農地がその代表である。③に該当するのは，都市全体を人工の領域とみた場合の公園や社寺林など（これらを併せて都市林とよばれることもある）が自然な領域であり，住宅の庭の植栽（植木や花）などは自然の要素とみられる。また，建物の一室を人工の領域とみる場合は，緑化植物の植木鉢や自然を描いた絵画などが自然な領域とみなされよう。①では非常に大きな空間スケールとしてとらえられるのが普通であるが，②や③では大きな空間から小さな空間まで幅広い空間スケールのなかでまとまった領域を設定することが可能である。

　Hartig ら（1993）は，大スケールの自然環境自体にかかわる経験と一般の物理的環境のなかでの自然なものの経験との混同を避けるために，これらを「自然環境の経験（natural environment experience）」と「自然なものの経験（nature experience）」とよんで区別している。自然環境に関する環境心理学的研究において，前者に焦点を当てる場合には，自然環境そのものの内容や価値が探求されている。たとえば，次節で紹介する Kaplan と Kaplan および共同研究者たちによるアウトドア・チャレンジ・プログラムとよばれる一連の研究がこれにあたる。後者に焦点が当てられる場合には，自然なものについて，それが人間に影響を及ぼしている他のさまざまな刺激と区別される特徴を説明することに関心が集中している。そこでは自然な風景と人工の風景とを比較して，人間が風景のどのような特徴にどのように反応するのか，どちらがより好まれるのか，あるいは風景が認知される場合にどのような心理的要因がはたらいているのか，といった景観の知覚や選好（preference）の問題が中心テーマとしてとりあげられてきている。

3　自然環境―人間に関する研究の動向

　「自然環境と人間」というテーマが心理学的に包括的にとりあげられたのは，

Altman と Wohlwill（1983）の編集による『人間の行動と環境：理論と研究の発展』シリーズの第6巻で『行動と自然環境（Behavior and the Natural Environment）』の特集が組まれたのが最初である。その内容は，自然の概念，景観の質的評価における方法論の問題，自然環境への美的・感情的反応，都市の文脈における自然の役割，原生自然経験の心理学的効用，自然な場におけるレクリエーションのニーズと行動，動物に関する感情的・認知的・評価的知覚，自然環境のもつ環境容量の社会的・行動的側面，レクリエーション資源管理への行動科学者の貢献，という幅広いものであった。

また，1987年には，『環境心理学ハンドブック』（全2巻）が刊行された（Stokols & Altman, 1987）。「自然環境」もテーマの1つとしてとりあげられ，自然環境のなかでの人間の行動・認知・感情（Knopf, 1987），自然環境の管理（Pitt & Zube, 1987），希少な環境資源の管理（Stern & Oskamp, 1987），非日常的で特殊な環境（Suedfeld, 1987）に関する諸研究が概観された。このなかでとくに，Knopf（1987）は，関連する学問分野として，森林学および自然資源管理学，健康・レクリエーション・レジャー科学，環境社会学，環境心理学，自然資源経済学，地理学，マーケッティング・リサーチ，の7つをあげている。

以下では，テーマを限定して行われた文献の概観を紹介する。

Zube ら（1982）は，景観知覚（landscape perception）をテーマとした過去15年間（1965年～80年）の160編の文献を概観し，①専門家による判断，②精神物理学的アプローチ，③認知的アプローチ，④経験的アプローチ，という4つの研究方法を特定した。さらに，カテゴリ①と②の研究が多いこと，年とともに全体として研究の数が増加していること，②の精神物理学的アプローチによる研究が加速的に増加していることを指摘している。

また，Daniel と Vining（1983）は，Zube ら（1982）と同様に，景観の質（landscape quality）の評価に関する概念的モデルとして，①生態学的モデル，②美の形式モデル（formal aesthetic model），③精神物理学的モデル，④心理学的モデル，⑤現象学的モデルを設定した。各モデルは，研究事例に基づいて，①信頼性，②感受性（sensitivity），③妥当性，④有用性（utility）の4つの基準によって評価された。伝統的なテスト項目だけでなく最後の有用

性の評価が重視され，現時点ではどのモデルも景観の質の評価の目標を完全に満たしてはいないが，精神物理学的モデルと心理学的モデルの2つのアプローチを注意深く併用することで，景観の質の評価のための有用なシステムの基盤が提供されるだろうと述べている。

Urlich（1986）は，主に都市的な風景と自然な風景とを比較する視点から，植生と景観への人間の美的，感情的，生理的反応を扱った研究を概観している。Smardon（1988）は，都市の植生が人間の行動と都市環境の知覚に関連して演じる役割について研究を概観し，都市植生の，①人間の利用に伴う経済的な効用，②生理的な機能（人間の生理的側面に影響する働き），③知覚的な機能と価値，④シンボルとしての価値について考察した。Schroeder（1989）は，都市林の効用とその経済的評価尺度，および都市林の知覚や行動に関する研究を概観している。

KaplanとKaplan（1989a）は，自然に対する選好を中心テーマとした共同研究者との20年以上にわたる研究成果をまとめるとともに，関連する幅広い研究を概観した。その概観では，自然に対する選好の予測，原生自然や身近な自然の効用と満足，ストレスを回復させる環境などが扱われている。Hartigら（1993）は，知覚，感情と生理的覚醒，認知と感情，学習の4つの側面からの研究の概観に基づいて，自然なものの経験に関する諸理論を考察し，人間―環境系を説明しようとする心理学理論にとって自然―人工の区別が有用であることを指摘した。

また，Hartigら（1993）は，相互交流的パースペクティブ（transactional perspective）からみた自然なものの経験をテーマに研究を概観している。最初に人間-環境システムを理解するための2つの方法論‐相互交流的アプローチ（transactional approach）と相互関係的アプローチ（interactional approach）‐，および自然なものの経験の2つの文脈‐進化論的（evolutionary）パースペクティブと文化的（cultural）パースペクティブ‐が比較検討された後，①環境価値評価，②アウトドア・レクリエーションへの動機づけ，③自然なものの経験の効用という3領域の研究の概観に基づいて，自然なものの経験の相互交流的特性が描写された。

一方，わが国では，北原（1989）が，住環境と景観をテーマとした過去13年

（1975年〜88年）にわたる66編の論文の概観を行っている。その結果，①心理的因子，②物理的因子，③緑景観，④構造的把握，⑤分析方法，⑥実現手法，の6つのキーワードを抽出し，この分類に基づいて研究動向を明らかにしている。とくに緑景観については，研究の対象を緑景観に限定することによって住環境計画の目標が明確化され，指標化が容易になることが指摘された。

また，青木（1993）は，環境知覚をテーマとした過去6年間（1987年〜92年）の研究を概観している。そして，光や音，温熱などの諸感覚とともに，緑や景観イメージ，施設の利用行動の側面を概観の対象とし，樹木を中心とした環境知覚研究の問題点と今後の課題を指摘している。

4　自然環境─人間に関する主要な研究分野

次に，自然環境と人間に関するいくつかの研究トピックを紹介する。最初に，「自然なものの経験」に関して，Danielら（1983）が分類した精神物理学的モデルと心理学的モデルに従った景観知覚研究，そして自然がストレスを回復させる効果の研究をとりあげる。次に，「自然環境の経験」について，原生自然の体験プログラムの研究について述べる。最後に，主にわが国で行われている自然環境の多様な機能の評価を扱った研究を紹介する。

（1）　景観評価の精神物理学的モデル

精神物理学的方法を用いる景観評価では，景観の物理的特性（たとえば，地形，植生，水など）と心理的反応（たとえば，選好の判断，風景の美しさなど）との間の数学的関係の記述に関心が向けられる（Daniel *et al*., 1983）。

Danielと共同研究者たちは，森林景観の風景の美しさを評価するために，風景の美しさの推定法（Scenic Beauty Estimation Method）とよばれる精神物理学的方法を開発し，発展させてきた（Daniel & Boster, 1976）。これは，林道のデザインへの適用や樹木の伐採・管理の視覚的効果の検討，および森林地帯の風景の美しさを示す地図の作成を目的としていた。

Danielら（1976）は，森林風景のカラースライドの物理的特性と心理的特性を測定し，それらの間の関係を分析した。物理的特性として，森林管理者の

専門用語に基づく指標を用いて，スライド画面に現れた樹木の密度・平均胸高直径，樹冠の被覆率，倒木の量や分布，切株の存在，スライド内で空が占める割合などが測定された。一方，被験者は各スライド刺激を風景の美しさに関して10段階で評定するように求められた。さらに，個々人の評定値は標準化された間隔尺度に変換された。この結果，風景の美しさは，樹木の密度，平均胸高直径，樹冠の被覆率などとの間に高い正の相関があり，倒木の量や分布，切株の存在などとの間には高い負の相関があることが見いだされた。

また，DanielとSchroeder（1979）は，実際の景観について現地で測定したさまざまな物理的特性のデータに重回帰分析を適用し，物理的諸特性の一次結合として風景の美しさの説明を試みた。その結果，松（ponderosa pine）の多い景観に限定した場合，胸高直径がとくに大きい樹木の単位面積あたりの本数，低木や雑草の単位面積あたりの重量が風景の美しさをよく説明することが示された。

（2） 景観評価の心理学的モデル

心理学的モデルでは，人間による景観の経験に関する多次元的な分析が強調されている（Daniel et al., 1983）。手続き的には精神物理学的方法と類似しているが，景観に対する選好や風景の美しさを説明するために，物理的特性ではなく，心理学的なさまざまな構成概念が用いられる。

Berlyne（1960）の実験美学的研究によると，美的反応は，視覚的な刺激がもっている複雑さ（complexity），新奇さ（novelty），不調和（incongruity），意外さ（surprisingness），のような比較照合的特性（collative property）およびそれらの刺激によって誘発される探索的行動の関数であると考えられる。

Wohlwill（1968）は，環境の分析で比較照合的特性の概念を最初に使用したが，その際，スライド刺激に対する選好と探索的行動（時間の長さ）を説明するために複雑さ（環境を構成している要素の多様さの程度）の概念をとりあげた。最初に，複雑さの尺度を構成するために，多様な物理的環境のカラースライドを刺激として用い，色，テクスチャー，画面で優勢である直線の方向，画面で優勢である要素の形状について，複雑さの程度を5段階で評定することが被験者に求められた。これらの平均値を加算したものが各スライドの複雑さ

の得点とされ,各スライドはこの得点を用いて複雑さの程度の順に7つのカテゴリーに分類された。次に,各スライド刺激の,選好が7段階尺度で評定され,刺激の探索時間が測定された。その結果,探索的行動が複雑性の関数として直線的に増加する一方で,選好は中程度の複雑さのレベルでもっとも高くなるという逆U字型の曲線関係にあることが示唆された。

Wohlwill(1976)は,評価対象を,人工的な場面,自然な場面,両者が混在している場面の3種類に分けて,同様の実験を行った結果,自然な場面がもっとも好まれ,人工的な場面の選好評価は低かった。また,どの場面でも中程度の複雑さを有する風景がもっとも好まれた。しかし,自然な場面の複雑さの評定値は人工的な場面と比べて高くなかったため,複雑さと選好との間の逆U字型の関係は自然な風景の場合には検証されなかった。新奇さ,不調和,意外さは選好と直線的関係にあり,新奇さや意外さの程度が増したり,不調和の程度が低いほど景観が好まれることが明らかにされた。

このような研究を契機として,どのようにして自然なものが人工的なものと区別されるのか,あるいはどのようにして特別な景観が他の景観よりも好まれるのかを説明するために,Berlyne(1960)の比較照合的特性の概念だけでなく,統合性(coherence),神秘性(mystery),明瞭性(legibility),雄大さ(spaciousness)などの環境の質的な情報を表す多数の心理学的な構成概念が用いられるようになってきた。

KaplanとKaplanおよび共同研究者は,自然環境と人間との関係について,環境の認知プロセスを強調し,選好の情報モデルを提案している(Kaplan *et al.*, 1989a)。Kaplanら(1989a)は,環境の選好を説明するために,多くの実験的研究と理論的考察に基づいて,環境が認知される際の環境の質的な情報を表す構成概念として,複雑性,神秘性,統合性,明瞭性の4つを抽出し,表3-1に示したような選好の情報のマトリックス構造を示した。このマトリックスは,環境の質的な情報に対する基本的な欲求(理解と探求の2側面),および情報

表3-1 選好の情報マトリックス

	理解	探求
即時的	総合性	複雑性
推測的	明瞭性	神秘性

がすぐに使える状態かどうかを表す次元（即時的と推測的の2側面）の2つの次元で構成される。環境の意味を理解するための即時的な欲求は，知覚された要素の結合の緊密さによって支援され，情報の取得や探求の継続は要素の集合にもともと存在している複雑さによって促進される。即時ではなく知覚された後の意味の理解を可能にしているのは視野に現れているものが明瞭でわかりやすいことであり，景観の見えない部分にあると推測される情報に対する期待，つまり，神秘性は，探求心を増加させるとされる。Kaplan (1987) とKaplanら (1989a) の研究は，これらの環境の意味（質的な情報）の要因が景観の選好に影響していることを示唆している。

最近の研究で，Kaplanら (1989b) は，上記のような環境の情報的特性だけでなく，知覚に基づく変数（開放感，滑らかさ，移動しやすさ），物理的属性（地形の傾斜やコントラスト，人間の影響の程度など），土地被覆 (land cover) のタイプ（農地，草地，森林など）の4カテゴリー，20変数を用いて，選好を予測している。自然な環境を幅広く扱うために，森林や農地のような土地被覆の多様な形態が含まれる写真が刺激として用いられた。最初に，専門家によって，土地被覆の各タイプが写真のなかにあるかどうかが2段階で，それ以外は5段階で評定された。そして選ばれた写真に対する選好は5段階で評定するように求められた。重回帰分析により，情報的特性の中では神秘性のみが統計的に有意に選好を説明できることが明らかにされた。

(3) 自然がストレスを回復させる効果

自然なものの経験について理解をすすめるために，KaplanとKaplan，その共同研究者はその認知的プロセスを強調しているが，Appleton (1975) やUlrich (1983) などは，自然がもたらす感情的側面を強調している。

Ulrich (1983) は，自然との接触が心理的生理的なストレスからの回復を促進するという仮説を検証することに関心を向けている。彼は，最初に，自然環境への感情的および美的反応を説明するために，心理進化論的モデル (psychoevolutionary model) を提案した。このモデルでは，基本的な感情プロセスの精密な記述がなされ，とくに新たな環境と出会う時の最初の感情状態に注意がはらわれる。そこでは，選好は重要な感情と考えられ，ストレスか

らの回復に関する幅広い感情（たとえば，恐れ，関心，怒り，悲しみ）の1つとして位置づけられている。心理進化論的なフレームワークでは，美的な選好だけでなくストレスからの回復を含む，自然の形状や内容への幅広い感情的反応や生理的覚醒が扱われる（Ulrich et al., 1991）。

　Ulrich（1984）は，病院で外科手術を受けた患者の回復状態をみることによって，自然の風景が患者の回復を促進させ，治療効果によい影響を与えていることを指摘した。入院してくる患者は，性別，年齢などの条件が一致するようにペアにされ，その一方が窓から樹木が見える部屋に，他方が建物のレンガ壁が見える部屋に割りあてられた。患者の回復状況をみると，樹木が視野にあった患者のほうが入院期間が短く，看護婦による回復状況の記録にネガティブな評価の記録が少なかった。また，手術後に投与された沈痛剤の使用量が少なく，頭痛や悪心などの合併症の発生も少ないことが見いだされた。

　また，Ulrichら（1991）は，最初にストレスのかかる映画を被験者に見せた後，より自然な場面からより都市的な場面までの6種類の音声入りのビデオテープのうち1つを見せた。この間に，心拍周期（heart period），筋肉の緊張（muscle tension），皮膚の電気伝導度（skin conductance），心拍経過時間（pulse transit time）などの生理的指標が測定されるとともに，感情状態の自己評定が行われた。これらの指標でみると，都市環境よりも自然環境を見た場合に，被験者のストレスからの回復がより速く，元の状態に速く戻ることが示された。

（4）　原生自然の体験プログラム

　自然との出会いを提供してくれる行事や団体活動には，野外でのキャンプやオリエンテーリング，野鳥観察など多くのものがある。1970年から始まった原生自然でのアウトドア・チャレンジ・プログラムに参加し，10年間（1972年～81年）の長期にわたって自然環境の経験のダイナミクスと効用を対象とする調査が実施されている（Kaplan & Talbot, 1983）。

　このプログラムは2週間（最後の2年間は9日間）にわたって原生自然の中を徒歩旅行（backpacking）しながら，原生自然を体験するものであった。参加者は，最初の1週間をプログラムのリーダーの指導を受けながら集団で移動

した。続いて，各参加者は集団から離れて48時間を1人だけで過ごし，残りの期間は参加者だけで移動生活を体験した。参加期間中，参加者は毎日日誌をつけ，何度か質問紙に答えることを求められた。また，質問紙調査はプログラム終了後にも実施された。このプログラムの参加者は，調査期間中の10年間で総計176人にのぼり，さらにこのプログラムの効果を確かめるために，他の自然環境経験のプログラムへの参加者や，対照群としてこのような経験をまったくもたない人を対象とした質問紙調査が実施された（Kaplan et al., 1983, Kaplan et al., 1989a）。

初期の報告（Kaplan, 1974）では，プログラムの参加者は原生自然経験のさまざまな効用を認めていた。プログラム終了後に参加者の変化について対照群との比較を行ったところ，参加者は他者に対してより強い関心をもち，自己の長所や短所をより現実的にみられるようになり，自分の時間や能力の使い方に自信をもち，自分で日常のことを何でもできると思うようになることが示された。

参加期間中の質問紙調査の項目には，原生自然への反応の変化を見るために，そこでの体験に関連する知識・理解，困ったこと，1人で過ごすことに対する感情的評価などに関するものが含まれ，5段階の評定が参加者に求められた。調査は参加直後，1週間後，2週間後の3回実施された。その結果，原生自然の体験に関連する知識は期間中に有意に増加し，原生自然の中では学習が促進されることが示唆された。感情的には，すべての項目で高いポジティヴな評価がなされ，性別や年齢などによる相違は見いだされなかった（Kaplan et el., 1983）。

Talbot と Kaplan（1986）は，最後の2年間の短い期間のプログラムとそれまでのプログラムの比較を行うとともに，環境に対する支配的感情（control feeling）について考察した。質問紙調査よる結果は，短い期間のプログラムでも同様であり，性別や年齢別にみても類似していた。支配的感情については，日誌の分析から，人間が環境を支配しているのではなく，「環境とともにある」あるいは「環境の一部である」という感覚が，原生自然にとり囲まれている場合に頻繁にみられることが示唆された。この研究の結果は，原生自然の中での活動やそのような自然との触れあいが，われわれが自然と人間の関係

について正しい認識を獲得するうえで重要であることを暗示している。

(5) 自然環境のもつ機能の評価

　物理的環境では，動物や植物などの有機体と土，水，大気のような無機物とが相互に影響を及ぼしあい，全体としてひとつのシステムを構成している。景観や土地・空間の利用といった自然環境の直接的効用だけでなく，自然環境の構成要素間の相互作用までも含めて，自然環境と人間の関係を機能的側面から幅広く把握しようとする研究が始められている。

　Niemann (1986) は，人間の社会的活動（個人生活から産業活動まで）の側面から，物理的環境のもっている機能を，①生産機能，②環境保護 (environmental protection) 機能，③運搬 (carrier) 機能（空間的資源としての機能），④美的・倫理的機能に分類し，それらの評価方法を論じている。

　青柳・内藤 (1989) は，森林の環境保全機能の概念的体系を設定したうえで，①景観の保全，②自然と親しむ場の提供，③文化財・歴史の保全，④生活環境の安定の4機能をとりあげ，調査対象地域の林班（森林管理の基準単位）ごとに，その近隣住民に4段階の評定を求めた。また，各林班の物理的特性として，森林の状況（樹種，面積，傾斜，標高など）と周囲の状況（土地利用率，人口密度，交通量など）のデータが収集された。そして，4機能を説明変数として，精神物理学的な機能評価が重回帰分析を用いて試みられた。

　横張 (1986) は，樹林地を評価の対象として34種の環境保全機能を想定し，質問紙法を用いて地域住民に5段階の評定を求めた。これらの機能は多次元尺度構成法により7つの機能群に集約され，機能間での評価の相違が検討された。さらに，その後の研究で，農林地のもつ環境保全機能を，①生物・生態系保全，②水保全，③景観保全，④保健休養，⑤微気象緩和，⑥居住環境保全，⑦大気保全，⑧土保全，の8種類に集約している（横張，1994）。

　筆者らは，1988年から92年にかけて農林地のもつ機能評価に関する一連の質問紙調査を実施している（網藤，1993a，1994；網藤・田中，1991；網藤ら，1992）。各調査では11種類もしくは16種類の機能項目が評価され，これらのデータに因子分析（最初の調査では林の数量化理論第Ⅲ類）を適用した結果を総合的に検討し，農林地の多面的機能が①環境保全，②心理的効果，③場所利

用，の3つの基本因子で説明されることを示している（網藤，1993b）。これらはそれぞれ，態度の基本的な3つの成分（認知的，感情的，行動的）に対応していると考えられる。

5 今後の展望

　自然なものと人工的なものとの区別が環境心理学研究にとってもっとも基本的な問題であるというWohlwill（1983）の主張を基礎にして，人間にとって自然なものが重要であるという結論が，多くの研究やレビュー文献に一貫してみられる。

　しかしこの場合，自然なものがもつ有意義な価値だけに着目すればよいわけではない。Hartigら（1993）は，自然なものの経験に関する研究では，人工的な環境のポジティヴな側面に注意がはらわれていないし，自然なものの経験のネガティヴな側面にもあまり注意がはらわれていないことを指摘している。

　今後の研究では，人工環境を含めて物理的環境をできるだけ幅広く扱うなかで，自然環境や自然なものの多様な価値および自然環境と人間との全体的な関係について理解を深めていくスタンスが必要であろう。そのためには相互交流的な視点が不可欠だと思われる。しかし，人間―環境システム全体を記述しようとする場合，システムが複雑すぎるために，概念モデルが提示されても具体的な研究手法がなかなか提示されないというのが現状である。

　新しい概念の提出や，分析法の発展と並行して有用な数学的モデルを構築していくことが，今後の研究に必要とされる大きな課題と考えられる。たとえば，網藤（1992）は，環境特性と人間特性の相互関係に，測定方法を加味した自然環境の認知と評価の概念モデルを提案した。さらに相互関係の時間的な変化の過程をモデルに加えることにより，人間―環境相互交流システムの解明へと近づいていくことが可能になると思われる。

　また，環境の問題はそれに多大の影響を及ぼすに至った人間自身の問題として認識されているにもかかわらず，わが国では，自然環境と人間に関する研究は，一部のテーマを除いて，心理学をはじめとする人文・社会科学の分野ではいまだに少ないのが現状である。この分野の研究は，都市計画学・農村計画学，

造園学・緑地学, 都市工学・社会工学, 建築学, 林学のようなどちらかといえば自然科学に属する学際的・応用的な領域で活発に行われている。

　自然環境の影響に関する過去の心理学的研究は主として個人レベルで行われているが, 集団レベルでの関心はきわめて薄い。たとえば, 原生自然のなかでの集団活動が人間関係の形成や発展にどのような影響を及ぼすかについては検討されていない。また, 自然環境の破壊がますます深刻化する今日, それにかかわるさまざまな市民運動に関する研究も乏しい。今後, 集団レベルにおける自然環境の影響に関する研究も必要といえよう。

　地域計画や環境管理計画などにおいて, 実際に役立つ研究が求められていることは, わが国でも諸外国でも事情は同じである。しかしそのような応用的研究では, まず解決すべき問題が前提としてあり, しかも早急に結論を出す必要に迫られることが多い。心理学ではこれまで, 人間を考察の中心対象とし, 尺度構成などに代表される研究方法や手続きの吟味に格別な注意がはらわれてきた。それらの蓄積された成果を活用し, 問題解決型の応用研究に積極的に参画していく姿勢が, 心理学をはじめとした社会科学に求められているといえよう。

　紹介しきれなかったテーマや文献も多く, とくに, レクリエーションや自然災害, 自然環境の経済的価値などをテーマとする分野はまったくとりあげられなかった。さらに, わが国での研究についても環境の機能評価という1つのトピックを扱ったに過ぎない。しかし, 本章がこれからの「自然環境と人間」研究への本格的なアプローチのための長い旅程の一里塚となり, 今後の議論が活発になることを期待したい。

引用文献

Altman, I., & Wohlwill, J. F. (Eds.) 1983 *Human behavior and environment* Vol. **6**: Behavior and the natural environment. New York: Plenum.

Altman, I., & Rogoff, B. 1987 World views in psychology: trait, interactional, organismic, and transactional perspectives. In D. Stokols & I. Altman (Eds.), *Handbook of environmental psychology*. Vol. I. New York: Wiley. pp. 7-40.

網藤芳男 1992 人による自然環境評価のフレームワーク 人間・環境学会誌, **1**, 13-19.

網藤芳男 1993a 自然環境の認知と評価 (1) ―水田と畑地の多様な機能の評価― 日本心理学会第57回発表論文集, 123.

網藤芳男 1993b 農村空間の多面的機能―アンケートによる住民評価への心理学的アプローチ― 農業経営通信,(177),30-33.
網藤芳男 1994 自然環境の認知と評価(2)―環境の多様な機能に対する異なる評価(認知・満足・ニーズ)の検討― 日本心理学会第58回発表論文集,85.
網藤芳男・井手 任・横張 真 1992 住民による都市近郊樹林地の機能評価―住民の属性による評価傾向の差異について― 農村計画学会誌,**11**,21-29.
網藤芳男・田中 隆 1991 評価者の価値観の相違からみた緑地の機能評価 農業環境技術研究所資源・生態管理科研究集録,**7**,175-190.
青木陽二 1993 環境知覚に関する最近の研究動向―樹木を中心とした環境知覚研究に向けて― 環境情報科学,**22**,74-86.
青柳みどり・内藤正明 1989 森林の持つ生活環境保全機能の評価に関する研究 農村計画学会誌,**8**,22-35.
Appleton, J. 1975 *The experience of landscape*. London: Wiley.
Berlyne, D. E. 1960 *Conflict, arousal, and curiosity*. New York: McGraw-Hill.
Daniel, T. C., & Boster, R. S. 1976 *Measuring landscape esthetics : The scenic beauty estimation method* (USDA Forest Service Research Paper RM-167). Ft. Collins, CO: Rocky Mountain Forest and Range Experiment Station.
Daniel, T. C., & Schroeder, H. W. 1979 Scenic beauty estimation model : Predicting perceived beauty of forest landscapes. In *Our national landscape* (USDA Forest Service General Technical Report PSW-35). Berkeley, CA: Pacific Southwest Forest and Range Experiment Station. pp. 514-523.
Daniel, T. C., & Vining, J. 1983 Methodological issues in the assessment of landscape quality. In I. Altman & J. F. Wohlwill (Eds.), *Behavior and the natural evironment*. New York: Plenum. pp. 39-84.
Hartig, T. 1993 Nature experience in transactional perspective. *Landscape and Urban Planning*, **25**, 17-36.
Hartig, T., & Evans, G. W. 1993 Psychological foundations of nature experience. In T. Gärling & R. G. Golledge (Eds.), *Behavior and Environment : Psychological and geographical approaches*. Amsterdam: Elsevier Science Publishers B. V. pp. 427-457.
Kaplan, R. 1974 Some psychological benefits of Outdoor Challenge Program. *Environment and Behavior*, **6**, 101-116.
Kaplan, R., & Kaplan, S. 1989a *The experience of nature : A psychological perspective*. New York: Cambridge University Press.
Kaplan, R., Kaplan, S., & Brown, T. 1989b Environmental preference : A comparison of four domains of predictors. *Environment and Behavior*, **21**, 509-530.
Kaplan, S. 1987 Aesthetics, affect, and cognition : Environmental preferences from an evolutionary perspective. *Environment and Behavior*, **19**, 3-32.
Kaplan, S., & Talbot, F. 1983 Psychological benefits of a wilderness experience. In I. Altman & J. F. Wohlwill (Eds.), *Behavior and the natural evironment*.

New York : Plenum. pp. 163-203.

北原理雄 1989 「住環境と景観」をテーマとした研究の動向に関する考察— 1975〜1988— 第24回日本都市計画学会学術研究論文集, 481-486.

Knopf, R. C. 1987 Human behavior, cognition, and affect in the natural environment. In D. Stokols & I. Altman (Eds.), *Handbook of environmental psychology*. Vol. I. New York : Wiley. pp. 783-825.

源 了圓 1985 日本人の自然観 大森荘蔵ほか(編) 新・岩波講座哲学5 自然とコスモス 岩波書店 pp. 348-374.

中埜 肇 1985 自然哲学の現代的視点 大森荘蔵ほか(編) 新・岩波講座哲学5 自然とコスモス 岩波書店 pp. 241-268.

新村 出(編) 1991 広辞苑 第四版 岩波書店

Niemann, E. 1986 Polyfunctional landscape evaluation : Aims and methods. *Landscape and Urban Planning*, **13**, 135-151.

沼田 真 1967 生態学方法論 古今書院

Pitt, D. G., & Zube, E. H. 1987 Management of natural environments In D. Stokols & I. Altman (Eds.), *Handbook of environmental psychology*. Vol. II. New York : Wiley. pp. 1009-1042.

Proshansky, H. M., & O'Hanlon, T. 1977 Environmental psychology : Origins and development. In D. Stokols (Ed.), *Perspectives on environment and behabior*. New York : Plenum. pp. 101-129.

Schroeder, H. W. 1989 Environment, behavior, and design research on urban forests. In E. H. Zube & G. T. Moore (Eds.), *Advances in emvironment, behavior, and design*. Vol. II. New York : Plenum. pp. 87-117.

Smardon, R. C. 1988 Perception and aesthetics of the urban environment : Review of the role of vegetation. *Landscape and Urban Planning*, **15**, 85-106.

Stern, P. C., & Oskamp, S. 1987 Managing scarce environmental resources. In D. Stokols & I. Altman (Eds.), *Handbook of environmental psychology*. Vol. II. New York : Wiley. pp. 1043-1088.

Stokols, D., & Altman, I. (Eds.) 1987 *Handbook of environmental psychology*, Vols. I, II. New York : Wiley.

Suedfeld, P. 1987 Extreme and unusual environments. In D. Stokols & I. Altman (Eds.), *Handbook of environmental psychology*. Vol. I. New York : Wiley. pp. 863-887.

Talbot, J. L., & Kaplan, S. 1986 Perspectives on wilderness : Re-examining the value of extended wilderness experiences. *Journal of Environmental Psychology*, **6**, 177-188.

内山 節 1988 自然と人間の哲学 岩波書店

Ulrich, R. S. 1983 Aesthetic and affective response to natural environment. In I. Altman & J. F. Wohlwill (Eds.), *Behavior and the natural evironment*. New York : Plenum. pp. 85-125.

Ulrich, R. S. 1984 View through a window may influence recovery from surgery. *Science*, **224**, 420-421.

Ulrich, R. S. 1986 Human responses to vegetation and landscapes. *Landscape and Urban Planning*, **13**, 29-44.

Urlich, R. S., Simons, R. F., Lostio, B. D., Fiorito, E., Miles, M, A., & Zelson, M. 1991 Stress recover during exposure to natural and urban environments. *Journal of Environmental Psychology*, **11**, 201-203.

Wapner, S. 1987 A holistic, developmental, systems-oriented environmental psychology: some beginnings. In D. Stokols & I. Altman (Eds.), *Handbook of environmental psychology*. Vol. II. New York: Wiley. pp. 1433-1465.

Wapner, S., & Demick, J. 1991 有機体発達論的システム論的アプローチ　山本多喜司・S. Wapner(編)　人生移行の発達心理学　北大路書房　pp.25-49.

Wohlwill, J. F. 1968 Amount of stimulus exploration and preference as differential functions of stimulus complexity. *Perception and Psychophysics*, **4**, 307-312.

Wohlwill, J. F. 1976 Environmental aesthetics: The environment as a source of affect. In I. Altman & J. F. Wohlwill (Eds.), *Human behavior and environment: Advances in Theory and Research* Vol. I. New York: Plenum. pp. 37-86.

Wohlwill, J. F. 1983 The concept of nature: A psychologist's view. In I. Altman & J. F. Wohlwill (Eds.), *Behavior and the natural evironment*. New York: Plenum. pp. 5-37.

柳父　章　1977　翻訳の思想 —「自然」と NATURE—　平凡社　平凡社選書 54.

柳父　章　1982　翻訳語成立事情　岩波書店　岩波新書（黄版）189.

横張　真　1986　大都市近郊樹林地の環境保全機能に関する基礎的研究　農村計画学会誌, **5**, 18-32.

横張　真　1994　農林地の環境保全機能に関する研究　東京大学農学部緑地学研究室　緑地学研究, (13).

Zube, E. H., Sell, J. L., & Taylor, J. G. 1982 Landscape perception: Research, application and theory. *Landscape Planning*, **9**, 1-33.

II
快適環境の創造

住宅環境と居住性 4

渡辺圭子

1 はじめに

　住まいにおける快適な環境とは何か。これまで，建築学分野における室内環境評価は，温度や湿度など温熱環境の研究を中心とした物理的環境に終始したきらいがあった。近年，生活全般にわたり「物から心へ」と人々の価値観が変化し，住宅も量から質へ，さらには感性・情緒が求められる時代となり，より包括的な環境が問題にされるようになっている。住宅の基本的な性能が一応の水準に達し，住空間に対する要求がより高度で多様な居住性に向けられるようになったといえよう。居住空間は実生活の場であると同時に，住まう人の心の場でもあることを考えると，住宅の快適性を「住生活上の諸条件の好ましさ」と広義にとらえる流れは当然のなりゆきであろう。

　日本経済の高度成長と平行して一般の人々のインテリアへの関心が高まり，インテリアの分野にインテリアコーディネーター（1983年度発足，通産省認定）とインテリアプランナー（1987年度発足，建設省認定）の2つの職能資格制度が生まれて，わが国でもインテリアの専門家が多数登場した。1989年度には日本インテリア学会が創立され，これまでとかくカンとセンスに頼りがちだったインテリアの快適性にも学術的データを適用しようとする態勢が整ってきた。

　1990年代にはいって，主にマンションを対象としたリフォームが盛んに行われてきている。リフォームブームの背景としては，年々向上する居住性に対応した間取りや設備の改善の必要性と，集合住宅に対する居住者の意識が仮住

いから定住志向に変化し，ライフサイクルやライフスタイルの変化に伴う大規模なリフォームの要求が拡大したことがあげられる。1992年度には，マンションのリフォームに際し居住者と施工者の橋渡しを行うマンションリフォームマネージャーなる資格制度も発足している。インテリアが環境としてとらえられ，趣味や雰囲気的なものにとどまらず，日常の住生活における実質的なものに定着しつつあるものと受けとられている（沢田，1994）。

2 居住環境の快適性

(1) 居住空間の質の規定要因

居住環境の質を評価する要素については，さまざまな領域でいろいろな視点からの研究や提言がなされている。

医学の分野では，1961年に世界保健機構（WHO）の住居衛生委員会が提言した健康な住環境の4つの基準，①安全性，②保健性，③利便性，④快適性がよく知られている。この快適性には，環境の美しさに加えて休養や教育，福祉などの文化的な充足も含まれている。公衆衛生学の長田（1974）は，この基準に沿ったかたちで健康な住宅の条件を表4-1のように整理して示している。

社会心理学の分野における研究は多様である。Carpら（1976）の研究では，居住環境特性の評価項目として20因子が抽出され，その内容をコミュニティ心理学者の山本（1989）が①騒音，②美観（居住地域の美観，大気の質，環境メンテナンス，活動性，開放性），③近隣住民，④安全，⑤可動性，⑥わずらわ

表4-1 健康な居住の条件（長田，1974）

住居の備える べき条件	(1) 健全な家族生活の保障……十分な広さと間取り (2) 能率的な日常生活の保障……十分かつ合理的な付属設備 (3) 快適な生活環境の確保……生理的にかなった屋内気候 (4) 衛生的な生活環境の確保……衛生的な構造，設備 (5) 安全な生活環境の確保……十分な防災，防犯のための構造，設備
周辺地域の備 えるべき条件	(1) 利便性……交通・通信・商業・行政サービス (2) 保健性……自然および人工環境，医療施設 (3) 文化性……文化，リクリエーション，福祉施設 (4) 安全性……防災，防犯的環境と体制

しさ（勧誘，プライバシー，ペットの迷惑）にまとめている。また，Krupatと Guild（1980）は，環境の個性の評価因子として①暖かさ・親密さ，②活動性・親しみ，③疎外・孤立，④知性・自由・誇り・豊かさのある生活，⑤プライバシー，⑥好ましくないことを抽出している。わが国の研究では，藤沢ら（1980）が住みやすさを規定する因子として①近隣との連帯，②空間的利便性，③地理的利便性，④相互熟知性，⑤対人的自由をあげており，加藤（1991）を中心とする都市社会学のグループは，都市居住における住形態別にみた住まいの住み心地の規定因子として①地域の便利さ，②住居の使いやすさ，③騒音の3因子に加えて，戸建て住宅では④建物の混みぐあいの計4因子を，集合住宅では④近隣との関係，⑤自然の計5因子を抽出している。

　建築領域での都市環境や住環境の快適性評価の研究も多い。斉藤・久野（1986）は，都市環境の評価からみた環境要素を①保健・衛生・空気・水・地象の適否，②スリル・恐怖・安全，③食・生計の維持，④場・テリトリー（共同生活），⑤文化（歴史・アイデンティティ）の継承，⑥文明（施設）の享受・工夫，⑦幻想への傾向・抽象に分類した。定井ら（1984）は，住みよさに寄与する生活環境評価要素を抽出するとともに，住みよさ全体を1000とした場合の各要素のウェイトを調整して「住みよさ」計量評価のデンドログラム・モデルを作成した。それによると，住みよさ（1000）はほぼ互角のウェイトを持つ居住環境（501）と経済生活（499）によって構成されており，居住環境（501）は，①安全性（79），②保健性（93），③利便性（109），④快適性（220）のウェイト配分で構成されている。

（2） 住宅の機能と性能評価項目

　住宅は生活の器であり，基地である。その起源は，自然や外敵に対するシェルターとされるが，現在の住まいはそれ以外の多くの機能が求められている。住宅の内部環境（室内環境）は，自然環境の一部分を住宅建築という人工物によって切りとり，設備によって調節・確保された人工環境であり，居住者の住生活が安全で生理的にも心理的にも健康で快適に営まれることが必要である。

　住生活の内容は多様であるが，一般的には家庭生活と職業生活に大別される。家庭生活は生活行為から個人生活，家族生活，接客の3要素に区分され，家事

サービス，生理・衛生，リクリエーションがこれらを支えるものとして考えられている。生活空間の構成は，家族共同の空間と接客空間を公室，個人空間を私室として対比させ，家事サービスと生理・衛生空間は家事・衛生設備としてまとめてとらえられる。これら各生活圏の配置により平面計画が立てられる。

住宅の機能的な要求がどの程度達成されているかを，技術的側面からとらえる必要から生まれたのが性能という考え方である。多くの住宅性能研究の成果を総合的に検討してまとめられた建設省総合開発プロジェクトの研究では，住宅の性能目的として，①居住性（温熱空気環境，音環境，照明視環境，平面の機能性），②安全性（構造安全性，防火安全性，日常安全性），③耐久性（耐久性，防水性），④経済性が採用され，各性能目的ごとに評定・表示のための詳細な性能項目とその測定法・算定法・グレーディングなどが示されている（建設省建築研究所，1979）。一般に性能の定義は機能的な要求に対応できる物理的な数値をもつ意味であるとされているところから，ここでの居住性評価項目は尺度化の可能な要素に限定されている。これに対し，使用者の要求という視点から作成された国際建築情報会議（CIB）の建築計画用の「人間の要求リスト」(Blachére, 1971)では，①音響，②臭覚および呼吸，③触覚，④視覚，⑤温湿度，⑥建物の挙動・振動これによる変形，⑦安全性，⑧衛生，⑨災害，⑩経済性に加えて，⑪プライバシー，⑫生活様式なる心理的文化的項目も含めて提示している。

居住者側の要求と建物側の性能項目とのギャップは，生理的要求から心理的要求さらには文化的要求へとレベルが高次なものになるほど科学的アプローチが困難になることと，快適性や社会的安寧に関する領域が好みや先行条件による個人差が大きいために定量化が難しいことによって生ずると考えられる。

(3) 住宅の快適性に関する質的考察

近年，建築環境学の分野では，快適性に関する研究が進展し，快適性と環境・省エネルギーとの両立の問題や快適性の質的解釈など，環境の快適性を巡る議論が盛んである。快適性が建築環境工学の他の研究分野より先行して扱われたとされる温熱環境領域では，英国の Bedford（1948）が温度条件と人間の感覚との対応に関する実験の際に用いた7段階の評定尺度（1.たいへん暖か

い，2.暖かい，3.快く暖かい，4.快適，5.快く涼しい，6.涼しい，7.たいへん涼しい）に温度感覚と快適さを一緒にした尺度を用いたのが始まりとされている。その後，感覚尺度と快適尺度は個別にすべきとの意見が検討されて，米国暖房換気空気調和技術者協会（ASHRAE）が寒 - 暖の7段階尺度と平行した形で快適―不快の尺度（1.不快，2.少し不快，3.少し快適，4.快適）を採用した（大野ら，1993）。

　照明・視環境領域では，心理的な快適さがより問題にされている。日本の建築環境研究に対し環境心理学の必要性をいち早く唱えた乾（1988）は，その著書『やわらかい環境論』のなかで英国の照明研究者ヒュウィットが示した照明環境の目標の3つの段階について，「第1段階は役に立つ環境をつくること，これは必要最低限の光を供給すればよい。第2段階がコンファタブルな環境をつくること，これには適当な照度の，グレアのない環境でよい。そして，第3段階がプレザントな環境をつくることだが，プレザントな環境とは何か。照度であれば適当以上のもの，なくてもよいがあればもっとよいという照度を指す。そうして，まぶしさでいえば，不快グレアのない状況に一点の輝きが薬味のようにそえられた，快いグレアのある環境をいう」と紹介しながら快適性の基準について論じ，建築環境条件がユースフル，コンフォート，プレザントネスと順次高次な質に展開することを示した。快適性に関する2つの水準コンフォートとプレザントネスの区別については，その後，熱環境，光環境及び環境心理学の分野でおおいに論ぜられ，消極的な快適と積極的な快適などの言葉を生んだ。論議の火種を提供した乾は，前述著書で「われわれ（日本人）は何がコンフォトであるかについて決してコンセンサスに達しないだろう。ということは，われわれはコンフォトを知らないということではないだろうか。日本人の求める快適性には日常生活に根づくこの語はあたらない」とし，「文明のなかで西欧に比べてもっとも劣るのは日常性そのものである住宅であること」がその事情を示しているとしている。

（4） 住宅内部の快適性

　前記の住宅の快適性に関する議論をふまえると，住宅内部の快適性に関する計画的原則を洗いだす作業は，思ったより難儀な仕事である。しかし，実際の

建築計画においては利便性，居住性，デザイン性の視点から建物内部の快適性は常に追求されてきたわけで，快適性を実現するという側面からの建築計画的なアプローチは可能であろう。次節より，住宅内部の快適性を，平面計画（間取り）や人間工学的寸法などの住宅内部の使いやすさ，高齢者への設計上の配慮を含む住宅内部の日常安全性，インテリア・デザインなどの側面から述べることにする。なお，音・光・熱・空気などの室内環境の居住性については多くの情報があるが，主に物理的環境・生理的環境が対象になることから，社会心理学的な快適性が主眼の本書では扱わないものとする。他書を参照されたい。

3 平面計画と使いやすさ

(1) 生活行為と平面計画

　住宅内では，さまざまな生活行為が存在する。家族が多ければ，各人の生活行為は時間的にも空間的にも重複し混乱する。快適な生活を保障するには，生活行為のグルーピングを行って，その性格や内容に適した空間を設け，行動の連続性が損なわれないような空間配置をする必要がある。生活行為をその性格や内容によって分け，それぞれを特色ある生活圏にまとめることをゾーニングという。ゾーニングは，家族生活－社会生活，親の生活－子の生活，共同生活－私的生活など，観点の違いによりいろいろな種類の分け方があり，いくつかのゾーニングを重ね合わせて住宅の間取りが決定される。生活行為からみた生活圏は，一般的に，①団らん・食事など家族の共同生活や接客などの公的生活空間，②就寝・趣味・学習など家族それぞれの私的生活空間，③炊事・洗濯などの家事作業空間，④洗面・入浴・便所など生理的・衛生的空間に分類される。岸本と松田（1985）は，これらの生活行為と生活圏の位置づけを「私的性－共同性」の行為軸と，「生理的－文化的」の生活軸の2軸で表示されるとしている。

　住宅内の多様な行為と，それが行われる室空間との関連性を行為の生活圏区分と行動の連続性から整理し，各グループの必要とする居住条件を満たすような配置にまとめるのがゾーン・プランニングである。

　室空間を結合させるもう1つの合理的な方法として，動線によるプランニン

グがある。動線とは住戸内を人が移動する軌跡のことをいう。居住者の生活行為が使用する室空間と物の間を時間経過とともに移動することに注目し，移動の距離を線の長さで，発生頻度を線の太さで平面図上に表示することにより，室空間の結合の仕方が機能的であるかどうかを判断するのである。

室空間の連絡の仕方は，住宅内部の使い勝手を左右し日常生活の快適性に影響を与えるが，ライフスタイルやライフサイクルなど居住者側の条件と敷地の状況や方位など建物側の条件の双方の多様さにより，適する間取りも多様である。平面計画のまとめ方として，①公的生活圏と私的生活圏を分離する，②家事・衛生設備圏はまとめる，③私的生活圏は通路にしない，④動線の長さは短く交錯は避ける，などを配慮することが原則とされている。

(2) 住宅計画研究と間取りの変遷

どのような平面計画が使い勝手がよく住みやすいかは，建築計画研究の柱の1つとして「住み方研究」の流れとともに追求されつづけてきた。日本建築学会（1989）集合住宅小委員会によりまとめられた「集合住宅計画研究史」は，第2次世界大戦後の約20年間の住宅計画研究が主に公的機関の供給する集合住宅の実際の計画に活用され，また，試作された住宅の使われ方に関する実態調査を通して計画研究が発展してきた事情を詳細に記述している。ここでは，その概略を紹介することで，使いやすさを求めた間取りの変遷を追うことにする。

戦後の建築計画の原点は，西山夘三の住居研究にあるとされる。西山（1942）は，戦前から行っていた一連の庶民住宅の研究を通して，「食寝分離論」を提唱した。これは，食事の場と就寝の場の未分離による生活上の問題点を指摘し，空間の合理的な機能分化を訴えたもので，その後の住宅計画研究に多大な影響を与えるとともに，戦後の公営住宅の標準設計「51C型」として台所兼食事室というDK型の原型の間取りの形で実現している。この食寝分離の空間構成は小住宅における就寝室の独立をもたらすとともに，適正就寝について論じられるようになってきた。DK型は，1955年に発足した日本住宅公団により「DK＋畳の部屋」の間取りとして導入され，一般の戸建て住宅にも広く普及する。

経済成長期の1960年代にはいり，人口の都市への集中と生活の質の向上に対

応して，主にホワイトカラー層を対象に大量の住宅供給がなされるようになり，その住意識や住要求を含めた住生活構造の研究がなされた。西山ら（1959）は，ホワイトカラー層の生活が従来の食寝分離や就寝分離のみでは合理的になされないとし，家族の団らんを意図した公私室型を含む住宅計画論を提示した。扇田（1959，1960）は，公私分離の生活が実現していない原因を探り，分離を推進するためには私室の数と面積の拡充，書斎や家事室など専用室の確保と同時に，ＤＫの広さと雰囲気への留意が必要であるとした。鈴木（1961）は，居住者の公室に対する多様な要求と私室の質の確保の必要性を示すとともに，家族の成長段階に応じた室の使い方の変化を重視して，公団住宅における平面計画は公私室型（ＬＤＫ型）を目指すべきことを指摘している（内田，1967）。また，青木（1963）は，団らんが食事を中心に行われていることと子供室の要求が強いことを理由に，ＬＤＫ一体型の間取りを提案する。

1967年には，住宅公団の標準設計にＬＤＫ型の平面計画が登場する。ＬＤＫ型は，集合住宅ばかりでなく戸建て住宅においても，都市生活者の大部分を満足させる間取りとして現在でも基本的間取りでありつづけている。

(3) 平面計画の多様性と可変性

1973年のいわゆる石油ショック後の一時的な経済低成長期は，これまでの画一的で固定化された住宅平面計画に対する見直しの時期でもあった。合理的な生活を誘導することを目標としたＤＫ，ＬＤＫ型の間取りに対する批判と，より人間性を重視した多様で個別的な計画の必要性が研究を通して示された。地域性・地方性の重視，伝統的住宅の座敷や床の間など室礼（しつらえ）の見直し，そしてライフサイクルやライフスタイルの変化に対応できる可変性のある間仕切りなどの提案がなされた。

住田（1978）は，ＤＫ・ＬＤＫ型住宅の住み方調査から，公室空間は日常的には間仕切りが開放され他室と連続的に使用する例が多いことを示し，これを家族間のコミュニケーション要求を内包するワンルーム化傾向であると指摘した。扇田ら（1978）は，日本住宅の洋室化は応接室，子供の学習机，食事の場（ＤＫ），子供室，居間の順に普及したことを示したが，団らんやくつろぎの場では，イス座との併用を含めてユカ座の起居様式が根強く採用されているこ

とを指摘した。服部（1980）は，都市型住宅における和室の接客室，地方の続き間住宅におけるDK，LDK型の存在や，1970年代の半ばでも地方都市の8割，東京区部でも2割に伝統的な続き間が建てられている実態を示し，「LDK＋続き間」という和と洋の併存スタイルが，日常生活の実態に合った間取りとして定着しているとした。青木（1983）も，続き間や座敷の存続の実情を調査し，その理由が接客空間としての位置づけにあるとしている。戸建て住宅，集合住宅にかかわらず，伝統的スタイルの和室と近代的スタイルのDKあるいはLDKが併存した間取りが，現代の日本の住宅の一般的な平面計画といえよう。

住宅建設の合理化に伴い，住宅の平面も規格化・基準化による画一化や固定化が進行したが，居住者側からは住居水準の上昇と住要求の多様化が顕在化してきた。生活の質が重視される過程で，家族がくつろぐ，食べる，つくる，遊ぶことを各家庭のライフスタイルとして意識し，住空間の中心に位置づける例も多くなった。趣味や実益，あるいは社会との交流のためのスペースをもつ住まいが戸建て，集合住宅とも現在かなり建てられてきている。

また，高齢化社会の進行に伴い，三世代居住の要求や地域への定住志向が強くなり，家族の成長や経済生活の向上に応じて住み替えをくりかえす従来の住まい方から，ライフサイクルの変化に対応する可変性のある住宅計画が要求されるようになる。鈴木（1974）は，DK型の平面計画がもはや居住者の生活に対応していないことを指摘し，ライフステージの変化に対応できる計画として，子供室や公室の間仕切りを可変性のあるものとする「順応型」を提案した。耐用年数が長く，居住者の定住意識が進みつつある集合住宅では，多様な家族の個別の要求に対応できる順応型の平面計画は有用であり，いろいろな試みがなされてきている。巽（1978）は，住宅における一様性と多様性が強調されることになった経緯を明らかにし，その延長上で住宅の供給方式として恒久性の高い構造体は公有材，私的で個別性の高い間仕切りや内装は私有材として分割供給する「二段階供給論」を提唱した。この方式では，居住者自身が生活や好みに合わせて住宅内部を自由に計画できることになる。現在，公団および民間住宅で試行中である。

4 室内の安全性と使いやすさ

(1) 住生活における事故と日常安全性

　住宅の中はもっとも安全なところと思いがちであるが，実際には家庭内での年間の事故死は交通事故に次いで2番目に多い。それも，火災や地震などの非常災害のためでなく，住宅に内在する日常生活上の事故が目立ち，年間6,500人程度が死亡し，重・中症はその30〜70倍，軽症は10,000〜15,000倍と推定されている。年齢別にみると，幼児と65歳以上の高齢者の占める割合が高く，事故の種類としては転倒がもっとも多く，次いで転落，墜落などの頻度が高い。東京消防庁の実態調査報告によると，1991年中の救急活動のうち，家庭内で発生した不慮の事故の経験者は約2万人で，そのうち65歳以上の高齢者が42.6％，幼児が11.3％を占めている。事故の種類では転倒が40％弱を占め，発生場所との関係を見ると，居室・廊下・浴室での転倒，階段での転落・転倒が多いようである。

　日常災害は建築側と人間側の要因が複雑に絡みあって発生するが，事故の詳細を見ると，転倒は小さな段差でその存在が気づきにくい場所や滑りやすくてつかまる所がない浴室，転落は勾配が急で手すりがない階段などで起きており，建築側の計画的な配慮で避けられるものが多い。とくに高齢者の事故は，骨折から寝たきりになったり，死亡につながる場合も多く，今日のような高齢社会においては，日常の安全性を十分考慮した計画が必要といえよう。

(2) 高齢者に対する設計上の配慮

　身体機能は20歳をピークに次第に衰える。加齢とともに現れる老化は個人差が大きいが，心身機能の低下は，つまづきやすく転びやすいなどの危険をまねいたり，環境や状況の変化に対する対応能力を低下させることによって，行動圏を縮小させ，自立生活を妨げる。そのため，高齢化に伴うもろもろの変化に適切に対応した住宅の整備が必要である。

　高齢者が生活しやすい住宅設計上のポイントは，①行動能力の衰えを補足するため平面計画に配慮する，②日常の事故を防ぐため建築各部位の設計を安全

で使い勝手のよいものにする，③自立を支えるため住宅設備などを使いやすいものにする，などに集約される（古瀬，1994）。

平面計画上の配慮としては，①まず，基本的な生活は階段を使わなくてすむように同じ階でできるようにする，②寝室と居間・便所は近接させる，③住まいの内と外を結ぶアプローチは外出しやすくし，階段を使わない，④同じ広さなら部屋数よりも部屋および便所・脱衣室・台所の大きさや廊下・出入口の幅を広くする，⑤階段の勾配は緩くする，などがあげられる。

安全と使い勝手を確保するための各部位のデザインとしては，①床を平坦にし，出入口や他室との段差を極力避ける，②床は滑りにくい材料にする，③玄関・浴室・便所・廊下・階段など立ち上がり・移動・安全の行為が発生する所には手すりを設ける，④建具は引戸または外開き戸とし，ドアノブはレバーハンドルにする，などの配慮が必要である。とくに玄関，階段，浴室，便所などは細心の注意をはらってやさしい設計にすることが望ましい。

動作能力の衰えた高齢者が自立した生活を行うためには，その能力を補うさまざまな機器・設備は，ぜいたく品でなく必需品である。ホームエレベーター，集中冷暖房システム，緊急通報システムなどのホームオートメーション（HA）は，わかりやすく使いやすいものになれば，高齢者にとって大きな力となりうる。下肢機能の低下が著しく，行動圏が縮小した場合には，これらを活用することによってベッド周りですべての情報をコントロールすることができる。

高齢期の下肢機能の低下は，立ったり座ったりの動作が困難で危険を伴うため，ベッドや椅子を用いたイス座の起居様式のほうが，畳の上でのユカ座の生活より下肢に負担が少なく，高齢者に適している。実際，下肢機能の低下現象とイス座の導入とは高い相関関係が認められており，同時に和室にベッドを置いたインテリアが高齢者の居室における特徴的な現象となっている（沢田 1990）。高齢者は一般に変化に対応しにくく，それまでの環境や習慣を温存したい強い要求がある。ベッドや椅子を用いる際も，床の間・仏壇・押入・縁側などの和風のしつらいや，和室のもつ開放的で親しみやすい雰囲気をつくる配慮が大切である。

(3) 人間工学に基づく動作空間と使い勝手

　使い勝手のよさからインテリアを計画するには，まず人間の体や行動の特性に合わせてつくることが必要であり，そのために人間工学的資料が活用される。人間工学の基本は人体寸法であり，インテリア空間の設計に必要な平均的人体計測データが整備され，実際の生活に即した姿勢・行動を伴った空間の大きさが示されている。

　立位，椅子座位，床座位，臥位における上肢の動作寸法を基本に，①棚の高さ，ドアノブ，スイッチの位置などに関する高さ寸法，②姿勢に応じた目の高さ（アイレベル），機能的な動作のための家具・設備機器の高さ，歩行・移動のために必要な幅，手すりの高さなどの動作寸法，③これにゆとり寸法を加えた動作空間寸法が用意されている。椅子に腰掛けて食事をしている人の後ろをワゴンを押して通るなど，同時に複数の動作が行われる場合の動作空間は複合動作空間といい，これらの動作空間や複合動作空間の大きさが基本となって，単位空間とよばれる実在の室空間が構成される。たとえば，寝室は就寝に必要な大きさ（布団やベッド）に周囲の通過や更衣・身支度などの動作寸法，家具類の寸法やその他を加えた広さが必要で，夫婦寝室で13m^2は欲しい。

5 インテリアのデザイン計画

(1) インテリア・デザイン

　インテリア空間は，床，壁，天井などにより仕切られた室空間の中に，家具，カーテン，カーペット，照明器具，設備機器などのインテリア・エレメントが設置されることによって構成されている。これらの要素，部分を総合的にデザインすることをインテリア・デザインという。快適な室内空間を創造するためには，機能性や視覚的な美しさばかりでなく，居住者の五感を満足させるような多角的な検討が必要である。

　室空間の造形に関連する要素は，空間や面・部分の寸法，形，配置，色彩，明暗，材質などであるが，それぞれの相互の関連性は大きい。また，各要素を総合的に調整する際には，様式が統一されていることも重要なポイントである。

(2) 寸法と形

　住宅室内は，空間の力学的構造や工法，そして利用効率などの理由から，主に水平線と垂直線の組み合せで構成されている。このような直方体の空間は安定感がある。一方，勾配天井やスキップフロア，吹抜けなどのような変化のある空間の形には，快い刺激があり独特な雰囲気をつくることができる。部屋の大きさ，天井高，窓の大きさや位置など，寸法や位置を決定する根拠は，機能以外のゆとりや心理的要因については十分でない。ただ，物理的な大きさと人間の感じる心理的大きさが同じではないことは，多くの研究が示している。天井が高い部屋はゆったりした感じがするが，部屋が狭い場合は高い天井で閉塞感が増すというように，心理的大きさは複雑である。

　また，形についても関連要素は多岐にわたり，いまだにデザイナーの経験や感覚に負うところが多い領域である。しかし，調和がとれて美しいとされるプロポーションやパターンに関する造形の原理は建築空間に応用されている。プロポーションに関して黄金比がよく知られているが，他にも等差・等比級数比や整理比など，リズム感を与える分割法がある。建築では人体寸法と相加級数比などの組合せによる黄金尺（モデュール）がよく使われる。パターンにもいくつかの原理があり，統一と変化，類似と対比，均衡と不均衡，対象と非対象，くりかえしと階調のリズム，部分的な強調によるアクセントなど，分割やくりかえしの方法により，ある一定の表現が期待できる。また，線の種類やその集合により，たとえば，水平の平行線は安定感やモダンな感じ，垂直の平行線は緊張感やクラシックな感じを与えるなどの心理的効果が得られる。

(3) 色彩・明暗・材質

　色彩は人間の感覚に訴える力が大きい。明るい色は陽気な感じを与え，淡い色調は柔らかい雰囲気を醸しだす。また，明度の高い色は軽く，低明度の色は重い感じがする。このように，色彩は，その属性により温度感（暖色－寒色），重量感（軽い－重い），面積感（膨張－収縮），距離感（進出－後退）など見え方の違いや，落ち着きや躍動感，地味や派手などのさまざまな感情面の効果をもたらす。インテリアの色彩計画では，このような色の特性を生かしたデザインを行う。また，同じ色を用いる場合でも大面積ではその色の特性がより強調

される面積効果があるので,小面積の色見本で選色する場合などはとくに注意が必要となる。

　インテリアの色彩は,床・壁・天井など背景となるベーシックカラー,家具・カーテンなど室のイメージを決めるアソートカラー,比較的小面積で効果的に使われるアクセントカラーに分けて考えることができる。大面積のベーシックカラーは個性の強くない色を用い,天井,壁,床と上部ほど明度の高い明るい色にするのが一般的である。

　基本的な配色の手法としては,①同一色相による配色；調和と統一の取れやすい無難な配色,②類似色相による配色；調和がとれやすく同一色相より変化のある配色,③補色による配色；個性的で変化に富んだ配色,の3つがある。いずれも色数はなるべく少なく押さえ,表面の材質感や照明効果をうまく組み合わせることにより快適なインテリアを演出する。

　従来の日本のインテリアは,木や土,紙などの自然の材料が用いられて,暖かく穏やかな雰囲気をつくりあげていた。自然な材料は古くなってあせた色になると,かえって落ち着いて周囲に融和した印象を与える。近年多用される人工材は単調で刺激の強い色彩も多く,時間の経過による退色のために自然材とは逆に見苦しいことが多いので,注意が必要である。

　天然材が中心であり色彩が押さえられていた日本の室内では,明り障子を通しての拡散性の柔らかい光や,茶室のほんのりとした陰りが好まれるなど,明暗が重要な雰囲気づくりをしていた。住宅では,一般に明るいことが望まれるが,明暗のコントラストが奥行き感のある空間を構成する場合もある。たんに明るいだけでなく,光の量と質により明暗の調整を生かした豊かなインテリアをつくりたい。

　材質感は建築ではテクスチュアといわれ,柔らかい－硬い,つるつるした－ざらざらしたなど,材料表面の触覚的な様子をいう。床材の足ざわりを除けば視覚で感じる感覚指標である。粗い面や柔らかいものは暖かさを感じさせ,滑らかな面や硬いものは冷たい感じをもたらす。粗い面と滑らかな面をうまく対比させることで,デザイン効果を上げることができる。また,同じ材質,同じ色彩でも表面形状の違いにより異なった色に見え,粗面は白っぽく,滑面は濃く見える。コンクリート造の硬質な内装の洋室室内には柔らかくて粗い材質の

カーペットを持ち込むことが望ましいように，材質感はデザイン効果を高める重要な役割を果たしている。

（4） 様式・しつらい

住様式の選択は，ライフステージやライフスタイルを基盤とした，居住者の生活要求や趣味趣向により決定される。和風か洋風か，クラシック調かモダンかなど，室内空間のつくり方やしつらいの方法には，多様な形態，組み合せがあるが，いずれも室内全体としての一貫性が求められる。

西欧の住宅は，石やレンガの組積造で開口部は小さく，外部と内部の境界が明確であるため室内空間は容器の性格が強い。それゆえ，洋風のしつらいは壁面が強く意識され，壁面構成には中心軸が設定され，これをもとに家具や装飾品がシンメトリーに，あるいはバランスがよいアシンメトリーに配置される。厳格性・定常性が秩序感を与え，垂直的な方向性が洋風インテリアの特徴である。

日本の伝統的な住宅は木の軸組造で，開口部が大きく外部の自然と一体化しており，内部も建具で仕切られるなど，室空間の境界が曖昧である。和風のしつらいは，時と場によりその都度設営され，行為・行事が終了すれば元の状態に戻されるのが特徴である。格式のある座敷などでは，床や棚など座敷飾りが空間のヒエラルキーを表し，行動作法がこれに対応して一体的な秩序をつくりあげる。

住宅室内のしつらいが洋風か和風かにより，その中の人間の姿勢や視点の高さ（アイレベル）が異なり，室内の見え方が変わるばかりでなく，空間構成にも影響を与える。近年，日本の住様式は，和洋折衷が一般的である。様式やしつらいは歴史と風土に基づく伝統・文化の空間特性の表出であることを考えると，アイレベルの調整を含めた和洋の混在と使い分けは，わが国特有の文化的行為ともいえる。

6 環境心理学と住宅計画

住宅環境の快適性は，居住者の安全性，機能性，デザイン性ならびに居住性

に関する要求を充足することで得られるとともに，その生活場面におけるすごし方や人間関係が生態的・心理的に満たされることが重要である。対面型キッチンは，家族の人間関係と空間の関係を主婦の視点でとらえ直した空間造りの1例である。

建築計画の研究者で環境心理学に造詣が深い高橋（1994）は，建築における本来の快適性の研究は，環境心理学の導入に始まるとして次のように述べている。「アメニティや快適環境に対する評価は，環境生理学，環境心理学あるいは環境行動学の進展を待たねばならなかった。そこには建築を構築物あるいは芸術作品という二項対立のなかで扱う段階から，人々の生活・行動場面としての環境形成の構成要素としてとらえるという視点の変化があったのである。（中略）環境心理学ではより環境を包括的にとらえるために，対人的環境，社会文化的環境を評価次元に加えている。（中略）これからのアメニティ評価においては（物理的環境・対人的環境・社会文化的環境の）3つの次元を等しくかつ次元相互の影響まで考慮に入れることが絶対的条件になろう」。なお，高橋（1994）によると，対人的環境とは，家族を含む社会組織における人間関係や同じ場所を他の人びとと共有したり同時に使うことから生じる人間・環境関係のことで，行動場面におけるプライバシー，混み合い，対人関係の形成などを含んでいる。また，社会文化的環境は，社会集団における慣習，しきたり，規範などを含むと説明されている。高橋のいう対人的環境，社会文化的環境における快適性こそ本章で求められているものであろう。住宅計画学においても，1950年代には，住宅が単に物理的要求の充足だけでなく，心理的要求の充足をも目的とするため，空間や人間をより深くとらえるべきであるとの提案がなされるようになった。足立（1956）は，臨床心理学や社会心理学の知見を建築計画に導入することの必要性を主張し，小泉・小林（1958）は，人間の欲求と住居の制約との関係について，住行為に表れる欲求に応ずるには，行為に内在する人間の関係とその基盤の配慮が必要であることを指摘している。

1960年代半ばから，住宅団地や戸外空間における行動の研究を通して，住宅地を日照などの居住性や各種機能ばかりでなく，近隣の人間関係やコミュニティを含む心理的側面からとらえる研究が多数行われてきた。集合住宅の住戸まわり空間の研究は，1965年以降，共用空間，近隣交流，防犯性能，個人のなわ

ばり（小林，1992）などの多様な生活領域研究へと広がる。これらの知見は団地の配置計画や住棟計画の手法に直接的な影響を与え，囲み型住棟配置が主流となり，開放型住宅が試作された。生活領域研究は，まさに社会心理学的研究であるが，そのほとんどが戸外空間や地域を対象としており，本章には該当しないので，ここでは住戸計画に関連のある開放型住宅について述べる。

　開放型住宅は，近年のいきすぎたプライバシー尊重による住宅の閉鎖性が社会性を失わせ，周辺の防犯性の低下を招くなどの弊害をもたらしたことを問題視し，コミュニケーションの必要性を表現した住宅である。集合住宅の計画においては，通路の利用住戸を10戸程度以下に分節し，共用通路に対して各住戸の居間や台所の窓を向けて開放型として，近隣との自然な交流をスムーズにする。通路は共有領域として安全になり，開口部と通路の間に緩衝空間を設けたり，住戸の床レベルを高くするなどの設計上の工夫でプライバシーを確保させる。現在，リビングアクセス型，バルコニーアクセス型，ストリート型住宅などいろいろな方式が試行・実現され，好評を得ているようである。

　1960年代後半から環境心理学なる用語が使われはじめ，わが国でも70年代にはそれに関連する多くの翻訳書や入門書が出版された。建築学でも環境心理学的な研究は建築計画や環境工学の分野で盛んに行われており，室空間の知覚・認知をはじめとして，対人距離・座席選択・パーソナルスペースなどの空間における人間相互の位置関係などの基礎的資料が蓄積されている。しかし，十分な成果を上げているとはいえず，計画への適用までには至っていない。環境心理学が人間と住環境のよりよい関係のためにさらに発展することを期待して，ここでは環境心理学的な空間評価要素と計画的要素の関連について，対策を含めてまとめられた表4-2を紹介するにとどめておく。

　住宅の内部環境は，基本的には居住者の自由な裁量に任せてよい空間である。しかし，人間科学的で美的な知見をもちこむことによって，より豊かで快適な生活空間を創造することができる。その場合でも，単に利便性や快適性を求めるだけではなく，外部環境や省エネルギーなどの広く地球全体に配慮した，人間にとって健全な環境とは何かを考えることが必要であろう。

表 4-2 快適性に係わる心理的要素と建築計画 (建設省, 1990)

	評 価 要 素	計 画 的 要 素	対策・その他
1. 心理社会的側面	テリトリアリティ（領域性）	空間規模・密度 平面構成 アクセス形式・向き 接地性・居住階 主室の向き 空間の占有	①住空間としての広さと質の確保 ②人間生態を考慮した適正規模と適正形態
	プライバシー 監視性	空間規模・密度 開口部大きさ・向き 視線の遮断・見通し 遮音 アクセス形式・向き 中間領域・緩衝領域	③居住者が調節可能な内部空間
	コミュニケーション	空間規模・密度 アクセス形式・向き 中間領域・緩衝領域	④外部空間との心理・行動的つながり
2. 空間的構造的側面	広さ 密度 空間形態 方向性 連続性 多様性 可変性・自在性	空間規模 密度 高さ・形状 平面構成 中間領域・緩衝領域 動線・開口部 平面構成 部材・間仕切り・内装	⑤物理的安全性と心理的安心感 ⑥住居内の圧迫感を軽減させる中間領域の設置
3. 反応的側面	まとまり 親しみやすさ 開放性 充実性 快活性 くつろぎ 個性 デザイン性 落ち着き感	平面計画 断面計画 インテリア計画 エクステリア計画 景観	⑦快適な住居性 ⑧設備の充実 ⑨視覚的・行動的多様性のある設計

引用文献

足立　孝　1956　機能拡張としての心理学的研究について　日本建築学会論文報告集
青木正夫　1963　公団住宅の居間について　日本住宅公団調査研究期報
青木正夫　1983　中流住宅の平面構成に関する研究（1）　新住宅普及会住宅建築研究所報，(10).
Bedford, T. 1948 *Basic principles of ventilation and heating.* London: H. K. Lewis & Co.
Blachére, G.（楡木　堯訳　1971　人間の要求リスト　建築研究振興協会情報，(5).）
Carp. E. M., Zawadski. R. T., & Shokrkon. H., 1976 Dimension of urban environmental quality. *Environment and Behavior*, **2**, 239-264.
藤沢　等他　1980　住みやすさの因子構造　日本心理学会発表論文集
服部岑生　1980　平面類型からみた住様式の動向に関する研究（1）　新住宅普及会住宅建築研究所報，(7).
乾　正雄　1988　やわらかい環境論　鳴海社　pp.48-49.
加藤義明（編）　1991　住みごこちの心理学　日本評論社
建設省建築研究所　1979　住宅性能総合評価システムの開発研究報告書　建築研究報告，(87).
岸本幸臣・松田　誠　1985　住まいを読みデザインする　彰国社
小林秀樹　1992　集住のなわばり学　彰国社
小泉正太郎・小林輝一郎　1958　居住欲求の応じ方　日本建築学会論文報告集
古瀬　敏　1994　いつまでも安全な生活をおくるために　三井ホーム都市受託研究所（編）　長寿社会の住まい　東洋経済新報社　pp.73-142.
Krupat, E., & Guild, W. 1980. The measurement of community social climate. *Environment and Behavior*, **12**, 195-206.
日本建築学会（編著）　1989　集合住宅計画研究史
西山卯三　1942　住居空間の用途構成に於ける食寝分離論　日本建築学会論文報告集
西山卯三・扇田　信・服部千之　1959　アパートにおける居住の型　日本建築学会論文報告集
扇田　信　1959　公私室型住宅の分析（私室部分について）　日本建築学会論文報告集
扇田　信　1960　公私室型住宅の分析（公室部分について）　日本建築学会論文報告集
扇田　信・西村一郎・今井範子　1978　住様式に関する研究（1）　床面様式と起居様式　新住宅普及会住宅建築研究所報，(5).
大野秀夫・堀越哲美・久野覚・土川忠浩・松原斉樹・伊藤尚寛　1993　快適環境の科学　朝倉書店　pp.6-7.
長田泰公　1974　環境と健康　大日本図書 p.89
定井善明・近藤光男・渡辺　武　1984　「住みよさ」の計量的方法の開発　環境情報科学，**13**，47-50.
斉藤平蔵・久野　覚　1986　都市環境の快適性の研究　文部省「環境科学」　特別研究（最終報告）178-203.
沢田知子　1990　高齢者の快適居住空間について　IBEC No.61　(財)住宅・建築省エ

ネルギー機構　pp.20-25.
沢田知子　1994　インテリアのデザイン　建築年報　日本建築学会　pp.11-12.
住田昌二　1978　集合住宅における住様式の発展に関する研究　新住宅普及会住宅建築研究所報，(6).
鈴木成文　1961　公私両空間の関係とその平面型との対応　日本建築学会論文報告集
鈴木成文　1974　順応型住宅の研究(1)　新住宅普及会住宅建築研究所報，(1).
高橋鷹志　1994　オフィス・アメニティの評価　現代のエスプリ **327**　至文堂　pp.56-64.
巽　和夫　1978　住宅の「多様性」に関する研究　新住宅普及会住宅建築研究所報，(5).
内田祥哉　1967　公団住宅の新型系列設定のための基礎的研究　日本住宅公団調査研究報告集
山本和郎　1989　コミュニティとストレス　地域生活環境システムの影響　社会心理学研究，**4**(2), 68-77.

参考文献

乾　正雄　1988　やわらかい環境論　鳴海社　pp.48-49.
インテリアデザイン教科書研究会　1993　インテリアデザイン教科書　彰国社
加藤　力　1990　インテリアデザインの仕事　彰国社
加藤義明(編)　1991　住みごこちの心理学　日本評論社
建築技術教育普及センター　1988　インテリアプランナー講習テキスト
建設省　1990　「健康で快適な住宅の開発」委員会報告書，**49**　(財)住宅・建築省エネルギー機構
小原二郎他(編)　1988　インテリア大事典　彰国社
小澤紀美子(編)　1987　豊かな住生活を考える―住居学―　彰国社
松井静子　1993　住生活論　建帛社
日本建築学会(編)　1979　建築計画資料集成 **6**　建築―生活　丸善
日本建築学会(編)　1980　建築計画資料集成 **3**　単位空間Ⅰ　丸善
日本建築学会(編)　1994　高齢者のための建築環境　彰国社

超高層集合住宅

5

山本和郎

　本稿では，超高層集合住宅の居住者の心理的行動的側面にどのような影響があるのかについて点検する。建築物はまさに学際的総合人間科学の対象であり，建築学はもとより住居学，保健学などの専門分野の研究を報告する。平成元年度に開催された「超高層住宅の居住環境に関する研究会」に著者が参加して得た知見を，この会の報告書（住宅都市土学研究所，1990）に基づいてまとめたのがこの小論であることをおことわりしておきたい。

1　超高層集合住宅の現状

(1)　超高層住宅の背景

　日常生活の住居として超高層集合住宅が建設される背景についてここでまず述べてみたい。その前に，超高層といわれる時の高さの定義についてみてみると，一般に新耐震設計法施行以後は構造計算方法について大臣認定が必要な建物が60m以上，つまり20階程度以上となっていることから，それを超高層の高さの基準としている。

　超高層集合住宅は，大都市地域，とくにバブル経済時の都心部の地価高騰下における住宅供給の経済性の追究，一方で都心部に居住を希望する人々の増加と都心地域機能を再編しようとする欲求などの切札として，近年急速に脚光を浴びてきている住宅形態といえる。もちろん超高層建築技術の急速な進歩も重要な要素である。

　超高層集合住宅が推進された背景には，次のような要因がある。

1）地価高騰対策　とくにバブル経済最盛期には，大都市地域においては

都心部だけでなく，その隣接地域でも地価の高騰がみられ，住宅供給が困難になった。このような状況下で住戸あたりの団地コストを低くするための高容積開発の要請が超高層集合住宅建設を促した。

2）都心地域機能再編対策　都心にはオフィスビルが激増し，都心中心部は人の住めない街となりつつあり，都市経営の面からも都心に定住人口を確保する必要がある。そのためには低層高密開発の方法などさまざまな開発方法が考えられるが，なかでも超高層集合住宅は住戸数の規模の大きさと，他の施設との複合の可能性から有力な住宅形態となっている。

3）新たな居住スタイルへの対応　多様な価値観に基づくさまざまなライフスタイルに応じた住まいとして，超高層住宅が実現しうる住機能を求める都市生活者が確実に増加している。都心にあり職住接近の利便性，眺望のよさ，住戸数の大きさゆえに可能となるさまざまな居住サービスを享受する生活は，超高層集合住宅での生活イメージとしてなじみのあるものになってきている。

4）街区形成の駒として　都心隣接地域での「団地型」開発において，一定程度の容積率を実現し，かつ都市景観としての街区形成を実現する駒として超高層住宅が求められる場合がある。たとえば容積率200％の住宅団地開発において，14階建程度の高層住宅を兵舎のように並べるより，超高層住宅を配置し，中高層を適当にミックスさせ，南面率を高め，オープンスペースを確保することにより，居住空間は望ましい景観を実現できる。

5）超高層建設技術の進歩　近年の超高層建設技術は，「揺れ」の軽減などの性能水準の向上をもたらすとともに，何よりも建設コストの低減を実現した。この結果，従来の高層集合住宅と同程度のコストで超高層集合住宅を建設することが可能になり，用地費を含めた床コストは超高層集合住宅の方が有利になる場合が多くなってきた。

(2)　超高層集合住宅の変遷

　土地利用の高度化要求の高まり，耐震技術の進歩などを背景として，1960年代には建築の高層化が急速に進み，これに伴って高層集合住宅建設も増加した。当時は，住宅の高層化は，住宅不足を補う大量供給手段としても位置づけられ，低層から中層へ，中層から高層へと移行した過程が戸数主義を象徴する結果と

もなった。1963年の容積制の導入と，1970年における全面的な高さ制限の撤廃は，高層化をさらに助長し，超高層建築や超高層住宅を出現させることになる。住宅計画において超高層という言葉が一般化するのは1970年代にはいってからである。三田網町パーク・マンション（1971年，19階建）や広島基町・長寿園団地（1972年，20階建）は初期の戸数主義を具現する超高層集合住宅の実例である。住宅公団（現，住宅・都市整備公団）の手によって，兵庫駅前市街地住宅（1973年，20階建）をはじめとして，大阪市の森の宮第二（1976年）や神戸市の新長田駅前市街地住宅（1977年）で，25階建の市街地住宅の建設が進められた。

1979年にすべての工事を完了した芦尾浜高層住宅（29階建）は，高層化・工業化・大規模化を志向したこの時代の計画理念を集大成したものであったといえる。しかし，1973年の第一次オイルショック以降の経済成長の鈍化に伴う価値観の変化や，同じ時期に達成された住宅の量的充足などを背景に，その後1980年代前半までの超高層住宅の建設は大きく後退し，国際的な低層住宅ブームと高層住宅居住をめぐる論議を受けて，高層住宅批判も盛んに行われた。

やがて，1980年代中頃になると，再び超高層住宅の計画，建設が活発化する。それは，超高層集合住宅を必ずしも大量供給の手段とみるのではなく，住民のライフスタイルに応じて選択可能な多様な住宅タイプの1つとしてとらえるように考え方が変化するとともに，大都市の衰退傾向に対抗して，都市居住の魅力の高揚と都心部への住宅供給を目的としたプロジェクトが相次いで動きだしたからである。アークタワーズ（25階建），ベルパークシティ（36階建），西戸山タワーホウムズ（25階建），大川端リバーシティ21（40階建），櫻の宮中野（40階建）などがその代表例である。一方，志木ニュータウンや三郷ニュータウンなどのような郊外の大規模開発地でも，住宅構成や景観に変化を与え，同時に話題性を獲得するために，超高層住宅が計画されることが多くなった。

(3) 超高層集合住宅の分類と方向性

これまでに建設されたかあるいは計画された超高層集合住宅を含むわが国の住宅プロジェクト30件あまりを分析すると，その開発形態から①都市型，と②団地型に区分することができる。

①都市型は既成市街地に立地する点開発プロジェクトであり，②団地型は面開発プロジェクトである。団地型は，さらに既成市街地立地と新市街地立地に区分することもできる。点開発と面開発，既成市街地と新市街地の区別は必ずしも明確ではないが，だいたい①都市型が10件あまり，②団地型が20件あまりの割合である。

住宅プロジェクトにおける超高層住棟の位置づけは，第一は高密居住の手段としてであり，第二は，団地のシンボルとしてである。前者は高い地価への対応とオープンスペースの確保などを目的として団地全体を高層化したプロジェクトにみられる。後者は，周辺建物や他の住棟と意識的に差異をもたせ，超高層住棟がひときわ目立つように計画されたプロジェクトにみられる。

超高層集合住宅の方向性としては①都心型と②郊外型（団地型）の2つが考えられている。①都心型超高層集合住宅は，オフィスや商店などの非住宅機能との用途複合と都心居住志向層の居住ニーズへの適切な対応が課題となっている。都心機能再編のために都心立地が求められた時の住宅の開発形態は，必然的に高容積でかつ非住宅機能との用途複合が必要となる。これまでは消防法や建築基準法などで制約を受け，また管理上の問題から非住宅と住宅とは別棟として建設されてきた。しかし，都心における点開発プロジェクトが増大したこと，またいっそうの容積増の必要性などを考えると，一棟内での用途複合は避けられない。そのためにも，新しい構造形式の開発，用途複合における管理ルールの整備，住宅と非住宅部分の結節点の設計手法の開発，用途複合住宅における新しい居住水準の検討，さらに消防法などの見直しが必要である。

②郊外型超高層住宅は，幼児・児童・主婦・老人を含む標準世帯が健康で快適に生活するために何をすべきかが課題となる。超高層住宅の計画は，その地域に都市性を創生する要請や景観形成上の要請からなされることが多い。また幼児・児童・主婦・老人などが快適に住まうために，住棟内共用空間およびコミュニティ施設の充実，自然をとりいれたオープンスペース計画など，生活の場としての住性能水準を高める計画設計が求められる。

2 超高層集合住宅の心理的ストレス
― 居住者への心理的行動的影響

　超高層集合住宅のもつ物理的特性は，超「密度」，超「高さ」，超「スケール」である。この3つの物理的特性が居住者の生活システムに混乱をもたらし，その結果なんらかの望ましくない心理的行動的影響を及ぼすかもしれない。ここでいう心理的ストレスとは，居住者の生活課題から発生するニーズが阻害されることによって発生する生活システムの混乱をさしている（山本，1989）。上記の3つの物理的特性から派生する居住者の心理的行動的影響について，建築学，保健学，医学，社会学，心理学の研究者の検討に基づいて住宅都市工学研究所から「超高層住宅の居住環境に関する研究」として報告書が出されている（1990）。

　超「密度」は，狭い平面に1階ないし2階の一戸建の家屋を大きな人工的コンクリートの箱につめこむことによって必然的に生じる特性である。一戸建の場合に得られる庭のようなオープンスペースがない場合が多く，隣家同士が壁ひとつ隔てた高密度な空間における生活を強いられる。また超高層集合住宅の中層階は上層と下層からのサンドイッチ効果でストレス量が多いという報告もある。当然，家族成員の変動によって居住空間を広げようとしても不可能であり，制約を受ける。高「密度」の場合，一住戸床面積が小さいと密集による心理的ストレスを高めることになる。

　超「高さ」の特性は，上下移動によるアクセスの難しさを生じる。居住空間の確保のためにエレベーターの台数が制限される。エレベーターの閉塞性，乗っている時間や待ち時間の長さは外出への心理的抑制をもたらす。それはまた居住者間の近隣関係の阻害にもつながる。さらに，地震や火災時の避難経路が立体的になることによる不安，地上から遠く離れていることの不安感を増大させる。

　超「スケール」の特性は，匿名性の高い空間を生じ，不十分な自然監視によって犯罪を誘発し，犯罪発生の不安を高める。また，共用空間の管理不足を生じさせる。巨大な集合住宅ビルの中には巨大で立体的な街ができることになる

が，廊下やエレベーター，店舗，集合所，子どもの遊び場など，よほどゆとりのある共用空間施設を備える必要がある。しかし，コスト面の制約によって共用空間施設の不足が生じやすい。また，居住者同士のコミュニケーションを希薄にし，コミュニティ形成を阻害することが考えられる。

このような超高層集合住宅特有の物理的特性がもたらす問題点について実証的に報告された研究を紹介することにする。

（1） 住条件と住環境ストレス度

著者および建設省建築研究所の渡辺と白百合女子大の山内は，住環境トラブル・イベント100項目（表5-1）を作成し，それを用いてさまざまな住形態の住宅の住環境ストレスを調べてきた（渡辺・山内，1982，山本，1986）。

戸建住宅に比較して，高層集合住宅に多いトラブルイベントは，表5-2のように，空間の制約，高さからくる不安，密集生活からくるトラブルである。また住居内空間の印象評価を戸建住宅と高層集合住宅で比較すると，高層集合住宅は，単調で一様で，とじこめられ拘束され，殺風景で，人工的で，重苦しく圧迫され，自然との接触が乏しく，人間との接触が乏しいという印象が得られている（図5-1）（渡辺，1985）。

渡辺（1982）は多摩ニュータウンの集合住宅の研究から，住条件と住環境ストレスの関係について報告している。住棟階数と住環境ストレス（図5-2），居住面積と住環境ストレス（図5-3），居住階と住環境ストレス（図5-4）積層型式と住環境ストレス（図5-5）などの関係から，次のように結論づけている。

①住棟階数では高い住棟ほど，住棟規模では住戸数が多いほど，ストレス度が高い。②オール階段型より廊下型など，同じアクセスを使用する住戸数が多いほど，ストレス度は高い。③住戸条件では，狭い住戸ほど極端にストレス度が高い。④住棟内の位置関係では，低・中層住棟ではあまり変わらないが，高層住棟では6階以上の高層階でストレスが高い。超高層の場合，18階以上の超高層階でストレス度が低下する傾向がみられる。この事実には眺望のよさによるプラスの影響が反映されていると考えられる。また超高層の場合，図5-5のように中階層にサンドイッチ効果がみられストレスが高くなっている。

表 5-1 住環境トラブル・イベント項目 (渡辺・山内, 1982)

住環境トラブル・イベント	高層集合住宅 反応率	順位	戸建住宅 反応率	順位
1. 家の敷地の地盤がゆるく土砂くずれの心配がある	3.1	98	2.5	97
2. 近くに騒音のはげしい工場・道路・航空路がある	54.1	19	29.9	6
3. 近くにゴミ処理,養豚養鶏施設,工場があって悪臭がする	4.7	96	1.5	98
4. 近くから砂ぼこり,煤煙など汚れた空気が家の中に入ってくる	24.5	58	7.0	83
5. 近くに緑がなく,自然に接する機会が少ない	32.5	43	6.0	86
6. 住居や庭に陽の光が十分入ってこない	23.1	61	15.4	44
7. 近所の窓や道路から,家の中がのぞきこまれる	19.8	67	19.4	26
8. 部屋やベランダから見はらしがよくない	17.5	73	19.9	23
9. 毎日の買物をする商店街が遠かったり,近くにあっても店舗数が少ない	13.5	81	28.4	9
10. 幼稚園,保育園,小学校が遠かったり,設備や指導内容に不満がある	4.1	97	14.9	47
11. 通勤やデパートに買物にいったりするための交通機関が不便	11.2	86	13.4	53
12. 隣近所の人々のつきあいや自治会などの関係で不快なことがあった	28.0	52	16.4	41
13. 住んでいる所の周辺が,ごみごみしていたり,風紀が悪かったり,または,あまりにも人工的で印象が悪い	42.9	29	7.5	81
14. 家族の者が病気になったとき安心してかかれる医院や病院が近くにない	18.2	72	11.9	60
15. 郵便局,役所などの公共施設が遠い	23.3	60	22.9	17
16. メーター,郵便受などの位置が適切でなく雨にぬれたり子どもにいたずらされたりする	16.5	75	5.0	90
17. ゴミバケツや灯油などの燃料の適当な置場に困っている	36.9	40	11.9	60
18. 洗濯物を干す場所が狭かったり,洗濯場から遠い	42.7	30	5.5	88
19. 駐車場が自分の家にない。あるいは,近所にない	39.0	36	9.5	68
20. 自転車,乳母車の置く場所がない。または狭い	40.2	33	14.9	47
21. 近くに小さな子どもを安心して遊ばせられる遊び場や公園がない	18.4	71	20.4	22
22. 庭がない	89.4	1	13.4	53
23. ベランダがない。またはスペースが狭い	58.0	16	15.9	43
24. 増築の余地がない	84.9	3	22.4	19
25. 隣りの家との間隔が近すぎる	59.0	15	29.4	7
26. 水はけが悪く雨が降ると気になる	7.8	92	9.5	68
27. 公道に面していないので何かと不便である	8.0	91	4.5	92
28. 玄関を開けると部屋の中がまる見えになってしまう	62.7	12	6.5	85
29. 玄関が狭く下駄箱や傘立てを置くのに不便	62.0	14	12.4	59
30. 浴室や便所にいくのに居間や寝室などを通らなくてはいけない	22.2	63	8.0	77

31.	家の外または中の階段がすべりやすかったり，狭かったり，急勾配だったり，暗かったりで気をつかう	21.6	64	9.5	68
32.	台所の流しや調理台が使いにくい。またはよく故障する	28.0	52	16.9	39
33.	食器や調理器具を入れる棚が狭い。または食料貯畜スペースが狭い	53.5	20	28.9	8
34.	台所の換気扇がない。または，あっても調子がわるい	15.1	80	6.0	86
35.	台所が狭く使いにくい。または，新しい冷蔵庫や食器棚を入れようとしても入らない	55.7	18	18.4	30
36.	台所と食堂や食事をする部屋とが離れている	10.8	87	5.0	90
37.	台所の内装や床が耐水性でないので掃除が大変である	16.1	78	8.0	77
38.	台所の手もとが暗くて調理がしにくい	16.5	75	3.5	93
39.	家族全員がくつろぐには居間の広さが十分でない	53.3	22	18.4	30
40.	暖房または冷房が完備していない	50.2	25	18.9	28
41.	コンセントやガス栓の数，位置が適切でない	27.1	56	14.9	47
42.	照明が適切でない	12.2	84	7.0	83
43.	テレビ，ステレオあるいはピアノがあるが，音が隣りに迷惑になるのではないかと気になる	56.1	17	17.4	36
44.	通風がよくない	21.2	65	5.5	88
45.	家の部屋数が少ないので客をよんだり泊めたりすると苦労する	72.5	4	32.8	5
46.	壁面が少なかったり部屋が狭くて家具がうまくおさまらない	62.2	13	26.4	11
47.	家族の構成と部屋の割あてがうまくいかない	45.1	27	22.4	19
48.	間取りが使いにくく各部屋を十分適切に用いていない	40.0	34	24.4	14
49.	寝室で夜寝ていると外部から音や振動が伝わってきて気になる	52.2	24	11.9	60
50.	寝室から便所や浴室が遠い	2.7	99	18.4	30
51.	寝室のプライバシーが十分確保されていない	39.4	35	15.4	44
52.	子どもの寝室や遊び場が監視のゆきとどくような位置にない	16.5	75	10.4	65
53.	子どもの勉強部屋や遊びのためのスペースが確保できない	42.4	32	10.4	65
54.	子どもの成長に応じて子ども部屋をうまくあてがうことができない	45.7	26	26.4	11
55.	ベランダ，バルコニーや窓から子どもが落ちるのではないかと心配である	34.5	41	8.0	77
56.	お年寄りまたは病人の部屋のとり方で困っている	20.0	66	3.5	93
57.	押入れが少ない。または，使いにくい	66.7	8	33.3	4
58.	使わない家具や季節によって使わないものを入れておく場所がない。または，狭い	71.8	5	38.3	2
59.	押入れや納戸の通風がよくなく，結露したり，カビがはえたりする	32.0	45	16.9	39
60.	開口部が小さかったり，道路が狭くて荷物の出し入れに苦労する	43.5	28	8.5	75
61.	窓が少ない	19.8	67	3.0	95

62. 浴槽，および洗い場が狭い	63.9	10	16.4	41
63. 風呂の換気がわるい	37.1	38	11.4	64
64. シャワーあるいは上り湯がない	28.6	50	21.9	21
65. 洗面専用の流しがない	9.0	88	1.5	98
66. 脱衣する場所がない。あるいは，不適当である	63.3	11	18.9	28
67. 洗濯機を置く適当な場所と作業に十分な広さがない	53.3	22	15.4	44
68. 汚れものや洗剤を収納するスペースがない	53.5	20	14.4	51
69. 洗面所，洗濯場，便所などの床の耐水防水が完全でない	30.0	48	10.4	65
70. 室内に物干しができる場所がない	70.6	7	35.8	3
71. 家事をするきまった場所がなくやりにくい	29.2	49	19.9	23
72. 便所の位置や広さに問題がある	27.6	54	17.9	33
73. 便所の便器が使いにくい	5.7	94	9.0	73
74. 便所の排水音がうるさい	31.4	46	9.0	73
75. 水洗便所の洗浄タンクがよくこわれる	8.2	90	9.5	68
76. 台所，洗面所，風呂など水道の出がわるかったり，水圧が低かったりする	9.0	88	8.5	75
77. 水道の水が薬品くさい。あるいは，給水管が古くなりサビがでたりする	12.2	84	8.0	77
78. 台所や洗面所に給湯設備がない	26.9	57	12.9	57
79. 風呂，洗面所，便所などの排水管がつまったり，排水口から汚水が逆流したり，臭気がしたりする	19.8	67	12.9	57
80. 暖房設備をつけても，真冬はよくあたたまらない	13.3	82	17.9	33
81. 暖房をすると乾燥してしようがない	30.2	47	19.4	26
82. 暖房器具は幼児やお年寄りにとって安全とはいえない	38.0	37	17.4	36
83. クーラーの音が気になる	12.4	83	9.5	68
84. 湯わかし器や風呂ガマなどガス器具の安全が気がかりなところがある	16.7	74	7.5	81
85. 家の戸じまりがきちんとできないところがある	5.9	93	13.4	53
86. 雨もりのするところがある	2.4	100	13.4	53
87. 夏，屋根や壁の断熱がわるいせいか夜まで家の中が暑い	22.7	62	17.9	33
88. 壁にひびわれができている	5.3	95	23.4	15
89. 部屋の戸や窓のたてつけがわるい	19.8	67	24.9	13
90. 維持費や管理費が高い	32.4	44	22.9	17
91. 家賃が高い。あるいは，購入の際の費用の返済が大変である	24.3	59	19.9	23
92. 隣りの家（上下両隣り）の音や振動が伝わってくる	65.7	9	14.4	51
93. 住居がいたんだときの補修がうまくいかない	28.4	51	14.9	47
94. 共有部分の清掃管理が十分でない	27.6	54	3.0	95
95. 無用心で防犯体制がよくない	32.7	42	11.9	60
96. 老朽化して建てなおさなくてはならない時のことを考える	15.3	79	23.4	15
97. 非常時の避難に不安がある	71.2	6	17.4	36
98. エレベーターがよく故障する	42.7	30	0.5	100
99. 消化設備が不完全である	37.1	38	28.4	9
100. 大きな地震が来たとき不安である	86.1	2	51.7	1

表 5-2　高層集合住宅に多いトラブル・イベント反応率（渡辺, 1982）

住環境ストレス・トラブル・イベント	戸建住宅	集合住宅
庭がない	13.4%	89.4%
増築の余地がない	22.4	84.9
玄関を開けると部屋のなかがまる見えになってしまう	6.5	62.7
非常時の避難に不安がある	17.4	71.2
玄関が狭く下駄箱や傘立てを置くのに不便	12.4	62.0
隣りの家（上下両隣り）の音や振動が伝わってくる	14.4	65.7
浴槽および洗い場が狭い	16.4	63.9
大きな地震がきたとき不安である	51.7	86.1
家の部屋数が少ないので客をよんだり泊めたりすると苦労する	32.8	72.5
ベランダがない。またはスペースが狭い	15.9	58.0
エレベーターがよく故障する	0.5	42.7

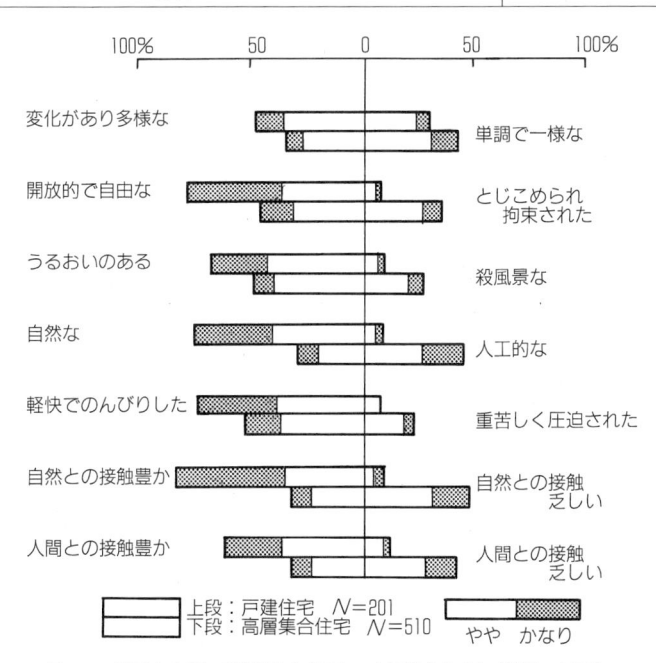

図 5-1　住戸内空間の印象評価（戸建・高層集合住宅）（渡辺, 1985）

（2）　超高層住宅の居住者の評価

　高層集合住宅では住環境ストレスが高いという渡辺（1982）の報告に反して，現在の超高層集合住棟の高層階居住者ほど満足している人が多いというデータもある。パークシティ新川崎の例をみてもわかるように，一般中高層棟の居住

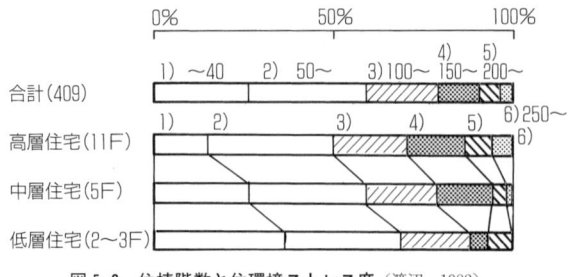

図 5-2　住棟階数と住環境ストレス度 (渡辺, 1982)

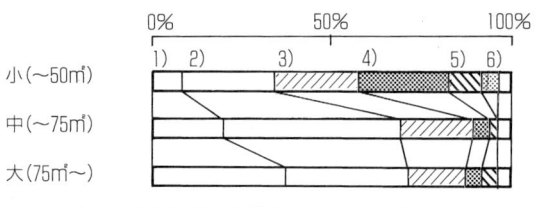

図 5-3　居住面積と住環境ストレス度 (渡辺, 1982)

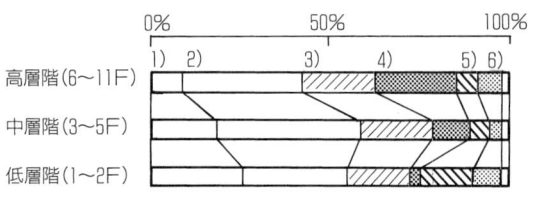

図 5-4　居住階と住環境ストレス度（高層住宅）(渡辺, 1982)

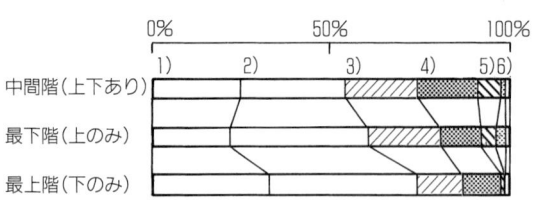

図 5-5　積層型式と住環境ストレス度（中層住宅）(渡辺, 1982)

者に比べて，医師，経営者，サラリーマン管理者の高所得者層が入居しており，世帯主の年齢も40歳以上が高比率である（図5-6）。また，板橋サンシティの居住者の現住居への評価は，高層，超高層とも約90％の入居者が満足している。とくに超高層住棟の高層階居住者ほど，非常に満足している人が多くなっている（図5-7）。

ここにあげた2つの超高層集合住宅は入居者層をみてもわかるように，高所得者層でないと入居できないほど高額であり，しかも，超高層のもつ，①眺望，日照，採光・通風など居住性のよさ，②解放感・精神的な優越感，を満たしているようである。超高層集合住宅の高層階居住者は超高層階を望んで入居している層の人々といえる。

ここでみられるような超高層集合住宅に入居している人々が，持ち家の庭つき一戸建てで接地型住宅の志向性がきわめて強い日本人のなかで，特殊な人々

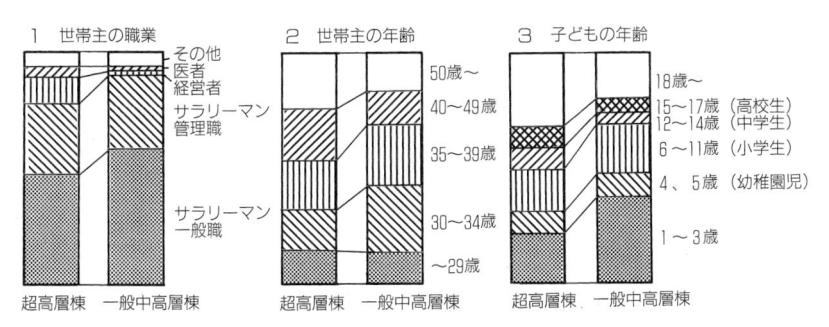

図 5-6 超高層棟と一般中高層棟の居住者の比較(パークシティ新川崎の調査から)(すまいろん 1988秋号)

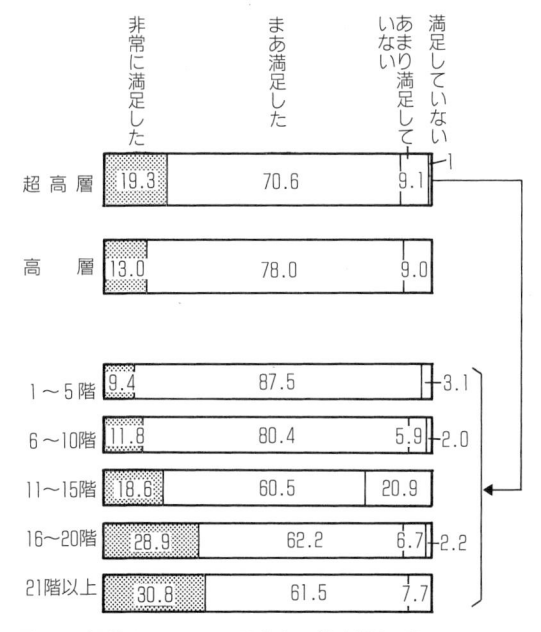

図 5-7 板橋サンシティの居住者の総合評価(住サイエンス 1989.9)

なのか,あるいはアメリカでみられるような都市(心)部の住居形態として,利便性を重視する若者・高齢者の超高層住宅志向を反映しているのか,まだ超高層集住の歴史が浅いのでどちらともいえない。

しかし,アメリカでは,高層住宅地区が犯罪の巣になりやすいという社会的

問題を抱えており，セキュリティに関する意識がきわめて高い。イギリスでは，高層住宅の評価に関する調査研究の歴史は古く（Fanning, 1967, Moore, 1974），子どもに対する影響，健康・精神衛生上の問題などが指摘されており，社会的に高層住宅批判の声は強い。そして子持世帯は5階以下に住むように指導されているという。

日本でも高層集合住宅の問題点について調査研究がなされている。その点について，さらに検討してみよう。

（3） 子どもの自立の遅れ

山本（1986）は，横浜市港南区の高層集合住宅の多い保健所の3歳児健康診断の場で，母と子の分離度に関する行動観察を行い，高層階の母子の分離度が悪いことを見いだしている。具体的には，歯科検診室に入った戸口のそばに椅子を置き，母親にそこに座ってもらい，子どもだけ歯科医師のところに検診にいかせるよう指示し，母と子の行動を観察した。子どもの行動は，①子どもが1人で診察に行った，②不安気に母親の顔を見ながら結局1人で行った，③途中までいって，あとずさりしたり，Uターンしてしまい，そのまま母親のもとから離れなかった，④はじめから母親から離れようとしなかった，に分けて記録された。母親の行動は，①指示どおり椅子に座って子どもの行動を見守った，②子どもが1人で行けないのを見たうえで指示に反して椅子から離れ，子どもを医師のところにつれていった，③指示を無視して，はじめから子どもを医師のところにつれていってしまった，に分けて記録された。子どもの行動①と母親の行動①の組み合わせを母子分離に「問題なし」とし，他の組み合わせを「問題あり」と判定した。

精神発達度は3歳児検診用に保健所が用いるものを利用した。運動発達，描画操作，数概念，言語の発達，身のまわりのこと，困る性質・癖に関する内容が含まれている。42点満点で20点以上を健常児とし，それ未満の子どもは対象外とした。

母親に対するアンケートによって居住形態，集合住宅の場合は居住階，住居の広さ，居住年数，家族構成，きょうだい順位に関するデータを収集した。

観察データ451組の中から，独立住宅または集合住宅に住み，居住年数が6

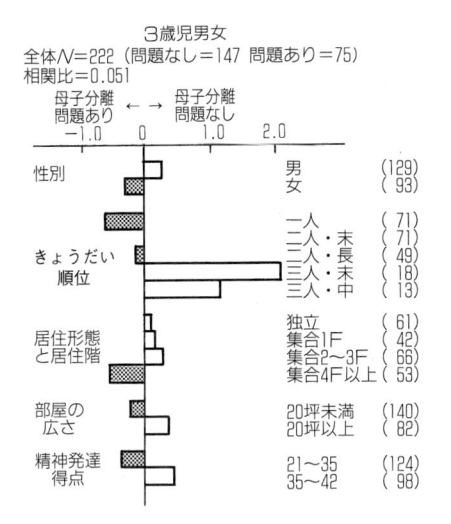

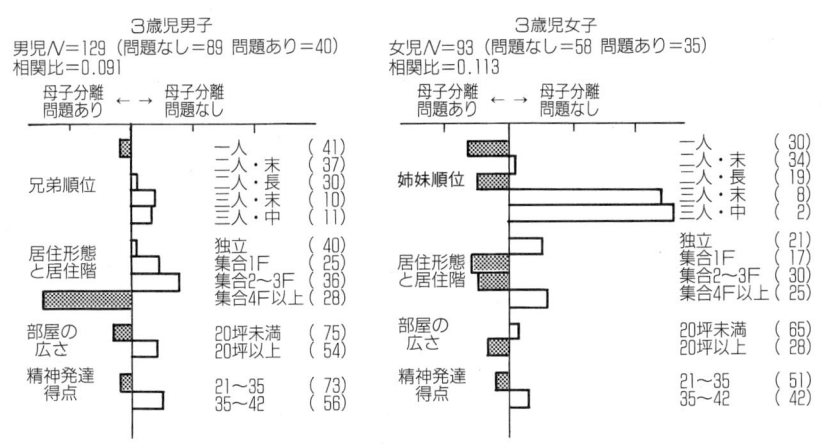

図 5-8 数量化Ⅱ類に基づく，母子分離に対する各要因の寄与（山本，1965）

カ月以上，父母健在の核家族であり，子どもが正常な精神発達内にある222ケース（男児129名，女児93名）を分析対象とした。

その結果，単純クロス集計では，男の子の場合，20坪未満の住居や集合住宅4階以上の住居で母子分離度に問題が多い傾向が有意に認められた。女の子の場合も同様な傾向がみられたが，男の子ほど顕著ではなかった。

数量化Ⅱ類による多変量解析の結果は，図5-8のように相関比が十分大き

表 5-3　幼児の生活習慣の自立状況（織田，1988）

	[できる＋なんとかできる]			[全くできない]		
	(1〜5階) N=34		(14階〜) N=27	(1〜5階) N=34		(14階〜) N=27
①日常のあいさつ	82%	*＞	56%	① 0%	＜*	15%
②排便	79%	＞	59%	② 3%	＜*	22%
③排尿	82%	*＞	59%	③ 3%	＜*	22%
④手洗い	85%	＞	67%	④ 0%	＜*	15%
⑤食事	85%	≧	81%	⑤ 0%	≦	4%
⑥歯磨き	82%	*＞	59%	⑥ 0%	＜*	15%
⑦うがい	79%	*＞	56%	⑦ 0%	＜**	26%
⑧衣服の着脱	79%	**＞	44%	⑧ 0%	＜**	30%
⑨靴の着脱	82%	**＞	48%	⑨ 0%	＜**	22%
⑩後片付け	71%	＞	52%	⑩ 3%	＜*	19%
⑪簡単な手伝い	79%	＞	56%	⑪ 0%	＜**	26%

（*：$P<0.05$，**<0.01）

＊東京都江戸川区内の高層集合住宅に居住する乳幼児のいる世帯の母親70名（乳幼児99名）を分析対象
＊対象世帯の居住階は1〜23階，平均8.9階

くない欠点があるが興味深い傾向が認められる。男の子の場合，住居形態と居住階の影響が他の要因より大きかった。とくに集合住宅4階以上に住む母子の場合，問題が大きいことがわかる。兄弟順位や精神発達度よりも居住階による影響が大きいことは重視しなくてはならない。一方，女の子の場合は居住形態と居住階の要因よりも姉妹順位による影響が大きく，一人っ子や兄弟の末子に問題が多い傾向が認められる。

居住階が4階以上の場合，男の子の母子分離度が悪いのは，女の子に比べて男の子が活発で動きが激しいことから推測される。1982年の人口動態統計によると，0〜4歳までの子どもの「建物またはその他の建造物からの墜落死」は女の子10人に対して男の子29人であり，男の子の方が3倍も墜落死事故が多い。このように男の子は母親にとって目が離せず，過干渉になりやすいため，居住階が男の子の母子分離度に影響を及ぼしやすいと考えられる。

上記のデータが発表された後，東京大学医学部母子保健学の織田（1988）が小児の心身の発育，発達に及ぼす影響について調査を行っている。東京都江戸川区の高層集合住宅に居住する乳幼児のいる世帯の母親70名（乳幼児99名），

対象世帯の居住階は1～23階，平均8.9階を対象としている。表5-3の幼児の生活習慣の自立状況をみると，低層と高層の幼児を比べると，高層に住んでいる幼児は生活習慣の自立が遅れていることが明らかである。

このような生活習慣の自立の遅れは，高層居住の母親の外出不足が幼児の外出不足につながり，それが母子がいつも一緒にいる機会を多くし，母子密着傾向を進行させ，その結果，幼児の母親への依存傾向を増大させ，生活習慣の自立を遅らせることになるという図式によって理解される（織田，1990）。

（4） 超高層集合住宅環境のセキュリティと子どもの遊び

奈良女子大学の湯川利昭研究室では，さまざまな住棟型について就学前児（3～5歳児）の屋外遊びの強度（1週間のうちの遊び日数など）を調査し，図5-9の結果を見いだしている。それによると，3～5歳児が「毎日遊ぶ」のは車交通の少ない街路に面する接地住宅（テラス）で79.5％，5階建階段宅型中層72.1％，11～14階建の1住棟主入口当たりの共用戸数が160戸以上の廊下型高層で54.5％，25階建以上の超高層では25.5％であり，階数の高い住棟型ほど，屋外空間は明らかに「豊かになる」はずであるが，遊び日数は少なくなっている（湯川，1989）。

地上から遠い住戸では，就学児が地上へ遊びに出る際，後述のような心配が必ずつきまとうために，保護者は「必ずつき添わなければならない」と考えるようになる。そして保護者によるつき添いは子どもが1人で屋外へ遊びにでる自立促進の機会を奪うことになる。また，子どものために十分時間をとってや

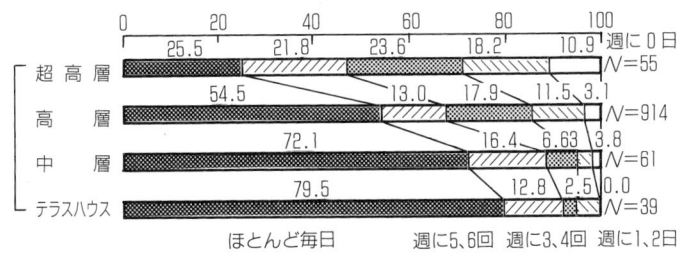

図5-9　7つの団地における就学前児屋外遊び強度（1週間のうちの遊び日数）
（湯川，1989）

れない保護者は子どもを1人で外に出さないことになる。

保護者の心配とは，次のようなものである。

①つき添わないとEV（エレベーター）の操作ができない。操作ボタンに手がとどかない。

②つき添わないとEVで事故にあうのが心配（指づめ，カンヅメ事故など）。

③つき添わないとEVで少女わいせつなどの被害にあわないかと心配。

④つき添わないとEVの中でおもらしをしないかと心配。

⑤住戸からは地上で遊ぶ自分の子どもを見守れない。つき添って見守りたい。

⑥つき添わないとイジメッ子にいじめられないかと心配。

⑦つき添わないと地上で少女わいせつにあわないか心配。

⑧つき添わないと，車道や駐車場に行ってしまって交通事故にあうのが心配。

⑨つき添わないと，ついオモラシをしたり，人様の面前でオシッコをしたりするのが心配。

⑩住戸からは地上の子どもに声をかけられない。

⑪つき添わないと，はたして自宅に帰ってこられるかどうか心配。

また在宅幼児の自然な要求としても，EVを使わなければならないほどの高さの住戸に住んでいる場合，たとえば次のような問題がある。

①思いついて玩具をとりに帰りたくても簡単ではない。

②通り雨の間だけ自宅に帰り，雨がやめば，また遊びに出るといった自宅と屋外の行来も容易ではない。

③EVの，たとえば5階のボタンは押せるが，自宅のある10階のボタンは押せない。助ける大人が同乗していないと5階から10階まで階段をあがらなくてはいけない。

④行き先ボタンは押せても非常電話ボタンを押せない。

⑤住戸から下でお気に入りの友だちが遊んでいるかどうか確かめられない。

しかし，湯川（1989）はたんに地上からの高さやEVの利用の必要性だけが，つき添いの必要性を増大させ，就学前児の遊びの強度を減少させているのではないことに注意を促している。この研究では東京都の高島平団地を対象として，①双子廊下型——4台のEVからなる1EVバンクを300—400戸で共用

している双子廊下型の14階高層，②片廊下型――2台のEVからなる1EVバンクを200戸程度で共用している片廊下型，③2戸・1EV型――1フロア2戸で1台のEVを共用している12階建高層（2戸1EV型），この3類型を3－5歳児の屋外遊び回数で比較すると，「毎日遊ぶ」が，①と②の型では53.5％と56.3％に対し，③のEVバンクの共用戸数が22戸と少ない2戸1EV型では79.8％で，図5-9のテラスハウスと同水準の強度であった。この結果には次のような住棟型の差異が影響しているようである。

①廊下型は，2戸1EV型に比較して住戸からEVへの距離が長い。またEVから自宅がわかりにくい。

②廊下型でも2戸1EVでも，つき添わないとEVが操作しにくいが，2戸1EVの方がEVの共用グループの顔見知り度が高く，同乗した大人が子どもに親切にする傾向がある。子どもも顔見知りの大人になじみやすい。またカゴの中に踏台をおくなどの合意が得られやすい。

③廊下型ではEVの共用戸数が多く，匿名的であるとともに，屋外の遊び場も匿名的なために，子どもを1人で屋外へやるのは心配になる。それに対して2戸1EV型ではEV内はもちろん，屋外の遊び場も通常の設計の場合には共用している同士の顔見知り度は高く，知り合いの大人に自分の子どもの監督を依頼しやすい。また子どもも顔を知らない子どもに怖じ気づかなくてすむ。

④2戸1EV型では中間住戸でも南にも北にも窓があり，7階程度なら，自宅から地上の子どもの顔が見分けられるし，なんとか監督できないことはない。また姿を認めれば大声を出せば呼ぶこともできる。それに対して片廊下型では住戸内から南で遊ぶ子どもには同じことができても，夏に北で遊ぶ子どもは監督しにくい。

このように，同じ高層集合住宅でも型によって，子どもの屋外遊び度に違いがあることがわかる。

湯川（1989）は，こうした調査研究を報告した後，超高層の子どもの発達への影響について実証するには，かなり長期間同じ住棟型に住んでいる子どもについて大量調査をする必要があることを指摘している。

(5) 妊産婦に与える影響

東海大学医学部の逢坂（1989）は，妊産婦と居住環境との関係について，図5-10のように，居住階の高層化に伴う異常分娩の増加と，出生体重値の増加を見いだしている。出生体重の増加は高層階の妊婦が外出したがらないことからくると推測される。また出生体重の増加は異常分娩をひき起こす率を高める。図のなかで，高層階ほど妊婦の年齢が高いことがわかるが，高層階のほうが高価格の住居が多く，家計の経済的理由でこのような傾向がでたものと考えられる。また，異常分娩は高年齢出産とも関係が深いので高層集合住宅そのものの影響であるかどうかは疑問である。

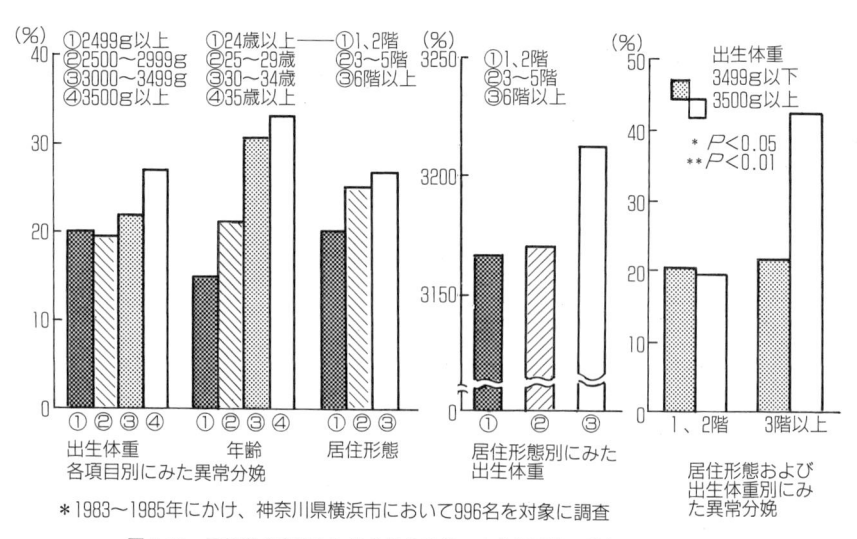

図5-10 居住階の高層化に伴う異常分娩，出生体重値の増加（逢坂，1989）

＊1983〜1985年にかけ，神奈川県横浜市において996名を対象に調査

(6) 防犯性

湯川（1980）は団地間で犯罪発生率の比較調査を行っている。窃盗の発生率を図5-11でみると，大阪の大規模高密度団地である森の宮第二市街地住宅が著しく高い。これは自転車泥棒と車上ねらいの多さが全体の発生率を高めているからである。この団地は総戸数1,734戸，8階，15階，15階，25階の4棟からなり，2DKと1DKが90％を超えており，大規模高密度で匿名性が高いとい

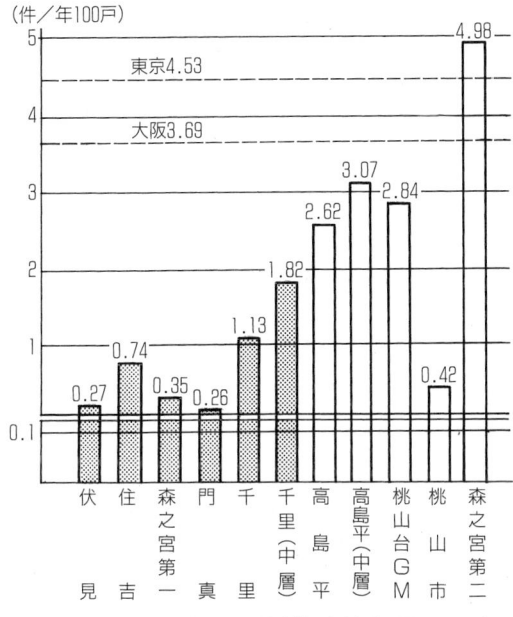

図 5-11 犯罪発生率の団地間比較 (A)窃盗 (湯川, 1980)

う要因が窃盗の高い発生率の一因であるとみられている。一般に，高層住宅などの排接地型住宅は窃盗に対し安全であるといわれているが，それはあくまで侵入窃盗に対する防犯性能の高さであって，共用空間では戸外窃盗の被害を受けやすいといえる。

また図5-12にみられるように，高層住宅団地で発生する性犯罪は主に住棟内で多いことが明らかである。この原因として次の物理的特性が考えられている。①住棟の共用空間が，入居者が日常の行為をしながら監視できる場所になっていないこと，②多数の住戸によって共用されているため匿名性が高く，侵入者にそこでの行為がどの入居者にもとがめられないだろうと感じさせるようになっていること，および，③誰からもチェックされることなくいつでも自由に接近できることである。

昭和50年に警察に届けられた性犯罪の被害件数は，東京0.049件，大阪0.027件，京都0.021件であった。性犯罪の被害は届出数の10倍あるといわれている。

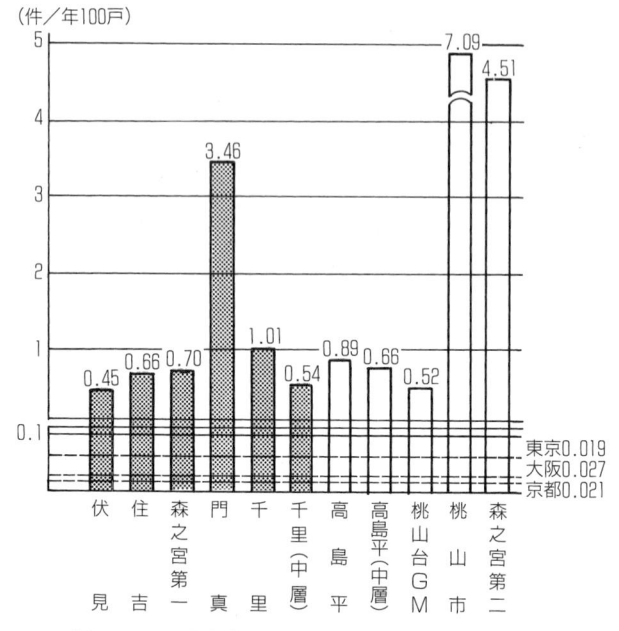

図 5-12 犯罪発生率の団地間比較 (B)性犯罪 (湯川, 1980)

グラフ数値: 伏見 0.45、住吉 0.66、森之宮第一 0.70、門真 3.46、千里 1.01、千里(中層) 0.54、高島平 0.89、高島平(中層) 0.66、桃山台GM 0.52、桃山市 7.09、森之宮第二 4.51
東京 0.019、大阪 0.027、京都 0.021

このことを考慮しても,これまで湯川(1980)が調査した高層団地における発生率は,各都府の平均発生率よりもかなり高く,高層団地がとくに性犯罪に弱いことを示唆している。

　湯川(1980)は不審な人を見かけたときの対処の仕方について,桃山台グランドマンションの住民を対象に調査を行っている。このマンションは大阪府豊中市にあり,257戸,3棟(8,9,11階),3LDK(209戸)と4DK(48戸),すべてが分譲である。このマンションの住民の対処の仕方を図5-13でみると,積極的な対処をする人の割合は,マンション所有地の入口付近では19.5%で,住戸に近づくほどその割合は高くなり,自分の住戸に一番近い階段では53.5%になる。対処の仕方では,「近所の人に知らせる」や「管理人または警察に連絡する」という割合は,場所別に大きな差異がなかったが,住戸に近くなるほど不審者にたいして直接声をかける割合が多くなっている。このように住戸に近い空間ほど,そこに立入る不審者を排除しようとする入居者の気持ちが強くはたらくこと,すなわち縄張り意識が強いことを示している。

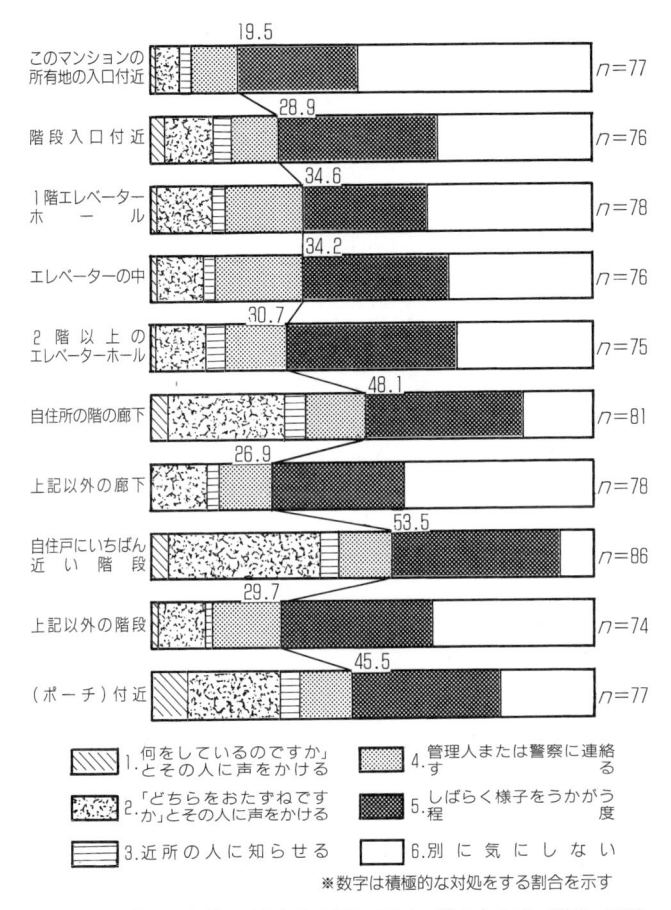

図 5-13 不審な人を見かけたときの対処の仕方〈桃山台GM〉(湯川, 1980)

※数字は積極的な対処をする割合を示す

凡例:
1. 「何をしているのですか」とその人に声をかける
2. 「どちらをおたずねですか」とその人に声をかける
3. 近所の人に知らせる
4. 管理人または警察に連絡する
5. しばらく様子をうかがう程度
6. 別に気にしない

項目:
- このマンションの所有地の入口付近　19.5　n=77
- 階段入口付近　28.9　n=76
- 1階エレベーターホール　34.6　n=78
- エレベーターの中　34.2　n=76
- 2階以上のエレベーターホール　30.7　n=75
- 自住所の階の廊下　48.1　n=81
- 上記以外の廊下　26.9　n=78
- 自住戸にいちばん近い階段　53.5　n=86
- 上記以外の階段　29.7　n=74
- (ポーチ)付近　45.5　n=77

(7) 近所づきあい

　京都大学建築学の巽研究室は，芦屋浜とシーサイドタウン高層住区の居住性に関する研究のなかで，居住者の近所づきあいの実態を調べ図5-14のような近所づきあいマトリックスを示している（巽・高田, 1982）。低層階では階段室を中心にそして高層階では共用階を中心にまとまりがみられる。また，居住階が高層であるほど近所づきあいが希薄になっている。芦屋浜とシーサイド・タウンは，7階，12階，17階，22階，27階が共用階となり居住者がいない空間に

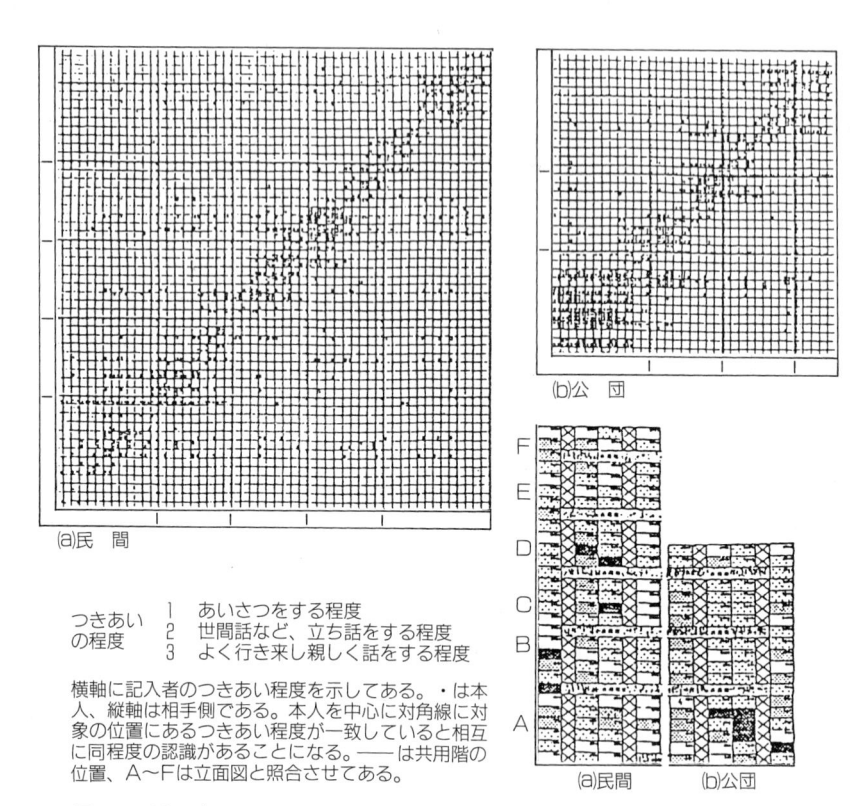

つきあい	1	あいさつをする程度
の程度	2	世間話など、立ち話をする程度
	3	よく行き来し親しく話をする程度

横軸に記入者のつきあい程度を示してある。・は本人、縦軸は相手側である。本人を中心に対角線に対象の位置にあるつきあい程度が一致していると相互に同程度の認識があることになる。──は共用階の位置、A～Fは立面図と照合させてある。

図5-14 近所づきあいマトリックス―芦尾浜と―サイドタウン高層住区 (巽・高田, 1982)

なっていて、図5-14のAから下の居住ブロックが重ねられている。最高階は29階であり、また民間マンションと公団住宅の2地区がある。

また、近所づきあいに対する意識に関して、高層住宅では、「わずらわしいつきあいをする必要がないからよい」とする者が全体では半数いる。とくに、子どもがいない主婦、あるいは長子が高校生以上の主婦では70％前後となり、近所づきあいの淡白さが高層集合住宅の一側面であることがわかる（図5-15）。また高層階居住者ほどその傾向は強くなっている。

この「わずらわしいつきあいをする必要がない」という意識が、超高層集合住宅でのコミュニティの成立を困難にしている。とくに都心型の集合住宅では、すでに自治会や団地組合の形成が困難なところがみられているという。

(1) 高層団地におけるつきあい志向

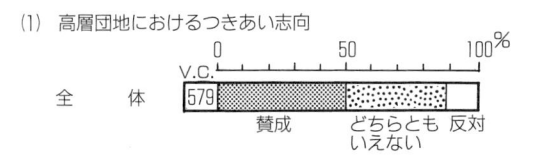

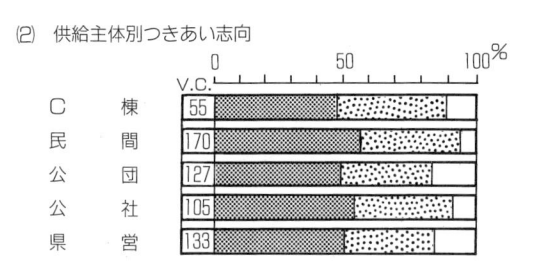

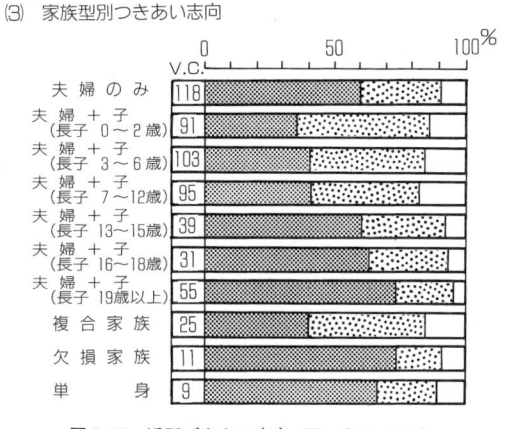

全体 579　賛成／どちらともいえない／反対

(2) 供給主体別つきあい志向

- Ｃ　棟　55
- 民　間　170
- 公　団　127
- 公　社　105
- 県　営　133

(3) 家族型別つきあい志向

- 夫婦のみ　118
- 夫婦＋子（長子 0〜2歳）　91
- 夫婦＋子（長子 3〜6歳）　103
- 夫婦＋子（長子 7〜12歳）　95
- 夫婦＋子（長子 13〜15歳）　39
- 夫婦＋子（長子 16〜18歳）　31
- 夫婦＋子（長子 19歳以上）　55
- 複合家族　25
- 欠損家族　11
- 単身　9

図 5-15　近所づきあい志向（巽・高田，1982）

3 まとめ

　超高層住宅の居住環境に関する委員会（住宅都市工学研究所，1990）は，図5-16にあるように，超高層集合住宅の問題を11のとりくむべき課題として提示した。それは，住環境ストレスの増大，子どもの自立の遅れ，妊産婦への影響，近隣トラブル発生，消防・救助活動の制約，防災性への不安，犯罪発生への不

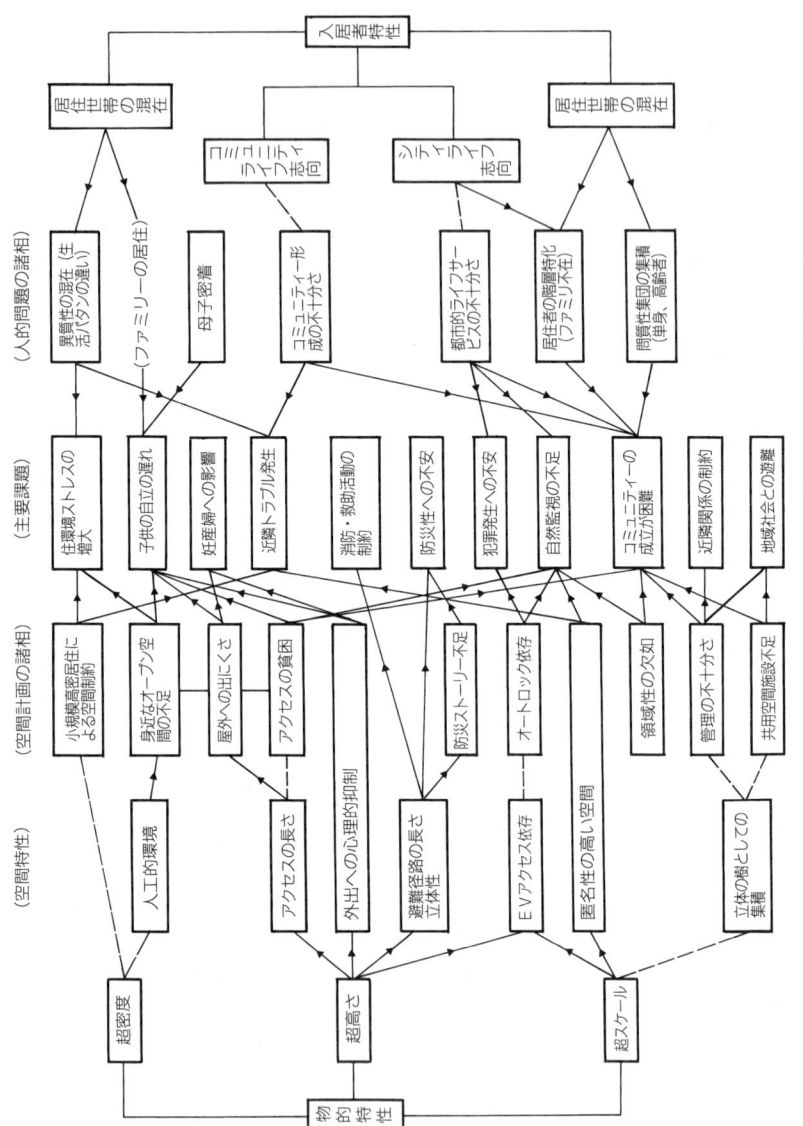

図 5-16 超高層集合住宅の主要課題の相関マップ（住宅都市工学研究所，1990）

安，自然監視の不足，コミュニティ成立の困難，近隣関係の制約，地域社会との遊離である。

そのうえで，超高層住宅の計画や供給の方向を考える際の課題のとらえ方を，次の6つに大別した。

1）超高層住宅固有の物的特性に基づく不可避的計画課題——防災性への不安，消防・救助活動の制約　この問題は従来の中，高層住宅や積層住宅の延長線上にある課題としてとらえるのではなく，新たな考え方に基づく新しい計画を確立する必要がある。

2）超高層住宅の物的特性に起因し発生するおもにソフト計画の課題——犯罪発生の不安，自然監視の不足　これらの課題は従来の高層住宅にも共通したものであるが，一定のスケールをもつ住宅群は，立体の「街」であるとしてとらえた場合の諸機能の計画性の問題である。とくに，自然監視や防犯性はアクセス路の空間計画とともにセキュリティーやコミュニティ管理・運営などのソフト計画がいっそう重要課題となる。

3）超高層住宅の諸条件による計画上の制約を主とする課題——住環境ストレスの増大　これらの問題は超高層住宅固有の問題とはいいにくい面がある。むしろ，超高層住宅という物的特性による直接的な問題というよりは，事業条件や供給条件など計画の前提条件による間接的な問題としてとらえられる。これに超高層住宅の立地や供給条件によって生じる居住者の特性が関連することによって問題が増幅される場合がある。

4）超高層住宅の供給特性を要因とする居住者の世帯特性や意識特性に基づく計画および供給の課題——コミュニティが成立しにくい，近隣関係が制約される，近隣トラブルの発生　これらの問題は，都市居住の新しい生活形態やライフスタイルのとらえ方とこれに基づく事業の展開においては問題視されないこともあろう。しかし，コンセプトの不明快さや，コンセプトと供給手法の不徹底によって居住実態のズレなどが起こり問題となる場合が多い。したがって，この課題はまず事業や供給の性格（選択的か非選択的か）を明らかにしつつ，供給手法の課題としてとらえることが重要である。

5）超高層住居との関係は必ずしも明確でなく傾向として指摘されている課題——子どもの自立の遅れ，妊産婦への影響　低層住宅と高層住宅との

比較において一定の傾向はみられるものの，超高層居住との関連でみると，その物的特性との因果関係が明確に指摘されているとはいいにくい。

6）超高層住宅の立地性や事業の特性に起因する計画および供給の課題——地域社会との遊離　新しい住宅場開発に不可避の問題であり，超高層住宅の建物形態の特殊性と現実の居住者階層の特殊性などにより増幅される問題である。これは時間をかけて対応していく性格のものであり，これは一種の「まちづくり」の課題である。

以上のように，超高層集合住宅は建築計画，住宅開発事業上，新たにとりくむべき課題をかかえている。

参考文献

Fanning, D. M.　1967　Families in flats. *British Medical Journal*, **4**, 382-386.
住宅都市工学研究所　1990　超高層住宅の居住環境に関する研究報告
Moore, N. C.　1974　Psychiatric illness and living in flats. *British Journal of Psychiatry*, **125**, 500-507.
織田正昭他　1988　高層・高密度居住が小児の心身の発育発達に及ぼす影響について　第35回日本小児保健学会総会発表抄録
織田正昭　1990　高層高密度居住児の発育・発達上の特性——高層居住の育児態度が小児の発育に影響する　「医学のあゆみ」，**153**(1)，42.
逢坂文夫　1989　妊産婦と居住環境との関係について　日本衛生学会誌，**44**(1).
巽　和夫・高田光雄　1982　高層集合住宅の計画に関する調査研究——芦屋浜と一サイドタウン高層住区の居住性　京都大学工学部巽研究室
渡辺圭子　1982　住環境と精神健康に関する研究　建築研究報告（建設省建築研究所），**101**.
渡辺圭子・山内宏太朗　1982　住形態による住環境ストレスの違い——住環境ストレスと精神健康に関する調査，その9　日本建築学会関連支部研究会報告集，117-120.
渡辺圭子　1985　住環境と精神健康　山本和郎（編）　生活環境とストレス　垣内出版
山本和郎　1986　コミュニティ心理学——地域臨床の理論と実践　東京大学出版会
山本和郎　1989　コミュニティとストレス——地域生活環境システムの影響　社会心理学研究，**4**(2)，68-77.
山本和郎　1995　超高層集合住宅の心理的ストレス　住宅，**44**，41-48.
湯川利和　1980　住環境の防犯性に関する領域論的研究その2　昭和55年度秋季大会（近畿）学術講演梗概集〈建築計画・農村計画〉5051，771-772.
湯川利和　1989　子どもの屋外遊びとエレベーターの改善に関する研究　三菱電気株式会社デザイン研究所委託研究報告

オフィス環境の快適性　6

尾入正哲

1　なぜオフィスなのか

　ここ十年来，さまざまな側面からオフィス環境に関する議論が高まりをみせてきた。建築やインテリアといった分野だけでなく，作業の効率や組織の適否を研究する産業心理学の分野でも，オフィスにかかわる研究が盛んになっている。これにはいくつかの理由があるが，その1つはバブルということばに代表されるように，経済の好況に伴い都心部のオフィス需要が急増したことがあろう。ちょうど，オフィスビルの立て替えの時期にあたっていたこともあり，近年オフィスの新築が盛んに行われてきた。
　オフィスワークの急激なOA（Office Automation）化により，照明やオフィス家具の改善・機器騒音への対策などが必要になったことも，オフィスの新築・改装ブームに拍車をかけた。オフィス労働はとくに過重な肉体労働というわけでもないし，作業場に危険物があるわけでもないので，オフィスの労働環境は比較的研究が少ない分野であった。しかし，OA機器による健康障害やオフィスワーカーの過労死といった問題がクローズアップされるにつれて，オフィス環境の改善が急務となってきた。
　折しも，労働時間の短縮など，人々のこれまでの働き方が問い直される時期にあたって，仕事の効率だけでなく，快適性とゆとりを志向したオフィス環境，いわゆる，ニューオフィスが関心を集めるに至ったのである。また，人手不足による人材確保の困難さもリクルート対策としての，ニューオフィス化を進める原動力になっていたものと思われる（図6-1は新築された建設会社のオフ

図 6-1　ニューオフィスの例（鹿島建設 K I ビル）

ィス）。

　1987年には官民の協力によりニューオフィス推進協議会が設立され，建築・オフィス家具・OA 機器など多くのメーカーが参加した。この時期あたりから快適なオフィスの実現が社会的に認知された，企業にとって重要な目標となってきたのである。

　しかし，昨今の景気の沈滞に伴い，過熱気味だったニューオフィス・ブームも一息ついたように思われる。もともと，企業活動そのものともいえるオフィスにかかわる事柄が経済全体の盛衰に著しく影響されるのは致し方のないところであろう。ともあれ，ニューオフィス・ブームは，快適性というキーワードをシンボルに，オフィス環境を見直す契機となったが，オフィスに関する研究は，まだまだ緒についたばかりである。そもそもオフィスにおける快適性とは何かという根源的な問題ですら決着がついているとは思えない。

　この章の目的の第1は，これまでのオフィス環境に関する研究と，オフィスの現状を概観することである。第2に，プライバシーなどオフィスの個人化に関する問題について解説する。最後に，これからのオフィスがどのような方向に向かっていくかについて述べる。

2 オフィス研究の方法

　室内環境に関する心理学的研究は，方法論からみていくつかのタイプに分けられる。稨山・井口（1994）は，オフィス環境の研究方法として，これまでの代表的なアプローチを列挙している。

　第1はPOE（Post Occupancy Evaluation, 居住後評価）とよばれる，オフィスに働くワーカー自身に，使っている環境の評価を求める方法である。建築はそこにいる人間とかかわりの深い製品であるにもかかわらず，使用者からの意見を求めることが，従来積極的に行われてきたとはいえない。オフィスの多くがテナントビルであり，直接に特定の使用者と結びつかないことも，使用者側からのフィードバックが少なかった一因であるといえよう。もともと，建築の分野では，施工前の模型による評価などが行われてきたが，実際に建物を使ってみなければ，具体的な評価が適切に行えないのは当然である。とくにオフィスの移転前後の比較など，オフィスの新築や改装に伴う効果を検討する目的で，POEが実施されることが多い。

　実際の方法としては，質問紙によるワーカーの主観的な評価の収集や物理的な環境条件の計測が主要な調査内容となっており，照明，温熱，スペース，音環境など個々の具体的な項目について，適否の評価を求めることになる。

　第2の方法はオフィスに対する印象をSD法的な形容詞対を用いて収集し，因子分析によって要因を抽出するタイプの研究である。オフィスの評価がどのような要因に基づいてなされているか，また，どのような要因がオフィスの良否を大きく左右するかを検討するのが，このタイプの研究の目的である。評価対象となるのは，実空間・オフィスの模型・写真とさまざまであり，個々のオフィスの違いを越えて共通する評価軸を見いだそうとしている。

　建築環境の評価軸については，カンター・乾（1972）が指摘するように，ある程度絞られた少数の評価軸が現れることが知られている。尾入（1989）は，オフィス環境の主観的評価を基に因子分析を行っているが，さらに調査を重ねた結果，オフィス評価の主要な要因として表6-1に示した結果を得ている。それによると，オフィスの混雑感・プライバシーに関する項目が第1因子とし

表 6-1　オフィス内の行動や不満に関する項目の因子分析結果
（第 5 因子以下は省略）
設問項目と，各因子に対する負荷量を示す

	第1因子	第2因子	第3因子	第4因子
他の人が煩わしい	.63271	.04116	-.05018	-.02709
隣の人が近すぎる	.60352	.04943	.21030	.13898
部屋にいるとくたびれる	.52932	.12980	-.03529	.12866
部屋に人が多すぎる	.51530	.13241	.08359	-.04974
植栽が欲しい	.06921	.72246	.06915	.00579
BGMが欲しい	-.04917	.63148	-.03012	.03589
室内の雰囲気が単調	.29445	.56766	.06728	.07254
打ち合わせが多い	-.07510	.09870	.70496	.17803
外出が多い	.11661	.03571	.68306	-.25313
電話が多い	.04067	.00497	.60328	.13312
机上照明をよく使う	-.10681	.14958	.02612	.68456
環境の不備を訴える	.27942	-.09696	.00943	.59730
調節できる家具が欲しい	.01052	.42877	.07094	.44283
自席の位置が悪い	.35826	.01740	.16185	.41755
固有値	2.92	1.70	1.38	1.27
寄与率（％）	12.7	7.4	6.0	5.5
累積寄与率（％）	12.7	20.1	26.2	31.7

て抽出されている。高橋（1994）はコンピュータ・メーカーのオフィス移転前後で調査を行い，「居心地がよい」，「集中できる」，「くつろげる」，「疲れにくい」といった項目を用いて室内印象の評価を求め，主成分分析を行った。新旧オフィスの結果を比較したところ，主観的評価の基本的構造が環境の変化にもかかわらず，ある程度一貫したものであることが示された。

　第 3 のアプローチは，ワーカーによる評価構造の違い，つまり，オフィス評価の個人差を検討対象にしている。第 2 のタイプの研究がオフィス環境自体を分析の対象にしているのに対し，このアプローチは評価するワーカーの側を研究対象にしている。オフィスという空間のもつ意味を，個人の好みの分析からとらえようとするわけである。たとえ同一の空間でも，人によってさまざまな異なった意味をもちうる。

　実際のオフィス設計に役立てるという視点からは，個人差といっても，一人ひとりの違いというより，たとえば，部署や作業内容の違いによるグループ差

を見いだすことが有効である。それぞれのワーカーに適したオフィス環境を用意しようという「オフィスをユーザーに合わせる」発想から，こうした研究が行われてきたわけである。

これらのアプローチが組み合わされ，オフィス環境の調査研究が行われているが，現状では各々のアプローチが必ずしも適切に連携をとりあっているとはいえない。穐山ら（1994）は，従来の研究がオフィス環境を物理的環境としてのみとらえる傾向が強いとして，人間関係や集団凝集性といった要素をより重視すべきであると提案している。オフィスに対する社会心理学的アプローチが求められるようになってきたのである。

3　オフィスのかかえる問題—狭さと開放感

前節ではオフィス研究の現状について概観してきたが，ここでは，具体的な調査事例から，現代の日本のオフィスが抱える問題点を整理してみたい。

尾入（1988）は質問紙調査によって，実際のオフィス環境におけるワーカーの訴えを検討した。質問紙調査の対象となったのは東京のある超高層ビル（13階〜26階）に勤務するオフィスワーカーで，回答者のほとんどは技術系の部署に属していた。質問紙で回答を求めた事項は，オフィスの温熱条件・室内の色彩・音環境・光環境などの物理的環境に関する評定と，オフィス内でよく行う行動や，環境に対する不満などを問う71個の○×式小問であった。

その結果，温熱・色彩・音・照明などの物理的環境については，たとえば，「暑くも寒くもない」といったように中立的な回答が多かった。一方，小問の結果によると，スペース不足が強く訴えられていた。図6-2に訴えの多かった項目をあげるが，「資料の置き場所がない」という項目が1位であり，70％以上の人が収納スペースの不足を指摘していた。次いで，「通路が狭い」という訴えがほぼ同数である。また，「打ち合わせ場所がない」，「仕事場が狭い」，「部屋に人が多すぎる」という訴えがやはり50％以上あり，スペース不足が環境に対する不満のなかでとくに強く意識されているといえる。この調査では，訴え率の上位10項目のなかで，7つまでがスペースに関する項目となっている。

スペースに関して重要なことは，各人の仕事のやり方とスペースとの関係で

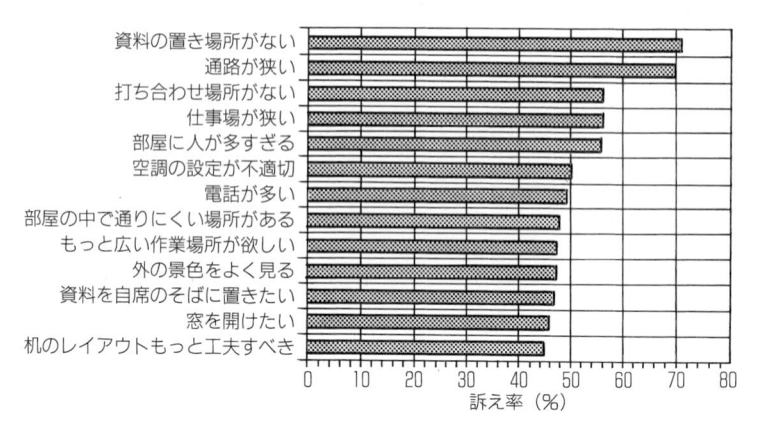

図 6-2 オフィス環境質問紙調査 小問の結果訴えのあった人数比を表す（回答者461名，複数回答可）

ある。上記のアンケート調査でも，ワーカーはオフィスの狭さを訴える一方で，「資料を自席のそばにおきたい」と答えている者が多い。ファイリング・システムとか収納の工夫など，スペース・セイビングについては，さまざまな提案がなされているが，各人の仕事のやり方が自分の机の上にたくさんの資料を山積みすることを必要とするのであれば，それらの提案はワーカーにはあまり歓迎されないものになるであろう。

物理的な狭さは仕事のしやすさといったオフィスの機能性に関連している。一方，快適性の情緒的な面に関して，スペースに関する心理的な広がりというか，開放感を考慮する必要がある。尾入（1988）の小問のなかに「窓を開けたい」という項目が含まれている。超高層ビルでは，窓を開けることは不可能である。しかし，物理的環境の評定と小問との相関を調べたところ，表6-2のように，温度・湿度や空気の質だけでなく，色彩や光環境，スペースに対する評定値が低い人々からも「窓を開けたい」という回答が多く得られている。このことは「窓を開ける」という行動がたんに室内の温度などを調整するだけでなく，環境に対する不快感の緩和や開放感の要求としてとらえられていることを示唆している。

スペースの他に，上位を占める項目として，「空調の設定が不適切」，「電話が多い」といった項目がはいっている。オフィス環境の検討の過程で，照明や

表 6-2 物理環境に関する評定値と小問との関係
（尾入, 1988）

行動に関する小問 \ 物理環境評定	温度	湿度	気流	空気質	色彩	音環境	光環境	スペース
窓を開けたい	*	**		**	**		*	*
部屋にいるとくたびれる	**	**	*	**	**	**		**
環境の不備を上司に訴える						*		
仕事を別部屋に持っていく								**

*は5％, **は1％水準で有意なことを示す（χ^2検定）

騒音といった比較的解決手段がはっきりしている部分については，かなり改善が進んできた．それに対して，スペースや空調といった手をつけにくい問題点がクローズアップされているのが，最近のオフィス事情であると考えられる．

4　オフィスにおける生産性

　オフィスが仕事をする場である以上，仕事の効率が高まる環境が望まれるのは当然のことである．肝心の仕事がやりにくいオフィスであっては，意味がないことは確かである．仕事のしやすさ，つまり，機能性を求める考え方からは，より快適な空間をつくるために，いわゆる人間工学的解決方法が提示されている．仕事の内容に適した空間を提供することによって，環境をより快適なものにするのがこの方法である．たとえば，昨今行われているオフィス設計では，図6-3のように，照明や窓がVDT機器の画面に写らないようなレイアウトが試みられている．

　機能性を追求するうえで大きな問題は，オフィスの生産性や効率のよさを測定する指標は何かということである．工場と違い，ホワイトカラーの仕事を客観的に測ることは難しいため，オフィス環境と生産性の関係を実証することは困難である．見た目に能率が上がりそうなオフィス，あるいはいかにも仕事のしやすそうなワークステーションというのはありうるが，実際に機能性を測定

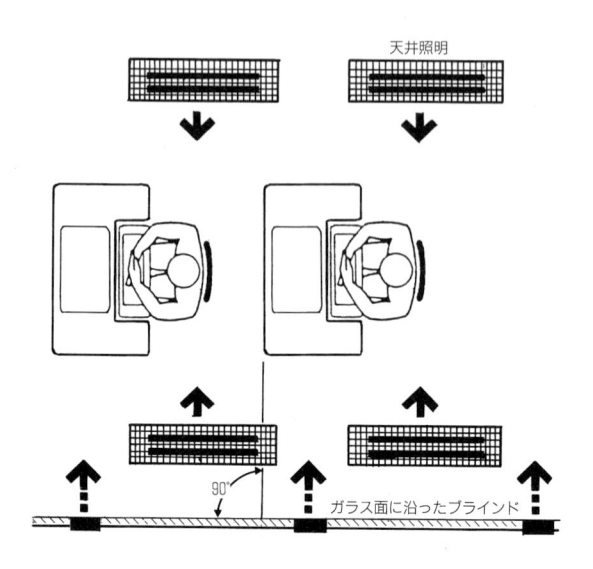

天井照明や窓面と直角に画面を配置する
図 6-3　ＶＤＴ面画への写り込みを防ぐレイアウト（Pulgram & Stonis, 1984）

するための方法を考えだすことは難しい。

　Dressel と Francis（1987）は，新しくコンピューター化が進むオフィスにおいて，システム家具を導入する経済的効果を検討するため，システム家具の採用が生産性および作業者の満足感を向上させるか否かを調査した。調査対象となったのはアメリカ陸軍の資材調達部隊のオフィスである。業務内容は物資の購入の事務手続きであり，作業者は実験的に3つの群に分けられ，それぞれ異なった条件のオフィスで事務作業を行った。改装前と改装後の生産性および作業者の主観的な満足感の変化が比較された。

　調査対象となったこの職場では，作業者1人当たりの1カ月間の購入請求の処理件数が記録されており，この処理件数を基にして生産性が評価された。その結果，システム家具を導入したオフィスでは，20.6％の生産性の向上がみられたと報告されている。

　この調査では，直接オフィスの生産性を評価するため，かなり割りきった考え方をしている。仕事の内容によっては，こうした単純な指標が得られない場

合も少なくない。生産性の問題に正面からアプローチした事例は多くはないが，今後ともオフィスの機能性・生産性をとらえるための指標を工夫する試みが必要である。

　一方，根本的な疑問として，そもそも環境がオフィスワークの生産性に対してどれほど影響力をもつかという問題がある。なぜなら，ワーカーの作業遂行を左右する要因には，モチベーションや報酬の効果など，環境以上に重要なものが多いからである。

　Tognoli（1973）は，室内の環境条件と作業者の作業成績（パフォーマンス）との関係を実験的研究によって検討している。この研究では，窓の有無や椅子の硬軟の影響が，当該室内で行われた記憶課題の成績を用いて検討されているが，環境条件と課題遂行成績との関係は明確でなかった。

　室内の色彩も作業遂行に影響を及ぼすと思われる要因である。Kwallek と Lewis（1990）は，赤・白・緑3色のオフィスで，大学生222名に20分の校正作業を行わせ，作業成績・気分・オフィスの評価といったデータを収集した。被験者の多くは主観的には白のオフィスを好むと回答していたが，実際には白の場合にもっともエラー数が多く，赤のオフィスでもっとも作業成績が高かった。赤の場合に覚醒水準が適度に保たれたからであろうという解釈もありうるが，だからといって，真っ赤なオフィスをつくるべきだとは考えにくい。

　環境が作業遂行に及ぼす影響を検討した研究では，一般的な予測に反する結果や，主観的反応と客観的データが矛盾する結果が得られることが少なくないように思われる。環境の影響は直接ではなく，モチベーションや一時的な覚醒など多くの要因を介して現れるからであろう。また，短時間の実験と長期間の使用では異なった結果がでることも考えられる。

　その他にも，室内の環境条件（部屋の色調・温度・騒音など）が作業の遂行に及ぼす影響を見いだそうとして，多くの研究が行われてきた。それらのなかでは，空気中のイオン濃度や静電気といった要因まで含めて，ありとあらゆる要因が検討されてきた。もちろん，極端な環境条件下，たとえば，極度の高温・低温や振動のもとでは作業の生産性が低下することは当然である。しかしながら，かなり広い環境条件の範囲内では，環境が作業の遂行に及ぼすシステマチックな影響を見いだすことは困難であったといえる。

オフィスの改善に関しては，快適性というような一見ワーカー寄りの目標を掲げながら，実は生産性の向上を強く意識した動きが少なくない。生産性の向上のみに視点が向けられるようでは，オフィスの研究がかえってオフィスワーカーを不幸にする結果をもたらしかねない。もちろん生産性の向上は企業や経済にとって不可欠の目標である。しかし，生産性向上の問題に環境が寄与できる部分は，意外に小さいかもしれないのである。

5 オフィスの快適性と個人スペース

　生産性がオフィスを評価する指標の1つであることは間違いないが，快適ということばのなかには，機能性や生産性だけでなく，ゆとりとか心地よさといったメンタルな側面が含まれている。何らかの形で，快適性とは何かという問いに答える必要があるが，実はこれに答えることは思ったより難しい。

　尾入（1987）は，快適性を①物理的な環境条件としての快適さ，②室内空間の目的への適合性としての快適さ，③人間の感覚としての快適さの3つに分けて論じている。このような定義づけの試みが行われてはいるが，オフィスの快適性については明確な位置づけがないまま，個々の施工例が快適さを標榜しているのが実態である。

　快適性の定義を明快に下すことは難しいが，快適性確保に関して，現実のオフィス設計のうえでさまざまな議論の対象になってきた話題がある。それは，個人のワークスペースをめぐる問題である。最近のニューオフィスをみると，図6-4のように，一人ひとりの自席の周りをパーティションとよばれるついたてで仕切っている例が多い。これは，オフィスにおける個人化（personalization）の傾向をはっきり表しているといえる。

　そこで，以下に，オフィス内の個人スペースの実態，プライバシー，オープンプラン・オフィス（大部屋式のオフィス）の問題点など，オフィス環境と個人化に関連する話題をとりあげ，快適性へのとりくみの代表例として紹介したい。

　オフィスの個人志向の背景には，業務の個人化という背景があるように思われる（尾入，1992）。つまり，一人ひとりがそれぞれ異なった仕事につくとい

図6-4 パーティションで区切られた個人スペース

う体制である。人員の有効活用という観点からは、1つの仕事にかかわる人数を減らすほど、同じ人数でこなせる仕事の数は増える。企画など創造的な業務の割合が増えたこと、OA機器の導入により事務作業の効率が高まったこと、不況時の人員削減など、業務の個人化を進めるさまざまな圧力が企業内に潜在する。そのため、オフィス環境の個人志向は今後とも続いていくと思われる。

(1) 個人スペース

　機能面における快適性（仕事のしやすさ）だけを考えていくと、結局、スペースが十分あればほとんどの問題は解決してしまうともいえよう。スペースの広さは、空間の自由度を増し、目的にあった適切な空間利用を可能にするからである。
　それでは、一般に、オフィス内では、個人に対してどの程度の広さのスペースが割りあてられているのだろうか。個人に与えられる面積を算出するには、いくつかの方法が採られている。全体の床面積を使用人数で割る方法、その場合にも全体面積から共用の場所を除くなど、場合によってさまざまである。素朴に考えれば、個人が専有しているスペースを実測することが、もっとも正確な面積の求め方といえる。そうした実測を行った例として、尾入（1994a）の資料をあげる。調査の対象になったのは、東京都内の数社の技術系業務を行っ

ているオフィスである。本調査ではもっとも素朴にワーカー個人のテリトリーと思われる場所の広さをメジャーで実測した。すなわち，個人の机・自席にある書棚・イスの可動範囲などを含んだ面積である。

対象となったワークステーションは，最大で2000×1500（mm），最小で1800×1150（mm）の個人スペース（自席周りの実面積）を有していた。これは面積に直せば，3.00㎡〜2.07㎡（平均2.6㎡）となる。この調査では，個人の席回りを実測したため，このような小さい値になったものと思われる。通路部分などを含めて，オフィス全体の床面積を人数で割れば，もっと大きい数値がでるであろう。

個人スペースについては，さまざまな推奨値が示されている。たとえば，SundstromとSundstrom（1986）によれば，1人あたりスペースの最小限度は3.6〜5.8㎡であり，4.5㎡が現実的であるとされている。しかし5.4㎡以下ではワーカー側からは不満が生じる。図6-5のように，単純事務 3.81㎡以上，ＯＡ業務 5.20㎡以上，技術者 11.89㎡以上，管理者 13.94㎡以上と，職務やワーカーのステイタスによって異なる値を提示している場合もある（Pulgram & Stonis, 1984）。

実際にオフィスを見て回ると，収納の共用化・作業台の共用化を進めているオフィスでは，実測面積が少なくても，1人あたりのスペースが不足している印象は受けない。1人あたりのスペースの絶対量を云々するよりは，それをオフィス全体のシステム化との関連で論じるべきであろう。とはいうものの，先ほどの尾入（1988）のアンケート調査の結果とあわせてみると，現状では1人あたりのスペースは，かなり不足していると考えられる。

（2） プライバシー――個人スペースの心理

機能性からみたミニマム・スペースは，必要な机上面サイズ・個人保有の資料量・ＯＡ機器の占有面積などを積算することによって，算出可能であろう。一方，個人が快適に執務できる環境を実現するためには，「なわばり」感，つまり，プライバシーの確保やステイタスの表現といった，個人スペースのもつ心理的な意味を考える必要がある。

一般に，プライバシーという用語は，自由に社会的な交渉を避けたり，交渉

| | オープン型 機器あるいは作業について、プライバシー確保や、集中思考作業の要素はない。 | スクリーン型 読書、作業、思索、計算、打ち合わせ、内密の電話、視覚的音響的な妨害の排除など必要なプライバシー確保の要素がある。 |

A1）業務形態：作業面におかれた書類は、迅速に処理され、滞留しない。
- 資料はたえ間なく流れてくるが、仕事場に到達するとつぎつぎに処理され、別の機能単位に送られるか、グループ内に保管される。
- 永久保存のファイルや参考資料用の収納スペースは最小である。
- 参考資料の利用頻度は少ない。電話作業には集中力が必要かもしれない。

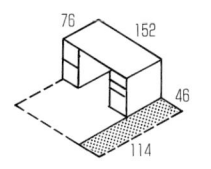

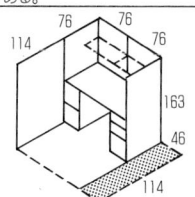

客用椅子	不要
主要作業面	76.2×152.4cm
副作業面	不要
ファイル収納抽出し	3－4個
収納棚	0－2個

S＝3.81㎡

B2）業務形態：データの検索、復元
- 書類、資料、情報が処理され、分析されあるいは維持管理される。
- 多種多様な参考資料が使用される。
- 支給物品や永久保存記録のワークスペース内保管。
- 資料照会の簡易化、検索、記録の流通。データや記録の維持管理に電子機器が使用される。
- マイクロフィルムビューアのような付属装置が必要なことがある。
- 共同作業者の姿を見たりその声を聞いたりできることが望ましい。
- 仕事に集中するために、スクリーンが必要なこともある。

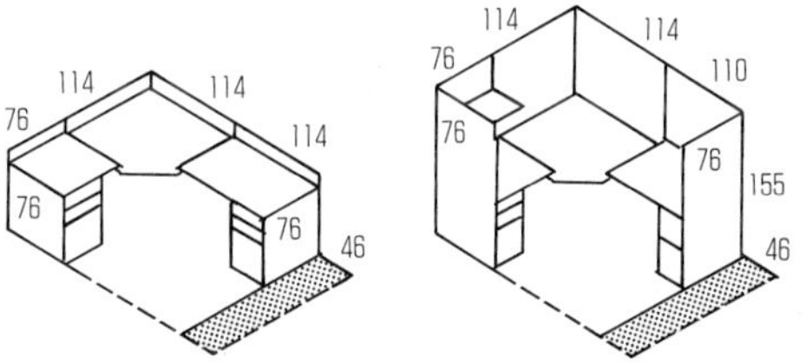

客用椅子	不要
主要作業面	114.3×114.3cm
副作業面	76.2×114.3cm
ファイル用抽出し	3－4個
収納棚	0－2個

S＝5.20㎡

B10）業務形態：管理集積／全周区画形
- 作業場に、広い打ち合わせスペースを要する。
- 報告書、コンピュータを使って作成した資料などの解析が行われる。
- 多種多様な業務やプロジェクトを、現在進行形のかたちで同時遂行。
- 多量の収納スペースを広範に使用。
- クライアントやプロジェクトに関するファイル、参考マニュアル、文書、通信文のための収納スペース。
- 電話が広範囲にわたって使用される。
- 下を見透せるのは、ほぼ普遍的条件。
- 電子事務機器の設置は、おもに通信、電子メール、スケジュール調整のためで、二次的な優先順位しかない。
- 業務責任に属する事項は、機密を要する。

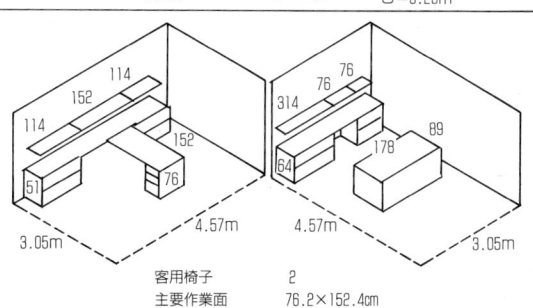

客用椅子	2
主要作業面	76.2×152.4cm
副作業面	1.86㎡
ファアル用抽出し	5－8個
収納棚	0－5個

S＝13.94㎡

図 6-5　ワークステーションの面積基準の例（Pulgram & Stonis, 1984）

を自分で調節できるということに関係する。日本で，プライバシーというと，多少とも，密室の中にいるという印象を受けるが，欧米の研究では，プライバシーをもう少し広い意味にとって，オフィスにおける必要不可欠な要素であるとしている。たとえば，オフィスにおけるプライバシーとは何かについて作業者にたずねたところ，「邪魔されずに仕事ができること」，「情報が他人に漏れないこと」，「やりたいことができる自由」，「自分の空間に近づけないこと」，「1人でいること」といった答えがあげられている（Sundstrom, 1986）。つまり，プライバシーを他者からのアクセスをコントロールできることと考えているようである。

　わが国では，パーティションの導入が流行しているが，これもプライバシーを重視する傾向の表れであるといえる。尾入（1994b）はオフィスの新築移転に伴い各自の席にパーティションを設置した事例を対象に，移転前後の質問紙調査の結果から混雑感やプライバシーと，室内イメージの変化について検討した。混雑感とプライバシーの評価には，尾入（1989）の小問のなかから4項目を抽出して用いた。図6-6は移転前後の混雑感の変化を示している。移転後は調査対象者のほとんどすべての席にパーティションが設置され，しかもそれ

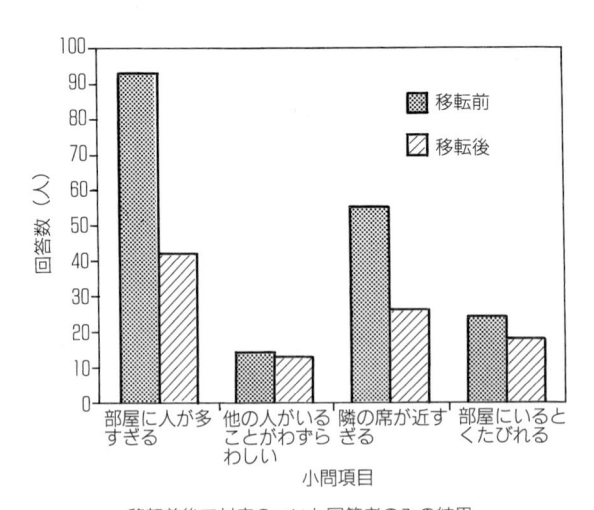

移転前後で対応のついた回答者のみの結果
図6-6　オフィスの移転（パーティションの設置）前後での混雑感の変化

に満足している者が大多数であった。

　この調査では，パーティションの導入による混雑感の緩和が認められたが，パーティションの質（高さ・色・材質）に対する満足度が高かったこと，回答者の多くが設計・技術などの個人作業が多い業務に就いていたことなどが背景にあると推測される。また，室内イメージの評価結果からは，パーティションの導入によって自席での「落ち着き」が著しく増大している。「開放感」もパーティションの導入によって，やや改善された。これには，パーティションの効果だけではなく，オフィス全体が改築によって整然とした感じになったことも影響しているであろう。

　プライバシーを左右するものは，仕切りの存在のような物理的条件だけなのであろうか。Sundstrom（1986）の調査によれば，職種とプライバシーの評定値との関係から，興味深い結果が得られた。もちろん，パーティションや壁のような囲いの数が増えるに従って，プライバシーの評価は高まる。しかし，それとはある程度無関係に，地位の高低とプライバシーの評価の間に相関がみられた。一般に，地位の高い職員に近づくことには遠慮があるのに対し，秘書などの一般職員には比較的気軽に多くの者が接触する。さらに，秘書には職務上も来客などへの応対が求められている。したがって，たとえ個室にいる場合でも，秘書に対する他者からのアクセスは回数が多く，しかも拒めない性質のものとならざるをえない。これは物理的環境条件（囲い）だけがプライバシーの確保につながっているとは限らないことを示す良例である。

　広い部屋に1人でいるとしても，来客がひっきりなしに来たり，電話がしょっちゅうかかってくる場合，それを快適な個人スペースとよぶことはできないであろう。上述の調査結果は，スペースの物理的な側面に加えて，他者のアクセスやコミュニケーションのコントロールが考慮される必要があるということを示している（Sundstrom, 1986）。

　もちろん，パーティションの高さなどの物理的な仕様はプライバシーに影響する。図6-7はいろいろな高さのパーティションとその効果を示している。一方，プライバシーに関して，防音という側面も忘れてはならない。人の話声は小さい音でも話している内容がわかると，聞き手にとっても話し手にとっても気にかかるものである。音については，オフィス内にマスキングノイズをわ

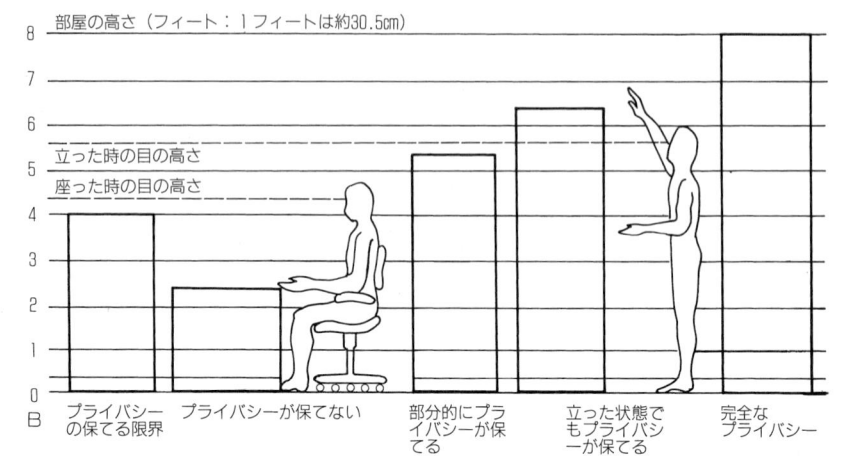

図 6-7　プライバシーとパーティションの高さの関係 (Pulgram & Stonis, 1984)

ざと発生させて，人の話声を隠す手法もある（難波，1992）。

　個人スペースに関して，吉田（1993）は，欧米と日本では個人スペースに対する考え方が異なるという調査結果を示している。吉田（1993）によれば，個室などワークスペースの物理的隔離は，欧米ではプライバシーや職務満足感を規定するが，日本では職務満足を規定しない。日本において重要な要素は職務集団凝集性であった。また，そもそもプライバシーという概念自体が日本と欧米とでは異なっている可能性が高い。尾入（1994b）の調査でもパーティションの導入後，「マスコットを置く」などの自席の個人化を表す行動はとくに増えなかった。

　日本ではオフィスの個人化はまだ始まったばかりであり，プライバシーの概念やパーティションの効果についても今後の検討課題として位置づけられよう。欧米の個室文化の特徴は，次にあげるオープンプラン・オフィスに関する研究にもみることができる。

（3）　オープンプラン・オフィスの功罪

　ワーカーのプライバシーを大切にするということは，物理的にいえば，オフィスを個室化の方向にもっていくということになる。現在の日本とは異なり，

以前から欧米では個室型のオフィスが多く，大部屋式のオフィスはむしろ新しい形態である。そこで近年になって，オープンプラン・オフィス（大部屋）の影響に関する研究が盛んになってきた。個室型オフィスからオープンプランへの移転がどのような影響をもたらすかを検討した調査によれば，生産性の向上・スペースの節約・モラールの向上など肯定的な結果がある一方，そのような効果に対して懐疑的な結果も得られている。

Sanoff（1985a）は大学の事務オフィスの移転事例を紹介している。26名のワーカーに対する質問紙調査によれば，温度・換気条件についての不満が多く，一方，自然光の導入・屋外の眺めについては高い評価が得られた。しかし，オフィスが開放的すぎるのでプライバシーに欠ける，騒音が大きいなどオープンプランに対する否定的な回答が多かった。仕事の効率についても，ワーカーの評価は否定的であった。この新しいオフィスは天井に防音工事を施したが，結局，管理・事務部門には不向きであるという判断が下され，他の用途に転用された。

Spreckelmeyer（1993）は政府機関のオフィス移転について調査を行った。ワーカー自身が新しいオフィスへの移転に積極的にかかわった結果，移転後のオフィスに対する評価は全体として高くなった。しかし，個室にいる人に比べて，個室からオープンプランに移ったワーカーについては，満足度の上昇は顕著でなかった。

このように，オープンプランに関して問題点を指摘する研究が少なくないが，オープンプランを弁護するひとつの見解として，個室に閉じこもっているとコミュニケーションが悪くなるという議論が，よく見受けられる。プライバシーとコミュニケーションが二律背反として考えられているわけである。しかし，この問題は単純でない。

Sundstrom（1986）の調査によれば，地位の高い職員ほど，オープンプランへの移行によってプライバシーの低下を感じていたが，もっとも興味深い結果は，オープンプランがプライバシーの低下はもとより，コミュニケーションの効率も下げると受け止められていることであった。つまり，プライバシーが確保されているほど，コミュニケーションもうまくいくと考えられているようである。これは一見矛盾するように思われるが，オフィスの中のコミュニケーシ

ョンには，ある程度の秘密が保たれる必要があると考えられているためであろう。

　また，スペースがステイタスの象徴となっているのも事実である。地位の高いワーカーには個室が与えられ，個人スペースが確保される。地位の低い人は大部屋に詰め込まれるというのが，一般的なオフィスの光景である。しかし機能面からみて，これとは反対の結論をだしている研究もある（Sanoff, 1985b）。つまり，地位の高い管理者クラスの人は，会議や打ち合わせといったコミュニケーションの機会が多く，個室に閉じ込もっている必要はない。むしろ地位の低い単機能のワーカーのほうが自分の与えられた仕事だけに集中できる個室を必要とするという考え方である。

（4）　個室化でよいのか

　これまで，スペースに関して，個人化の側面からいくつかの研究をみてきた。当面の課題は，くりかえしになるが，作業の個人化とオフィス環境をどう調和させていくかということであろう。その場合，たんに個室がいいか大部屋がいいかという単純な議論ではなく，オフィス環境の変化が人の行動をどのように変えるかについて，深い洞察が必要である。

　たとえば，ＯＡ化の影響についても，照明や椅子といった部分の改善だけでなく，人の働き方・人間の交流を考えた環境設計が求められている。コンピューターを用いた作業は，コンソールの前ですべての仕事が済んでしまう性質のものであり，従来型のオフィス作業のような多様性に乏しい。したがって，いろいろな性質の業務を組み合わせることによって，小休止や気分転換の機会をふんだんに与えることが望ましいとされる（Pearce, 1984）。

　一方，オフィス環境の側からも，変化のあるオフィス空間，すなわち，ワーカーの多様な行動を促すような環境要素の取り入れが求められる。オフィスの中に，いろいろな場所，つまり，大勢の人が集まれる広い部屋・1人になれる狭い部屋・活気にあふれた場所・静かな落ち着ける場所など，多くのバリエーションをもった空間が用意され，ワーカーがそれらを自由に選べるような状況をつくることが必要であろう。空間の変化が作業の単調感を緩和させ，選択の自由が環境への統制感を高めることになる（Wineman, 1986）。図6-8のよう

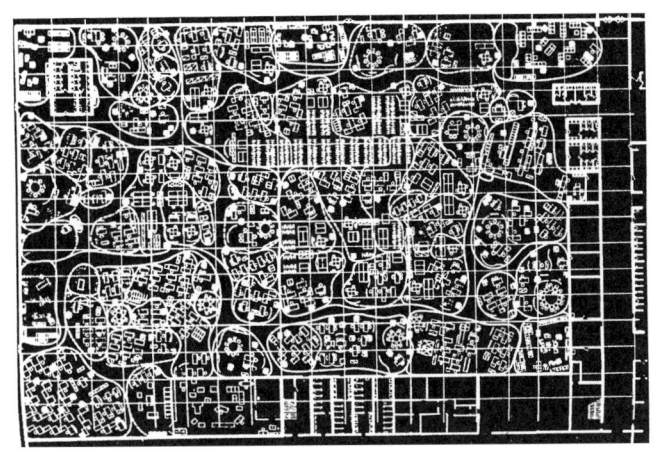

室内がさまざまなレイアウトの空間に分けられている
図 6-8　ランドスケープオフィスの青写真（Brookes & Kaplan, 1972）

な巨大なランドスケープ・オフィスの例は，バリエーションに富んだ環境の 1 例である。

　また，コンピューター作業は形態として個人で機械相手に行われる傾向が強い。そのため，職場の人間関係に悪影響を及ぼす場合もあるといえよう。したがって，人間間のインターフェイス（マン・マン・インターフェイス）を積極的に考えざるをえない時機が来ている。意識的に職場内での交流を図るため，フォーマルおよびインフォーマルなミーティングや出会いを促進するようなオフィス環境が必要である。その意味で，閉じ込もるための個人スペースの確保ではなく，コミュニケーションを盛んにするため，スペースになんらかの工夫をすることが必要になってくるであろう。

6　これからのオフィス

　温熱・照明・騒音などの問題は技術の発達により，また，建築自体のグレードアップにより，徐々に解決されてきた。しかし，ワーカーの行動や心理的な側面に深く関係するスペース環境については，まだまだ検討すべき問題が残されているように思われる。コミュニケーションの問題などを含めて，社会心理

学的知見をオフィス設計に適用するべきであるというニーズはいっそう増大するであろう。

現実には研究の進展を越えて、オフィスをめぐる新しい試みが次々と現れている。最後に、そのような未来型オフィスの試みをいくつか紹介していく。

(1) オフィスの中の自然

オフィスワーカーのメンタルヘルスの問題や、健康への関心が高まってきたことにより、オフィス環境のなかにも自然の事物をとりいれようとする動きが顕著になってきている。たとえば、植栽や香り、ゆらぎをもつ照明、BGMなどが代表的なものである。これらの導入によるワーカーへの効果は、いまだ実証されているとはいえないが、オフィスのグレードアップの方策として、これらがとりいれられる施工例も増えている。こうした手段の効果については、今後とも、心理学的な観点から研究が続けられていくべきであろう。

1）オフィスの緑　植物が人の心を落ち着かせる、あるいは緑は目に心地よいという効果は一般によく口にされている。近年、オフィス環境においても、さまざまな場所に植栽が設置されるようになってきた。古くから利用されてきた鉢植えだけでなく、図6-9のように、ビル内のアトリウム（大空間の吹き抜け）に公園のように植物を配置した例も少なくない。

越河（1992）は、オフィス内のワーカーの行動記録の結果から、室内の植栽が与える心理的効果について次のように考察している。勤務中に植栽を注視しているワーカーは少ないものの、植栽をチラッと見るとか水やりなどの植物の世話をするという行動が、仕事中の小休止の役割を果たしている可能性がある。また、面談などの対人場面で植栽に目をやることが、相手に失礼にならずに緊張感をほぐす効果があるとしている。緑の効果を生理的に実証しようとした研究もあるが、むしろ、越河（1992）ように、小休止効果・対人的な緊張緩和効果の観点から調べていくことが重要であると思われる。

一方、乾（1992）は植栽が室内の輝度分布に細やかな変化をつくりだし、それが人工物ばかりで構成された空間を自然の景観に近づける効果をもっていると指摘している。この指摘はとらえにくい緑の効果を工学的な側面から論じているアプローチとして意義あるものであろう。

図 6-9 ビル内に作られたアトリウム
(鹿島建設KⅠビル)

2) 香り空調 温熱環境は空調設備の進歩によって,かなり快適なものになってきた。そこで空調にいっそうの付加価値を加える方法として,室内の空気に香りを付加することが試みられている。オフィスの無機的な環境に,嗅覚の面からも,自然に近い要素をもちこもうというわけである。香りが人間の生体に情動的・生理的影響を及ぼすことは古くから経験的に知られてきた。最近も,香りによる覚醒水準の変化の測定や,森林浴の効果などが検討されている。また,橋本(1991)のように,コンピューター作業室に香りを出す空調機器を設置したところ,オペレーターの作業ミスが減少したという報告もある。

尾入・越河(1992)は,一般執務室およびコンピューター作業室において,香り空調の導入前後で主観的な疲労感・フリッカー値などを測定した。その結果,香り導入後に作業者の疲労感が軽減され,作業の単調さが緩和された。また,大倉ら(1992)は,地下実験室における単調作業中の香り空調が室内イメージの向上に役立つことを報告している。

これらの研究は,全体として,ワーカーに対して,香りのリフレッシュ効果

が存在することを示唆している。しかし，その効果は，生理的なレベルのものとしてとらえるよりは，オフィスの緑の項で述べたように，ワーカーに小休止・気分転換の機会を与えるという心理的レベルで生じると考える方が妥当であろう。香りの生理的作用によって本人が知らないうちに人間をコントロールすることへの危惧もある（工藤，1990）。

3）地下のオフィス　従来のオフィスには，少なくとも窓があり，自然の光がまがりなりにも入るし，外の景色を見ることも可能であった。また，窓を通して外の音も聞こえてくる。しかし，窓のない地下のオフィス環境では，そのような外界の自然を感じる余地はほとんどない。近年，都市の過密化・地価の高騰に伴い，地下空間のオフィスとしての利用が本格的に検討されはじめている。さらに，たんなる地下室から進んで，地下都市のような大深度地下への巨大空間の構築も提案されている。しかし，窓がないという地下空間の特質が，そこに滞在する人間に閉塞感や不安感を抱かせることも十分考えられる。

尾入ら（1993）は，地下空間の快適性向上を目的としたさまざまな手法について実験を行っている。この研究では，地下室に設けた模擬オフィスにおいて，被験者に半日程度のコンピューター入力作業を行わせ，心拍数などの生理指標・主観的疲労感・作業成績の指標といった多角的データを収集している。その結果，地上を映すモニターテレビを窓の代わりとして導入することによって，室内のイメージが大きく改善されることが明らかになった。また，単調さを緩和する，覚醒水準を維持するという意味で，地下空間では変化に富んだ動きを感じさせる装飾が重要であることが指摘された。

地下のみならず，超高層ビルなどの増加によって人工的・閉鎖的になる一方のオフィス環境に，外の自然をとりいれる試みは，今後とも盛んに行われていくものと思われる。その際，生産性に及ぼす影響だけが重視されるなら，結果的にオフィスワーカーの疎外感をいっそう助長するだけになりかねない。ワーカーのリフレッシュ・人間関係の円滑化というような，より心理的な効果に主眼をおいたオフィス環境の改善という発想が待たれるところである。

（2）　サテライトオフィスとバーチャルオフィス

オフィスワークの個人化が進む一方，そもそも，大勢が一箇所に集まって仕

6 これからのオフィス

事をしなくてもよいではないかという発想が現れてきた。大都市圏の通勤事情の悪さも手伝って，オフィスの分散・職住近接が提唱されはじめている。

都心から少し離れた郊外に小型のオフィスを設けるかたちをサテライトオフィスとよぶ。さらに，地方の風光明美な場所につくられるリゾートオフィスといわれるものも現れてきた。サテライトオフィスでは，通勤時間が短くワーカーの負担が小さいこと，多くの企業が共同で入居しており異業種交流ができることなど，さまざまな効果が喧伝されている。

一方，本社と切りはなされて情報が入ってこない，社内でのコミュニケーションに参加できないといった不満もみられるようである。そもそも，こうした分散型オフィスは日本人の集団志向に合わないという指摘もある（吉田，1993）。テレビ会議などの導入によってコミュニケーションの改善が図られているが，オフィスがたんなる入れ物ではなく，組織や集団のあり方と密接に関係していることを考えさせられる事例である。

もっとも極端な場合，部屋としてのオフィスは不要だという考え方もある。現代のオフィスワーカーの仕事ぶりをみれば，連絡は携帯電話によってどこからでも可能であるし，事務作業は持ち運びできるノート型パソコンによって可能である。街角にはFAXが設置されているし，秘書代わりに留守番電話がある。もちろん，給料は銀行へ振りこまれる。何もオフィスという特定の場所へ行って働く必要はないというわけである。一人ひとりが部屋をもたないで，いつでもどこでもオフィス機能を果たす，この状態をバーチャルオフィス（仮想オフィス）という。

さて，ここまでくれば，オフィス環境といった問題ではなく，より広く人間の働き方・社会のあり方といった次元の問題にかかわってきそうである。今までオフィスの中に限られていたオフィスワークが家庭や地域社会に拡散していくのである。このような状況の変化によって，これまで考えてもみなかった新しい問題が発生するであろう。オフィス環境が，そこで行われる仕事の内容・方法によって変化するのは当然である。オフィスの個人化は究極のバーチャルオフィスに行き着くのか，適当なところで止まり現在と同様のオフィス形態が続いていくのか，予測のつかないところである。

引用文献

穐山 憲・井口哲夫 1994 オフィス環境評価における対人的要因について，産業・組織心理学会第10回大会発表論文集, 56-58.

Brookes, M. J., & Kaplan, A. 1972 The office environment : Space planning and affective behavior. *Human Factors*, **14**(5), 373-391.

カンター, D.・乾 正雄(編) 1972 環境心理とは何か 彰国社

Dressel, D., L., & Francis, J. 1987 Office productivity : contributions of the workstation. *Behavior and Information Technology*, **6**(6), 279-284.

橋本修左 1991 環境芳香の効果とその応用 空気清浄, **29**(2), 1018-1025.

乾 正雄 1992 自然採光—なぜ今，オフィスに自然採光なのか— 労働の科学, **47**(7), 376-379.

越河六郎 1992 オフィスと植栽 労働の科学, **47**(7), 372-375.

工藤雅世 1990 オフィス革命の波 洋泉社

Kwallek, N., & Lewis, C. M. 1990 Effects of environmental colour on males and females : A red or white or green office. *Applied Ergonomics*, **21**(4), 275-278.

難波精一郎 1992 音と嗜好—その個人差について 労働の科学, **47**(7), 369-371.

尾入正哲 1987 快適性の諸次元 産業・組織心理学会第3回大会発表論文集

尾入正哲 1988 オフィス環境快適性評価の試み（1） 日本心理学会第52回大会発表論文集, 377.

尾入正哲 1989 オフィス環境快適性評価の試み（2） 日本心理学会第53回大会発表論文集, 413.

尾入正哲 1992 労働環境としてのオフィスを見直す 国会ジャーナル, 12月1日号.

尾入正哲 1994a オフィスの「ゆとり」空間—これからのスペース環境— 労働の科学, **49**(4), 208-212.

尾入正哲 1994b オフィス環境快適性評価の試み（4）—パーティションの導入と混雑感に関する検討— 日本応用心理学会第61回発表論文集, 47.

屋入正哲・越河六郎 1992 オフィス環境快適性評価の試み（3）—オフィスにおける香り空調の効果— 産業・組織心理学会第8回大会発表論文集, 103-105.

尾入正哲・大倉元宏・越河六郎 1993 地下空間における環境の快適性向上手法について（1）—装飾物・疑似窓の心理的効果— 労働科学, **69**(4), 133-144.

大倉元宏・尾入正哲・讃井純一郎・越河六郎・香川正宏 1992 地下空間の快適性向上手法に関する研究（6） 日本建築学会1992年度大会（北陸）学術講演梗概集D分冊（環境工学）, 237-238.

Pearce, B. G. (Ed.) 1984 *Health hazards of VDTs ?* Chichester, New York : Wiley （西山勝夫訳 1986 OA症候群：VDT労働による健康障害？ コンピューター化がもたらす心身の危険と対策 啓学出版）

Pulgram, W. L., & Stonis, R. E. 1984 *Designing the automated office.* New York : The Whitney Library of Design, （沖塩荘一郎監修 NTT建築研究会訳 1985 快適環境をめざしたOAオフィスの設計 デルファイ研究所）

Sanoff, H. 1985a Attitude towards an open plan office. *Design Studies*, **6**, 196-

202.
Sanoff, H. 1985b The new work station. *Design Studies*, **6**, 209-212.
Tognoli, J. 1973 The effect of windowless rooms and unembellished surroundings on attitude and retention. *Environment and Behavior*, **5**, 191-201.
Spreckelmeyer, K. F. 1993 Office relocation and environmental change: A case study. *Environment and Behavior*, **25**(2), 181-204.
Sundstrom, E. 1986 Privacy in the Office. In J. D. Wineman (Ed.), *Behavioral Issues in Office Design*, A Van Nostrand Reinhold. pp.177-202.
Sundstrom, E. & Sundstrom, M. G. 1986 *Work places : The psychology of the physical environment in offices and factories*. Lomdon : Cambridge University Press, (黒川正流監訳 1992 仕事の場の心理学 西村書店)
高橋 誠 1994 オフィスにおける快適環境の要因分析 日本心理学会第58回大会発表論文集, 381.
Wineman, D. 1986 Current issues and future directions. In J. D. Wineman (Ed.), *Behavioral Issues in Office Design*. Van Nostrand Reinhold. pp.293-310.
吉田 悟 1993 オフィスにおけるプライバシーの再検討 産業・組織心理学研究, **7**(2), 21-31.

7 学校環境の快適性

南　博文・吉田直樹

1　体験のなかの学校

　学校環境の快適性について環境心理学的に考察をすすめるための糸口として，学校体験の具体例からはじめてみよう。
　「私の学校風景」と題して，大学生に自身の学校体験を叙述してもらった。

> 　私の通った小学校はかなり古く，1年生の校舎は木造だった。入学式のあと，靴を土間にある木製の靴箱に入れて，新しい上靴を履いて教室へ上がると，床がみしりときしんだ。窓も木の桟で，開け閉めするとき，がたつく。それでも新入生にとっては，初めて入る学校に**何か新しい世界を感じて，どきどきしていた**ことを覚えている。……（中略）
> 　入学式のあとすぐに教室に連れてこられたときには，机一つひとつに大きな字で書いてある名前の札が貼ってあって，自分の名前のあるところに座るように言われた。このときに**自分のいるべき場所**が定められていたので，自分の動ける範囲が自分の席の前後，左右程度の周囲であって，**ごく狭く感じた**。しかし，学校になじんでいくにしたがって，次第にその**範囲は広がり**，教室は意外に広く，**いろんなエリアがあり，いろんな物がある**のだということを**知っていった**。
> 　月日が経つにしたがって，教室の中の風景も豊かに彩られていく。黒板の上の方には**クラスの目標**とか心がけの標語のようなものが加えられた。……（中略）前や後ろの掲示板にも，学校のお便り，掃除当番，給食当番の割り当て表，委員会の表や，生徒の習字や図画工作の作品が，所せましと掲示されるようになっていった。前の方の棚には，**生徒が自主的に持っ**

てきた本も含めた本が並べられて,「学校文庫」になった。教室の片隅で,昆虫や魚などのペットを飼うこともあった。

　はじめは何もなくて,**機能性**だけだった**無機質な教室**が,ここまでくると,**息をし,温度があり,言葉さえ語るような有機的なもの**に感じられてくる。この教室の中で生活する私たちは,意識しなくとも,**いつも見守られているような感覚**を身に感じていたように思う。(学部4年女子)

　ここには,生徒の立場から体験された学校という環境世界の特質がよく表れているように思われる。環境の快適性を考えるときに,使い手(ユーザー)の側に立つことが第一に求められるのはいうまでもない。環境心理学が環境デザインの過程に寄与するのは,自身ではうまく表現できない,あるいは表現する機会を与えられないユーザーに替わって,体験された環境の「質」を的確にとりだすことによってであろう。上の記述から,学校環境の快適性という問題にアプローチする際に,次のような前提に立つことが「生態学的妥当性の高いデザイン」(Minami & Tanaka, 1995)には必要であると考えられる。

①快適性は,固定した状態ではなく,その環境に「なじんでいく」プロセスに平行する動的な環境体験の質にかかわる特性である。

②快適性の感覚は,環境の部分的,機能的な特性に対応する反応ではなく,「有機的」な全体特性,あるいは相貌的な特性(原[1987]のいう「様相」あるいは「混成系の風景」)に対応する身体的・情動的な体験の様式である。

③環境が快適に感じられるためには,その環境のしくみがわかっているという認知的な体制化のプロセスが前提条件となる。

④学校のような長期間にわたって利用される公的な建築環境における快適な環境体験の背景には,自分のいるべき場所があるという「居場所」性の確立と,そこを中心にした「自由に動ける範囲」の拡張が伴っている。

⑤学校環境は,あらかじめ用意され与えられた側面と共に,ユーザーが手を加え自発的につくっていく創造的な側面を含んでおり,建築環境とユーザーの行為との相互交流(transaction)あるいは共同制作(collaboration)の産物と考えられる。快適性は,これらのユーザーによる環境

の自己調整の可能性・自由度とも関連しており，本質的には変化に対して開かれた open system（Valsiner & Benigni, 1986）の特徴をもつ現象領域である。

　これらの前提に立って，本章では，学校環境がそこの住み手にとってどのような体験空間として現れてくるかを，生態学的に調べていくアプローチを採用する。とくに，集団生活の場である学校環境をとり扱うことから，集団として環境を利用する場面での人間と環境との相互作用を分析する社会生態学的なアプローチ（Binder, 1972 ; Stokols, 1987 ; 南・吉田，1991）を採用した。

2　学校の建築空間における快適性

(1)　生活の場としての学校

　学校環境は，これまで知識獲得の場としていかに機能するかという側面に注意が向けられてきた。たとえば，学校用家具の寸法（図7-1）や適切な床面積（図7-2），教室設計のための物理的環境要素（図7-3）など，教育の場としての環境設計に直接かかわる教育施設の研究・整備は着実に発展してきている。しかし，1日の大半を学校で過ごす子供たちにすれば，学校は知識獲得の場であると同時に，友人と語り，遊び，食事をするといった多様な日常活動をおくる生活の場でもある。したがって，学校は子供たちの多様な活動ニーズに対応

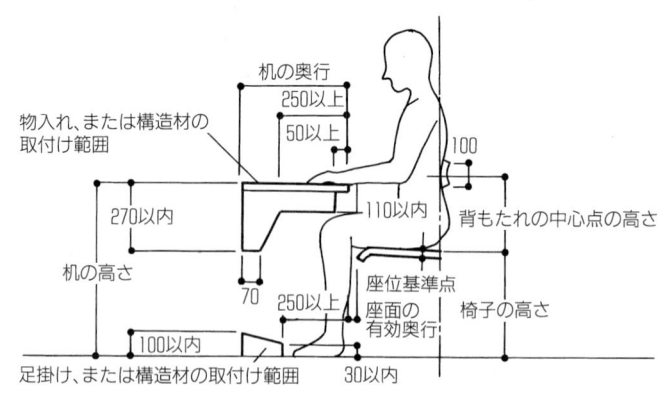

図 7-1　普通教室用机・椅子（1人用）の各部の寸法（mm）（日本建築学会, 1980a）

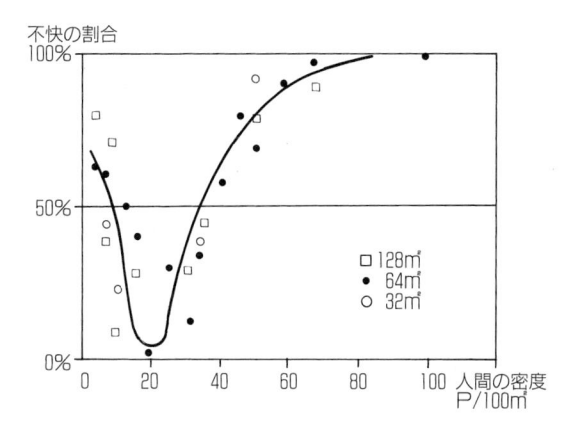

図 7-2 人間の密度と密度感（日本建築学会, 1989）

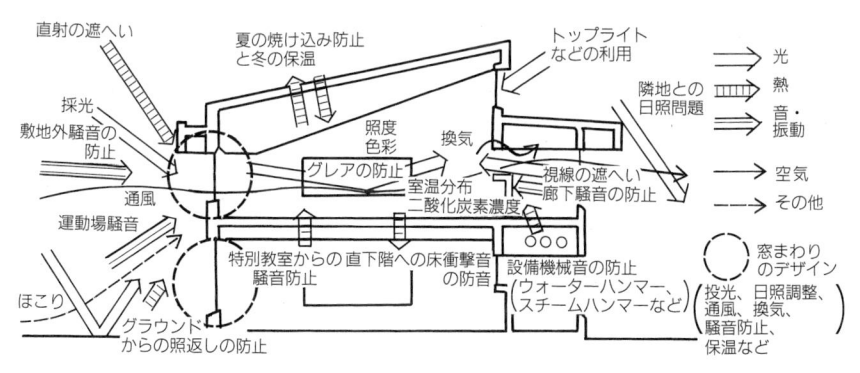

図 7-3 教室環境設計のための物理的要素（日本建築学会, 1980b）

できるように構築されることが望ましいが，これまでの学校環境は，教育・学習活動のための場にあまりにも中心化していたきらいがある。

図7-4は，小学5年生の学校空間に対する認知を調べたものであるが，児童の語らいの場として設けられた「ふれあいの森」が，子供からはまったくそのようには認知されず，逆に非社会的空間になっていることがわかる。このような空間を他の学校で探しだすことは，さほど困難なことではない。

人は，ある空間に身をおいた時，それが機能的であるかどうかだけでなく，その空間の雰囲気を意識してなんらかの気分になるものである。快適な空間とは，その活動にふさわしい機能を備えているだけでなく，その活動を支える雰

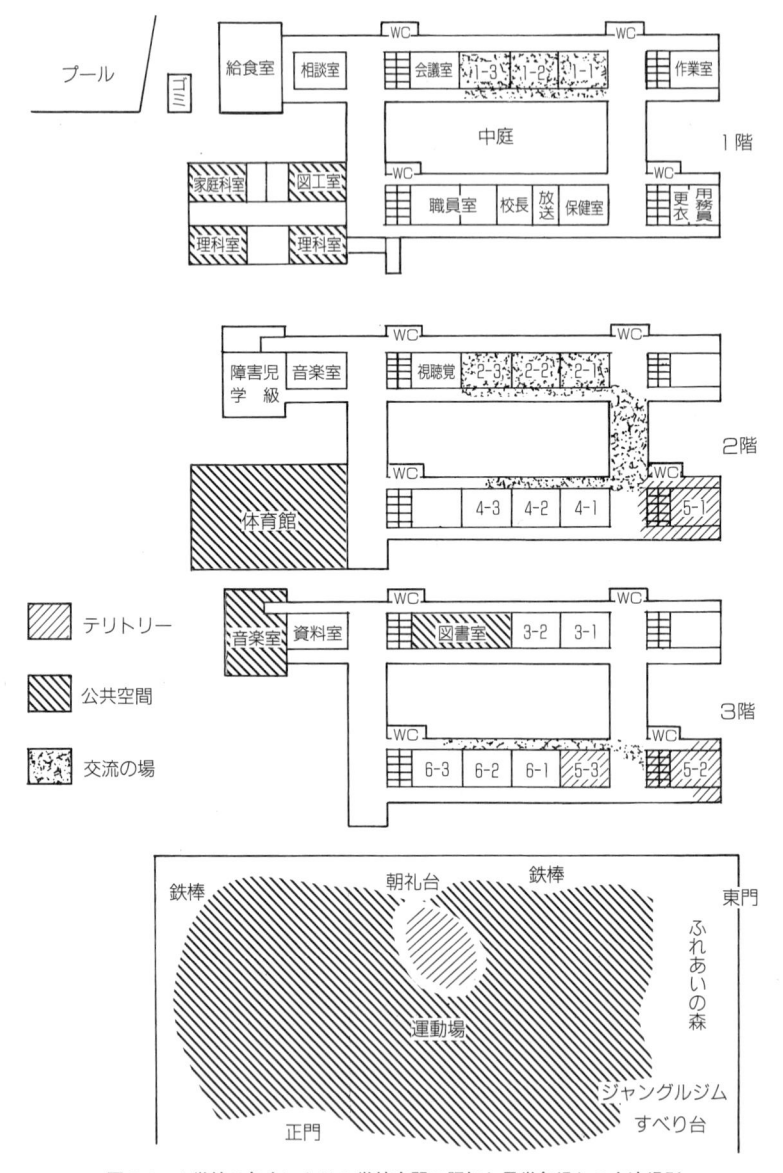

図7-4 小学校5年生における学校空間の認知と異学年児との交流場所

囲気を感じさせる空間を意味する。空間に対するこのような意識が，今の学校建築には欠けているように思われる。

以上のような問題をふまえ，長倉（1993a）は，人間的生活に光を当てることが重要であると指摘し，学校の生活機能の充実のみならず，学校を快適で豊かな人間的環境とするために，次の7項目の指針を提示している。

①単に利用目的に沿った活動のしやすさだけでなく，人々の出会いや触れ合いの機会が得られ，談話などを通じて，人々のコミュニケーションを促進できる計画が必要である。

②さまざまな活動を主体的，創造的に行うためには，心身のリフレッシュがなにより大切である。このため，気軽に休み，また，体を動かすなど，気分転換を図り，英気を養う場を積極的に計画する必要がある。

③利用者の主体的，創造的な活動を促すためにも，単に活動に便利なだけでなく，活動内容にふさわしい雰囲気をもつ空間とすることが必要である。

④さまざまな芸術文化活動を行い，また鑑賞することができるよう，各施設の特性を考慮しながら計画することが必要である。

⑤歴史や伝統への配慮，景観や町並みとの調和，シンボル性の導入など，地域の文化的特性や伝統を取り入れた計画が必要である。

⑥建物の外観や内部空間，また，外部空間についても，美しく豊かなものとなるよう，その意匠について十分配慮する必要がある。

⑦計画にあたって自然の保存と再生に意を用い，自然と触れ合うことができるよう，さまざまな形態で自然を取り込み，豊かな雰囲気とする必要がある。

(2) ふれあい空間の構築

学習のスペースである教室と移動のための廊下からなる従来の学校の構造は，確かに，教育の場として，暮らすための集団という単位を安定させる効果はあるが，異なる学級や学年の児童・生徒との全面的で多様な人格の交流を閉ざしてしまうことも事実である。しかし，学校を生活の場としてとらえた場合，子供たちの多様な活動の基盤として，仲間との相互交流の活性化はもっとも重視

されるべき課題となる.先に述べたように,長倉(1993a)も,快適な学校環境を創造するための手法として,コミュニケーションを促進する計画の必要性を第1にあげている.学校での日常生活のなかで,すれ違い,出会い,話ができるといった子供間の相互交流がもたれる「ふれあい空間」をどのように構築していけばよいのであろうか.

人間の交流行動の生起には,交流を保障する空間の果たす役割が大きいことが指摘されている.空間には,社会的意味づけによって,公共あるいは私的といった区別がある.許可を得ていない他者の侵入を拒否しプライバシーを維持する私的空間と,匿名の他者の出入りが前提とされる公共空間では,人の行動は異なった様相を示す.また,公共空間と私的空間の間は,両方の機能が混交した中間領域であると考えられ,そこは緩やかな集団統制が行われることによって,社会的相互作用にとって内と外をつなぐ媒介的な機能を果たす空間となる.他者との気軽なコミュニケーション活動は,私的な空間の内部では起こりにくく,たとえばホテルのロビーのように,私的空間とつながりをもちつつも,ある程度公的な要素が含まれた空間で行われる頻度が高い.

このような空間の社会的な意味づけによる分節化は,個人レベルより,むしろ集団レベルにおいて顕著であることから,南・吉田(1990)は,集団空間という概念を提唱し,それが対人的相互作用に及ぼす影響について考察する必要性を主張している.

このような観点から,吉田(1991)は,中学校において,学年集団の学校空間に対する認知と異学年間の交流との関連を検討した結果,空間に対する認知が,私的・半私的・公的の3水準に分節化し,交流行動が半私的空間の周縁部で生起することを示している(図7-5).さらに,これまで非社会的であった空間(校舎へのエントランスロビー)へ,私的空間の要素(学年用ロッカー)

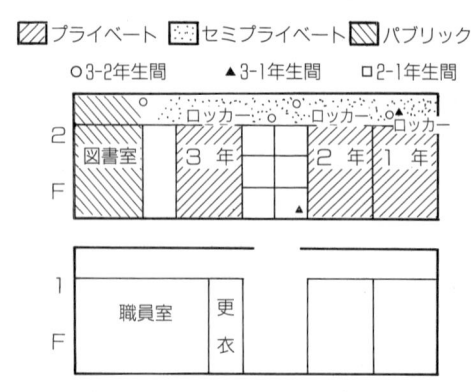

図7-5 中学生の学校空間の認知と異学年間の交流場所

を移設することにより，当該学年が半私的空間を構成し，そこを中心として交流の場が創造される可能性を示唆している（図7-6）。

また，吉田（1994）は，1学年1クラスといった小規模小学校で，多目的スペースにおける休憩時間の子供の分布と行動軌跡を記録し，異学年児間の交流を観察した結果，次のような知見を得ている。

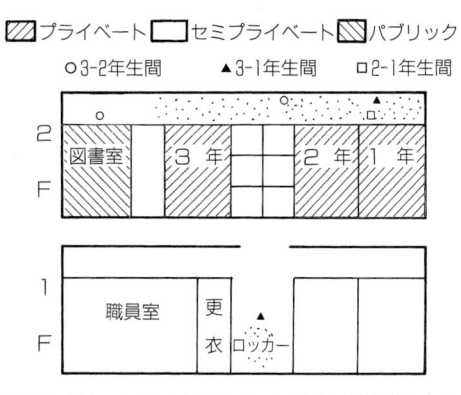

図7-6 私的要素の移転に伴う空間認知と交流場所の変化

まず，多目的スペース内での子供の分布はホームルーム前の空間に偏っており，子供は他学年のホームルームに隣接した空間には立ち入らず，移動する場合は，3年生以上の児童では，その空間を迂回するルートを通る傾向が認められたことから，児童が他学年の統制が及んでいる集団空間を意識化していることが読みとれる（図7-7）。他学年との交流は，先の中学生の場合と同様に，このような集団空間内でもたれることは少なく，その外縁で生起する頻度が高い（図7-8）。

以上のように，他集団との相互交流には，私的空間とつながりをもち，かつ公共の空間に開かれた空間の存在が深くかかわっている。前後のドアをのぞいて外部との接触がなく，堅い壁によって固定化された閉鎖的な私的空間であるホームルームが，直接廊下などの公共空間と接している現在の学校建築では，他集団との交流を保障する雰囲気に欠けている。先に述べた「ふれあいの森」の例のようにたんに場を提供するのではなく，空間の社会的な分節化を考慮し，私的-半私的-半公共-公共といったテリトリー意識の階層に従った連続性をもったセッティングによって，一方では学級・学年集団に対する帰属感を抱ける居場所があり，他方で学校中の子供たちとふれあうことのできる雰囲気をもった空間が構築されると考えられる。

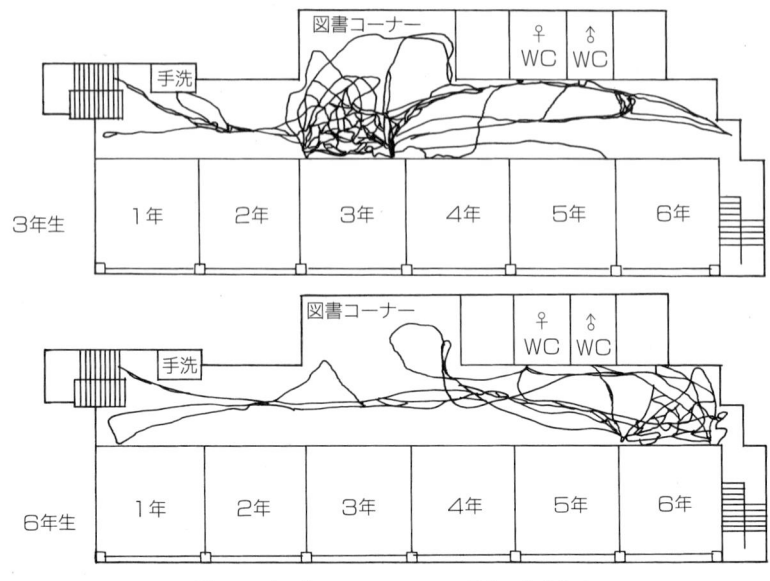

図 7-7　多目的スペースにおける児童の移動軌跡

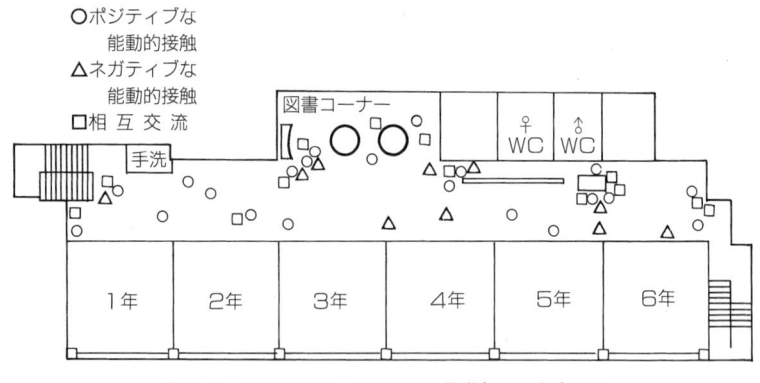

図 7-8　多目的スペースにおける異学年児の交流場所

(3) 学校の規模と行動セッティングへの参加

　学校環境に関する評価軸を建築学的,環境心理学的に探索した相馬ら (1993) は,学校建築で対処すべき問題点,あるいは「建築学的変数」としてつぎの5つをあげている。

①規模——学校全体からそれぞれの活動上の小単位にいたるすべての空間的および人間集団的規模
②平面構成——私的・公的な空間の序列，外部空間とのつながり，動線など
③空間構成——空間のつくりのバラエティ（オープンか間仕切るか，天井の変化，光の変化など），スケールのバラエティ
④仕上げ，材質，色彩——親しみがあるかないか，人間が手を加えることができるか否か
⑤家具——使い方に対応しているか，移動はしやすいか

これら5つの変数のなかでとくに学校での集団生活の質にかかわるマクロな文脈的規定因が，学校の規模，および組織単位の規模である。アメリカ人の原風景のなかには，田園に囲まれた凝集性の高い小さな学校のイメージが一種のステレオタイプとして存在することが示唆されている（Goodlad, 1983）。日本でも，都市部のマンモス校と対比される田舎の分校が，理想的な教育の場として描かれることがある。このように，学校の規模がそこで行われる生徒間および生徒と教師の間の人間関係のあり方や学校コミュニティの親密性にかかわる環境変数であることは，われわれの生活直感でもなんとなく理解されている。

学校の規模がもたらす心理学的効果について体系的な検討を行ったものに，BarkerとGump（1964）の「大きな学校，小さな学校」と題する研究がある。彼らはカンザス州内にある文化的に同質であると考えられる13の中・高等学校を対象として，学校の規模が生徒の体験する活動内容の質と量にどのような影響を及ぼすかについて生態学的な調査研究を行った。13校のうち，生徒数が最小の学校は，人口200名弱の村落にある生徒数35名の学校であり，最大は人口10万の都市にある生徒数2287名の学校であった。

学校という環境が提供する行動の機会に関する種類を実証的にとらえるために，Barkerら（1964）は「行動セッティング」という概念を用いている。行動セッティングとは，コミュニティ内に存在する，一定の空間的，時間的な境界をもち，一定の役割構成と道具などの環境要素を含み，一連の決まった行動のプログラムがくりかえし行われる，自己調整・規制の機能を備えた社会生活の単位である。Barkerたちが上記の学校で実施した行動セッティング予備調査では，屋外・屋内スポーツ競技，図書の交換・貸出，遊技（ダンス），食事，

学業グループなど計42種類の異なる行動セッティングが抽出されている。これらは，対象となった地域内において「学校が学校であるために必要不可欠な」セッティングである。

　上記の行動セッティングの基本カテゴリーを基にして，さらに各校に存在する個々の下位単位の行動セッティングの種類と個数が同定され，各生徒がそれらのセッティングにどの程度関与しているかが全数調査されている。その結果，大規模校では，数えられる行動セッティングの個数は小規模校を上回るものの，それはたとえば屋外スポーツ競技の種類が多いといったように，セッティングの分化を反映するものであり，提供される基本的な上位カテゴリーのセッティングの種類の豊富さにおいては大規模校と小規模校の差は顕著ではなかった。さらに，生徒の関与度を比較すると，小規模校ほど各行動セッティングを維持するために最低限必要なメンバー数が慢性的に不足している状態にあるため（under-manning），生徒1人あたりが参加するセッティングの種類の数が多く，また重要な役割を与えられていることがわかった。Gump（1987）のその後の研究では，小規模の学校においてより密度の高い場面への関与と生徒―教師間の社会的接触が達成される「小規模校効果」が得られるのは，生徒数が500から700人が限界であることも確認されている。

　外部者の眼からすると大規模校の方が環境施設の複雑な構成や大人数のもつ迫力，活動内容の豊富さなどから活発な学校環境との印象を受けやすいが，内部者の視点からは意外にも小規模校はより密度の高い活動参加の機会を生徒個人に提供しているともいえる。このような学校の規模に関する外観と内実とのギャップをさしてBarkerたちは「学校規模の錯覚」（school size illusion）とよんだ。この点からマス教育に対して警鐘を鳴らしながらも，「では学校はどのくらいの規模であるべきか？」という問題についてはなお慎重な吟味が必要であるとして性急な結論を避けている。ただし，Barkerら（1964）は「各生徒が学校の営みにとって必要不可欠ではない冗長なメンバーとなってしまわない程度には小さくあるべきである」という主張を堅持している。そして，大規模校のもつ環境施設の豊富さと活動プログラムの多様性というメリットを生かしつつ，小規模校のもつ参加関与の深さと社会的絆の強さというメリットを損なわない折衷形態として，小さな自律した組織単位が連合して大きな学校を構

成するキャンパス型学校の可能性を示唆している。この点については，次項でさらにくわしくとりあげることにする。

3　キャンパス空間の快適性

(1) キャンパス型高校の新しい試み

　先に概観したように，Barker ら（1964）は，学校環境のもつ社会生態学的な特性を規模の観点から実証的に検討し，提供される行動セッティングの多様性と関与の度合という面から適正規模を決定する重要性を唱えた。バーカーたちが示唆したキャンパス型学校のプランは，現在わが国ですすめられつつある高等学校教育における「総合学科」あるいは「総合選択制高校」の構想などによって具体化されている。

　西本・佐古（1993）は，埼玉県に昭和59年度に設置された生徒数3330名の総合選択制高校「伊奈学園」を対象とした継続的事例研究によって，学校環境の占有後評価（Post Occupancy Evaluation）や生徒・教職員の教育・学習活動および生活活動の事後評価を行っている。伊奈学園の特徴は，スケールメリットを生かした複雑な共用施設の配備と，大規模な生徒集団を複数の小単位に分割するハウス制を採用した点にある（図7-9）。ハウスは，全校を6つの小キャンパスに分割してできており，各ハウスはホームルームや職員室を備え，それぞれの生徒会活動や学校行事をとり行う独立した教育・生活活動の単位を構成している。いわば「大きな学校の中の小さな学校」として設置されている。

　佐古・鶴巻（1993）と野嶋（1993）は，Barker ら（1964）の行動セッティングの理論に基づいて，伊奈学園におけるハウス制が大規模校のもつ匿名性を緩和する機能を果たしているかどうかを検討している。ホームルーム，部活動，ハウス，選択教科といった行動場面と学園全体に対する生徒・教師の評価を調べたところ，生徒・教師関係に関して学園全体で「疎遠」の傾向がみられただけでなく，小規模校の部分として設計されたハウスにおいても同様に「疎遠」の傾向が示された。また，親しい人間関係が生じる学園内の場所についての質問紙調査から，ホームルーム，部活動が生徒たちの友人関係をつくるうえで大きな役割を果たしていること，ハウス単独では人間関係を規定する要因として

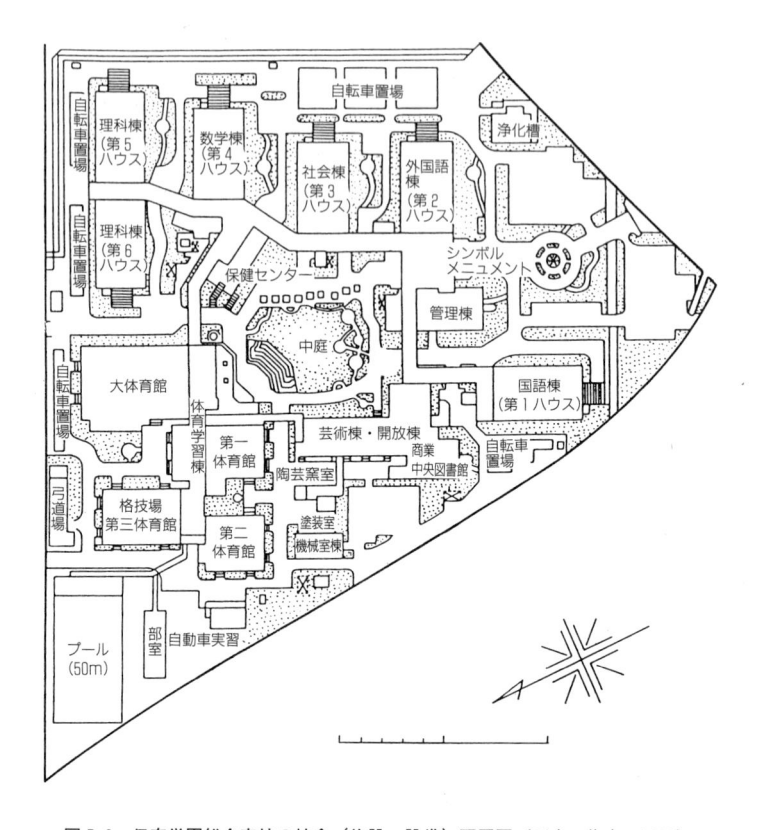

図7-9 伊奈学園総合高校の校舎（施設・設備）配置図（西本・佐古, 1993）

はとくに大きな影響力をもたないという結果が示された。一方，生徒たちに肯定的に評価された学園の特質として，「ゆるやかな」人間関係，学校風土があげられる。佐古ら（1993）はこれが「伊奈学園の大規模によって生みだされたもの…と考えることができるとすれば，歓迎すべき副次的な効果である。なぜならば，それは誰にでも居場所を提供している証拠とみることができるからである」と述べている。

このようにキャンパス型高校の心理学的アセスメントについては，なお検討が必要と思われるが，多様な行動セッティングを配備すると同時に，各生徒・教師の好みに合った「居場所」を提供することが，快適なキャンパスの条件に

なることが以上の事例研究から示唆される。

(2) 大学キャンパスの快適性

1) キャンパス環境の評価次元　大学キャンパスの環境としての質を査定・評価する実証的アプローチに，一連の大学環境評価研究がある（Pace, 1969；古川ら，1983；相馬ら，1988；大井ら，1990；川戸ら，1990）。これらは，キャンパスのユーザーである学生や教職員を対象にして，質問紙調査によって現在通っている大学キャンパスの評価を求めるものである。とくにこれらの研究で問題とされてきたのは，大学キャンパスがどのような評価次元によって認知されているかを明らかにすることであり，因子分析法などが適用されている。

上記の研究で共通して指摘されているのは，大学キャンパスに対する評価は，建物・施設などのいわゆる物理的環境に限られるものではなく，キャンパスの内外で営まれる種々の教育プログラムや行事を含む「心理的な場」としての組織風土や対人交流などが重要な魅力要素として認知されていることである（大井ら，1990）。古川ら（1983）は，①物理的環境因子（講義室，建物，設備，キャンパスの構成），②組織的環境因子（教師，職員，規則，制度），③仲間関係因子（上級生，同学年生，サークル活動）の3つの因子を確認している。また，Pace（1969）の CUES（College and University Environmental Scale）に基づいて，新設の早稲田大学人間科学部キャンパスに関する環境評価調査を実施した相馬ら（1988）は，次のような因子を見出している。

①共同性：仲間意識や共同体意識に関連した親睦
②教員に対する学問的関心：教員や教員の研究に対する学問的関心
③学生自身の学問的関心：学生の学問的・知的関心や意欲，勉学の目標
④妥当性：学生の行動規範，団体生活のルール，社会・他人への配慮
⑤意識性：政治的関心，創造的・芸術的関心，自己への関心，意味探求
⑥知的関心：学内で開催される講演会などへの関心
⑦実用性－1：設備，施設，教育プログラムなどの実用的機能の充実
⑧実用性－2：学生援助プログラムなどの実用的機能の充実
⑨学究性：大学教育の実態に関する認知

ここにみられるように,大学キャンパスを評価する大学生の認知様式は,複雑で多面的である。学生は,大学に対してただ綺麗で物理的に快適なキャンパスを求めているのではないことが,上の評価因子の構成からうかがえる。同様のことは,同じ早稲田大学人間科学部キャンパスに関して,教官の立場から主観的な占有後評価(POE)を試みた相馬(1991)の研究からも示唆される。相馬は,新キャンパスへの移転後の自身の体験過程を分析するなかで,当初の視覚的評価が中心になりがちな環境の認知・評価が,新しい環境での生活が始まるにしたがって,触覚,臭覚,聴覚などを含むより複雑な様相を示すことを指摘している。具体的には,騒音が反響しやすい建物の構造や,移動するときの位置関係のわかりにくさ,雨天時の交通機関へのアクセスなどに関して不備が意識されるようになり,「きれいだがしかし……」という評価がなされるようになったという。また,環境に慣れるにしたがって,物理的な環境側面への関心から,対人関係の側面や教官・事務組織のバックアップ体制,教育カリキュラムの充実度などへ関心の焦点が移っていくという。これは,外観のデザインや新しい設備の有無に関心が向けられがちな大学キャンパスの快適性評価に大きな問題を投げかける指摘である。

2)キャンパス周辺部の環境条件 大学キャンパスの快適性を考えるうえでもう1つ忘れてはならないのは,大学周辺の学生街を含めたより広いキャンパス環境のあり方である。学生の生活活動は,キャンパス内に閉じられたものではなく,キャンパスの内外をとり結んだ複雑な生活領域(小林,1986,1992)を構成している。先に考察した行動セッティングに関しても,学校内の教育・学習活動にかかわるセッティングの他に,学内外での飲食,買い物,娯楽,アルバイト,交通などにかかわるさまざまな行動セッティングが存在している。学生の生活圏は,これらの行動セッティングを有機的に結んだ複合体として機能しており,快適なキャンパス生活は,総体としての生活圏がどれだけ学生側の多様なニーズを満たし,生活活動を支援するかにかかっているともいえよう。

周辺地域を含めた環境のサポート機能が,学生の生活の質(Quality of Life)を左右する重要な要因であることは,大学キャンパスの統合移転の実施や教養課程から専門課程への移行に伴うキャンパス間の移動などの「環境移

行」(山本・ワプナー，1991) の事態でより強く意識される。佐古 (1993) は，早稲田大学の2つのキャンパス (東京都新宿区・埼玉県所沢市) において，学生の日常生活行動の地理的分布を調べている。その結果，所沢キャンパスでは地理的活動的にその直接の近隣からは孤立しており，コンパ，ショッピング，アルバイトなどの生活活動がキャンパスから離れた都内地区で行われている実態を明らかにしている。このような結果は，キャンパスの周辺地域が提供できる環境資源が限定的であることに起因すると考えられ，大学環境の研究および設計において「地域の環境場面と活動との関係から有効な環境利用を考察するアプローチ」の必要性を強調しなければならない。

中丸ら (1987, 1989, 1990) は，人口100万の都市部から人口10万の郊外地域へ統合移転を進行中の広島大学の学生を対象にして，キャンパスの移転に伴う学生生活の変容を精神衛生面に焦点を当てて縦断的にフォローアップしている。移転1年後の時点において，生活は軌道に乗りはじめてはいるが，「商店街が付近になく買い物が不便」とか「スポーツ・レクリエーションの場所が足りない」といった不満は増加している。また移転によって喪失したものとして「文化的刺激」や「気晴らしの場所」をあげる学生も増加するという結果を得ている。このような結果から，中丸らは学生の知的好奇心を満たし精神の賦活を維持するような適度な刺激を提供する学生街の建設の必要性を示唆している。

長い年月を経て形成された学生街では，そこに生活する人間側のニーズに合った社会生態系が自然発生している (南, 1994)。とくにそのなかで商業施設が重要な役割を果たしている。典型的な学生街の1つである九州大学箱崎地区で学生グループによる路上観察を行ったところ，学生の生活圏となっている区域に312軒の商店があり，その内訳は多いものの順から，食べ物屋 (42軒)，居酒屋 (24軒)，スナック (13軒)，クリーニング店 (12軒)，喫茶店 (11軒)，理容室 (10軒)，雑貨店 (8軒)，薬局 (8軒)，古本屋 (7軒)，コンビニエンスストア (7軒)，酒屋 (6軒) などであった (南, 1995)。その他に学生街らしい店舗として，レンタルショップ (5軒)，弁当屋 (4軒)，ゲームセンター (4軒)，自転車屋 (4軒)，パチンコ (3軒)，カラオケ (2軒)，レコード屋 (1軒)，コインランドリー (1軒)，リサイクルショップ (1軒) などもあった。箱崎地区はこのように豊富な商店コンプレックスを抱える学生街ではある

が，学生たち自身の評価によると，教養部のあった福岡市内中心部の六本松地区と比較した場合，授業時間の前後や空き時間に学生どうしで集まれる「たまり場」あるいは「居場所」が不足しているという（加来ら，1994）。また，キャンパス内および周辺部での居場所の形成の度合には個人差があり，居場所を多くもつ学生ほどキャンパス生活の実用性，満足感，雰囲気，共同性（友人・仲間関係）に対する評価が高いという結果が得られた。箱崎，六本松両地区での居場所の得やすさの違いは，キャンパス周辺部の商店の地理的分布と関連していると考えられる。六本松キャンパス周辺部では，徒歩圏内（半径300m）に飲食・買い物・交通・金融などの商業施設が豊富に分布しており，このような街の構造が学生たちの多様な社会行動をサポートしているようである。このことは，キャンパスおよび周辺の学生街が人間の活動のスケールに合った空間配置を備えているかどうかが重要であり，とくに新しくキャンパスを設計する際には，図面上の美しさではなく，歩く人の視点からの等身大の快適性への配慮が必要であることを示唆している。

　住む人，利用する人の視点に立った学校環境のデザインのあり方について次にみていくことにする。

4　学校空間を創造するためのデザインプロセス

（1）　校舎のデザインプロセスのケース分析

　学校建築は，長い間，片側廊下形式が広く用いられ，それ以外の形式はほとんど採用されていなかった。しかし，画一的な配置形式が，たとえば，高温・寒冷・積雪などの自然の気候や風土といったもっとも基本的な地域特性にさえも適応しないことから，デザイン上の不備は明白である。

　長倉（1993b）は，今日の要求のみならず，急激な変化，明日への対応も可能にする校舎環境とするための計画プロセスをフローにまとめ（図7-10），タイムスタディーと，教科別，学年別，校内分掌別のヒヤリングを行うことによって，教育的要求，生活的要求，地域的要求の各々の事項を把握する必要性を主張している。

　本節では，筆者らもデザインのプロセスに立ち会う機会を得た東広島市内の

```
┌─────────┐    ┌─────────┐    ┌─────────┐
│  企 画  │⟩   │ 基本計画 │⟩   │ 基本設計 │⟩
└─────────┘    └─────────┘    └─────────┘
```

計画条件の整理、確認
- 建設地
  - ＊建設委員会の設置
- 計画規模
- 予算
- 建設スケジュール
  - ＊先導校の視察

教育的要求事項の把握
- 教育目標
  - ＊これからの学校のあり方についてのディスカッション、講演会
- カリキュラム
- 時間割
- 運営方式
- 学習方法とメディア

生活的要求事項の把握
- ＊児童・生徒の学習生活実態の把握
- 食事のとり方
- 履き替えの有無
- 持ち物の種類、置場所
- 掃除の方法
  - ＊関係者からのヒアリング

地域的要求事項の把握
- 学校開放
- 地域施設との関係
- 人口動態
- 自然条件

設計条件の確定
- 所要室構成の設定
- 面積計画
- 法規制条件のチェックと確認

ブロックプランの検討
- ブロック、ゾーニング計画
- 校地の使い方
- 動線計画、アプローチ計画

平面計画スタディ
- ＊1/500程度の平面図で様々な平面計画の可能性について検討
- 面積、法規制、全体のデザイン構成のチェック

＊基本計画で確定した計画案について、1/100～1/200程度のスケールで詳細に検討
- 平面計画
- 立面、断面計画(全体デザイン)
- 矩計(主要部分)計画
- 構造計画
- 設備計画
- 主要室の平面詳細検討
- 工法計画
- 校具計画
- 色彩計画
- 外構計画
- コスト概算

図7-10 学校建築計画プロセスのフロー（長倉，1993b）

S幼稚園の新園舎設計の事例をとりあげ，快適な幼稚園空間を創造するために，建築家がどのような情報をとりこみ，建築物として表現していくのかをケーススタディー的に記述する。

　対象とした幼稚園は，経営者の「幼稚園はひとつの街づくり，3世代家族の家づくり，地域の交流の場づくり」であるという理念と，新園舎の建設にあたって立てられた「周辺環境，園地環境を充分に活かす」というテーマに基づいて，設計者である遠藤（1993）が述べるように，子供たちが地形や自然のなかに開放された状態で生活することにより，自分たちをとりまく自然や風土に対する意識と感覚を培うことが第1の目的とされている。

　建物は斜面に少し埋められ，屋根の勾配を斜面に合わせて地形に沿わせてい

る（図7-11）。斜面方向は全面開口部とされ，芝の土手の上に広がる空と，下方に広がる水田の両方の景色を手に入れている。トラス柱で持ち上げられた1枚の屋根の下に，5枚の自立壁が平行して立ち上がり，保育室とオープンデッキの空間を仕切っている（図7-12）。

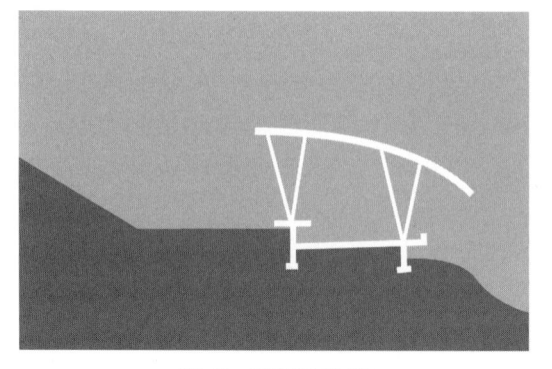

図7-11 幼稚園の断面図

　保育室以外は，すべて外気に開放されており，室内と同等な比重をもつ重要な場所となっている。その1つは，オープンデッキ（図7-13）であり，多目的スペースとして積極的に使用され，イベント時には，土手を観客席にした野外

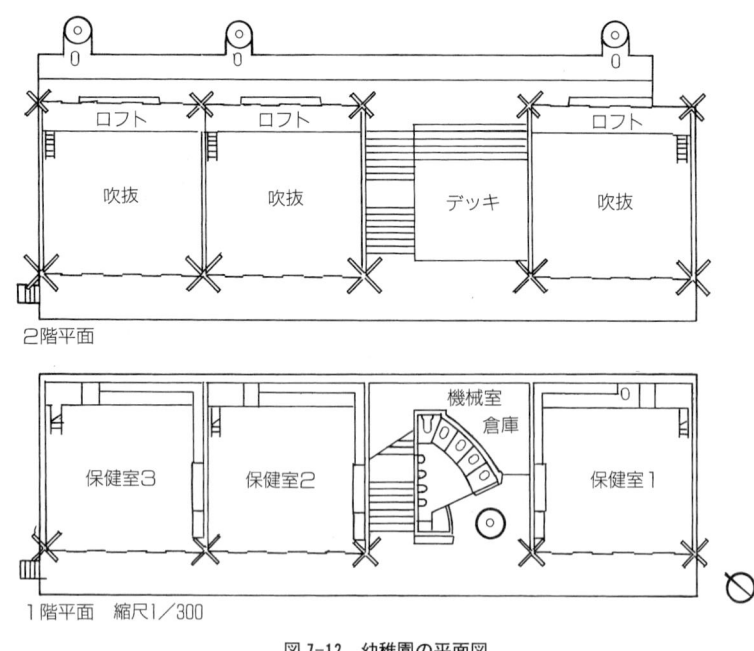

2階平面

1階平面　縮尺1/300

図7-12 幼稚園の平面図

図7-13 幼稚園のオープンデッキ

ステージとして利用することができる。もう1つは，廊下や階段を屋外化することにより，園庭に面する部分は縁側となり，斜面に突き出した側は，見晴らしのよいバルコニー（図7-14）となることによって，本来の目的以外の遊びや行為が発生しやすい空間が設けられている。これらの空間は，保育室のロフト（図7-15）を通れば回廊となるなど，子供にとって多彩な発見がなされることが期待されている。

この幼稚園がデザインされたプロセスの分析を通して，図7-16に示すように，「ことば」・「コンセプト」・「かたち」という3段階のイメージ変換過程が明らかになった。

図7-14 幼稚園のバルコニー

まず，「ことば」段階では，幼稚園スタッフから建築家へ，目標とする園舎のイメージが伝達される。その際に，イメージの表現形態としてことばを用い

図7-15　保育室内のロフト

ることによって，スタッフと建築家の間で解釈のずれを最小にとどめ，両者の間にイメージが共有されやすくなる。次に，「コンセプト」段階では，先に伝達されたことばが意味するものを，建築家が概念のレベルに統合する作業が行われる。ここでは，たとえば「柔らかく包む」というコンセプトを得るために，子供の観察も同時に行われる（図7-17）。最後に，コンセプトに対する建築家自身の回答として，「かたち」が提案される。この段階ではじめてイメージが具体的な形へと変換されるのである。

　イメージの橋渡しとして具体的な形を用いた場合，各々の解釈はその形によって固定化され，結果として互いの抱くイメージにずれが生じるおそれがある。快適性などの建築環境に関する感性情報を共有するためには，上記のような分析を通して，たとえば Alexander（1977）が主張するような，皆で分かちあえ，そのものに生命がある共通言語のようなイメージ伝達の媒介（パタン・ランゲージ）を洗練していくことが必要であろう。とくに，設計された環境の使い手である依頼主やユーザーのもつ漠然とした期待・希望や，自分自身でも十分に意識化していない全体像のイメージを明確化し，多くの人が共有できる「快適な環境の状態」についての弁別可能なヴォキャブラリーを構築する必要がある。先の幼稚園園舎では，「柔らかく包む」とか「道草をする」といったコンセプトが使われていたが，Alexander（1977）のパタン・ランゲージでは，「明かりだまり」，「生き生きした中庭」，「街路を見下ろすテラス」，「木のある場所」，「さわれる花」，「親しみやすい受付」，「自分を語る小物」，「座れる階

163

| ことば | ⇒ | コンセプト | ⇒ | かたち |

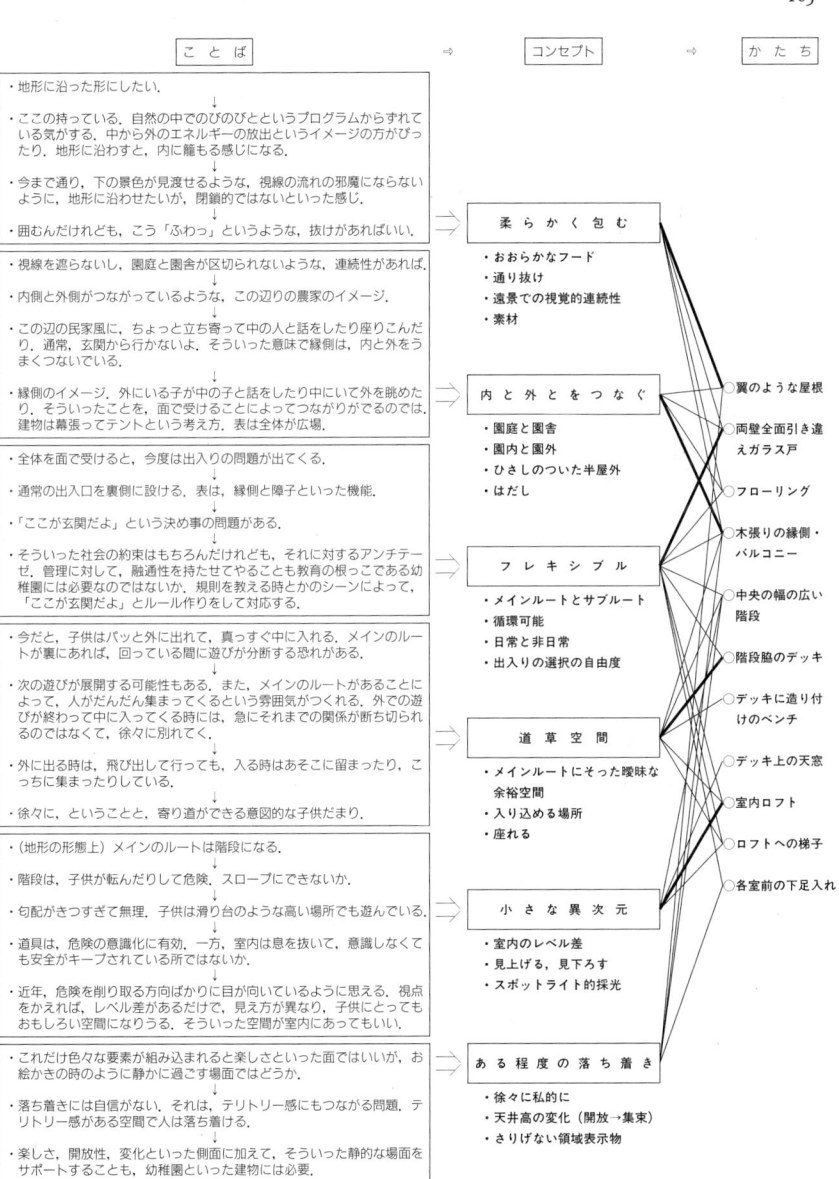

- 地形に沿った形にしたい．
- ここの持っている，自然の中でのびのびというプログラムからずれている気がする．中から外のエネルギーの放出というイメージの方がぴったり．地形に沿わすと，内に籠もる感じになる．
- 今まで通り，下の景色が見渡せるような，視線の流れの邪魔にならないように，地形に沿わせたいが，閉鎖的ではないといった感じ．
- 囲むんだけれども，こう「ふわっ」というような，抜けがあればいい．

⇒ **柔らかく包む**
- おおらかなフード
- 通り抜け
- 遠景での視覚的連続性
- 素材

- 視線を遮らないし，園庭と園舎が区切られないような，連続性があれば．
- 内と外側がつながっているような，この辺りの農家のイメージ．
- この辺の民家風に，ちょっと立ち寄って中の人と話をしたり座りこんだり．通常，玄関から行かないよ．そういった意味で縁側は，内と外をうまくつないでいる．
- 縁側のイメージ．外にいる子が中の子と話をしたり中にいて外を眺めたり．そういったことを，面で受けることによってつながりがでるのでは．建物が幕張ってテントという考え方．表は全体が広場．

⇒ **内 と 外 と を つ な ぐ**
- 園庭と園舎
- 園内と園外
- ひさしのついた半屋外
- はだし

- 全体を面で受けると，今度は出入りの問題が出てくる．
- 通常の出入口を裏側に設ける．表は，縁側と障子といった機能．
- 「ここが玄関だよ」という決め事の問題がある．
- そういった社会の約束もちろんだけれども，それに対するアンチテーゼ，管理に対して，融通性を持たせてやることも人と人との教育の根っこである幼稚園には必要なのではないか．規則を教える時とかのシーンによって，「ここが玄関だよ」とルール作りをして対応する．

⇒ **フ レ キ シ ブ ル**
- メインルートとサブルート
- 循環可能
- 日常と非日常
- 出入りの選択の自由度

- 今だと，子供はパッと外に出れて，真っすぐ中に入れる．メインのルートが裏にあれば，回っている間に遊びが分断される恐れがある．
- 次の遊びが展開する可能性もある．また，メインのルートがあることによって，人がだんだん集まってくるという雰囲気がつくれる．外での遊びが終わって中に入ってくる時には，急にそれまでの関係が断ち切られるのではなく，徐々に別れていく．
- 外に出る時は，飛び出て行っても，入る時はあそこに留まったり，こっちに集まったりしている．
- 徐々に，ということと，寄り道ができる意図的な子供だまり．

⇒ **道 草 空 間**
- メインルートにそった曖昧な余裕空間
- 入り込める場所
- 座れる

- （地形の形態上）メインルートは階段になる．
- 階段は，子供が転んだりして危険，スロープにできないか．
- 匂いがきつすぎて無理．子供は滑り台のような高い場所でも遊んでいる．
- 道具は，危険の意識化に有効．一方，室内は息を抜いて，意識しなくても安全がキープされている所ではないか．
- 近年，危険を削り取る方向ばかりに目が向いているように思える．視点をかえれば，レベル差があるだけで，見え方が異なり，子供にとってもおもしろい空間になりうる．そういった空間が室内にあってもいい．

⇒ **小 さ な 異 次 元**
- 室内のレベル差
- 見上げる，見下ろす
- スポットライト的採光

- これだけ色々な要素が組み込まれると楽しさといった面ではいいが，お絵かきの時のように静かに過ごす場面ではどうか．
- 落ち着きには自信がない．または，テリトリー感にもつながる問題．テリトリー感がある空間で人は落ち着ける．
- 楽しさ，開放性，変化といった側面に加えて，そういった静的な場面をサポートすることも，幼稚園といった建物には必要．
- 先生に押し付けるだけでなく，デザイン的にプログラムを支える．

⇒ **ある程度の落ち着き**
- 徐々に私的に
- 天井高の変化（開放→集束）
- さりげない領域表示物

かたち:
- 翼のような屋根
- 両壁全面引き違えガラス戸
- フローリング
- 木張りの縁側・バルコニー
- 中央の幅の広い階段
- 階段脇のデッキ
- デッキに造り付けのベンチ
- デッキ上の天窓
- 室内ロフト
- ロフトへの梯子
- 各室前の下足入れ

図 7-16　幼稚園のデザインプロセス

図7-17 デザインコンセプトを得るための子供の観察

段」,「小さな集会室」など直感的にわかりやすいコンセプトが網羅されている。今後,学校環境に特有の快適性の検討を含めて,これらの環境要素のカタログづくりを進める必要があろう。

(2) 学校を取り巻くマクロな生活空間のデザイン

　先にも考察したように,学校環境は周辺地域を含めたマクロな生活空間として体験され,利用されており,快適な学校環境をデザインするにあたっても,学校をとりまく周辺環境への目配りを忘れてはならない。ここでは,今までに紹介した知見のいくつかを整理するかたちで,学校環境のマクロ・デザインの視点を提案して本稿を閉じることにする。

1) 学校の周辺環境との連携
　生徒・学生は,家から学校に至る道筋や学校の周辺部にいくつかの「立ち寄るところ」(アンカーポイント)をもち,それらをネットワーク状に結んで自分たちの生活空間を構造化している(図7-18, Gollege, 1978；ワプナー,1991)。子供の行動空間を生態学的に観察したHart (1979)や寺本(1988),南らの研究(1995)でも,遊び拠点を結ぶ子供たち独自のルート(子ども道)の存在が確かめられている。学校環境の快適性や安全性を考えるときに,これらの経路とアンカーポイントの配置を理解しておく必要がある。具体的には,通学路沿いの環境条件の点検・工夫や,学校周辺部の商店構成の工夫などが考えられる。たとえば,かつて駄菓子屋が果た

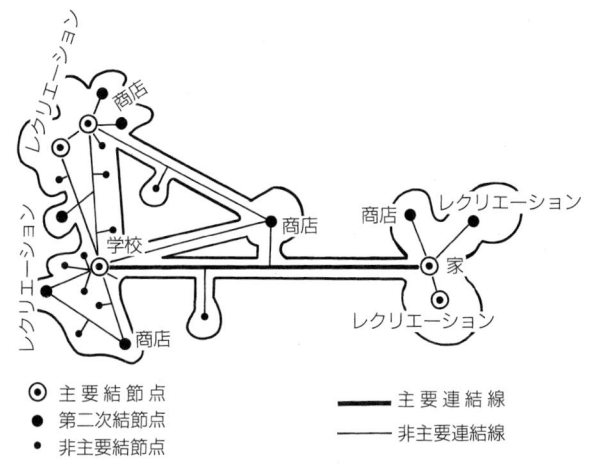

```
  ⊙ 主要結節点        ━━━ 主要連結線
  ● 第二次結節点      ─── 非主要連結線
  ・ 非主要結節点
```

図7-18　家と学校との間に点在するアンカーポイント
（Golledge, 1978 を修正）

していたような子供たちの自然発生的な社交場が現代の町中でどのように確保されているか，といった視点での地域環境のデザインへのとりくみである。

2）居場所性への配慮　学校空間はさまざまなレベルでの集団所属を強いられる階層的な構造を特徴としており（南，1996），Goffman（1959）のいう社会的な「自己呈示」の求められる場所である。自己呈示からくる緊張から解放されるためには，「表と裏」を使い分けられる二重構造が必要であり，「自分らしさ」あるいは「本当の自分」に立ち帰れる舞台裏のような場所があるかどうかが，そこに「居る」ことの心地よさにつながる環境の要件となるのではないであろうか。北山（1993）は，自分が「居ること」を保証してくれる環境側の条件や自己を「抱えて」くれる「ほどよい環境」の役割に注目している。教室が生徒にとって自分の居場所となるケースもあるかもしれないが，多くの場合，教師の監視下に置かれ不特定多数の生徒の目に触れるそうした表の空間よりも，サークルの部室や保健室，あるいは学内外の「たまり場」などの裏の空間が心理的な居場所として機能すると思われる。先に考察した学校周辺の商業施設も，学校的な原理や序列作用とは別の多様な居場所空間の提供母体として，あらためてその役割を見直す必要があろう。

3）コミュニティ・デザインの視点 上記の2つの問題を総合すれば結局のところ，学校環境のデザインは学校を含むコミュニティのデザインに帰結することがわかる。学校という組織体を文化人類学的に理解しようとする教育人類学の研究の流れから，最近では学校を「学習者の共同体」(community of learners) とみなす視点が現れている (cf., Rogoff, 1993)。これは従来の教師だけが教育活動のエージェントとしてとらえられる立場に替わって，異年齢の生徒集団や生徒の保護者集団，学外の大人たちもまきこんだ相補的な学習コミュニティが全体として生徒の学習活動を支えているとみなすモデルである。この観点からすると，快適な学校環境をデザインする行為は，Sommer (1983) の社会的デザインの要素を必然的に含むことになり，集団のダイナミズムをいかに活性化し，個の視点と共同性の視点とをいかにバランスよく配合した環境装置を創造するかが究極の課題となってくる。

引用文献

Alexander, C. 1977 *A pattern language.* New York : Oxford University Press.（平田翰那訳 1984 パタン・ランゲージ 鹿島出版会）

Barker, R. G., & Gump, P. V. 1964 *Big school, small school : High school size and student behavior.* Stanford : Stanford University Press.（安藤延男監訳 1982 大きな学校，小さな学校 新曜社）

Binder, A. 1972 Psychology in action : A new concept for psychology : Social ecology. *American Psychologist*, **27**, 903-908.

遠藤吉生 1993 板橋さざなみ幼稚園アネックス 新建築, **68**, 244-248. 新建築社

Goffman, E. 1959 *The presentation of self in everyday life.* New York : Doubleday.（石黒 毅訳 1974 行為と演技：日常生活における自己呈示 誠信書房）

Gollege, R. G. 1978 Learning about an urban environment, In N. Thrift, D. Parkes, & T. Carlstein (Eds.), *Timing space and spacing time.* London : Edward Arnold.

Goodlad, J. L. 1983 *A place called school.* New York : McGraw-Hill.

Gump, P. V. 1987 School and classroom environments. In D. Stokols, & I. Altman (Eds.), *Handbook of environmental psychology.* Vol. 2. New York : Wiley. pp. 691-732.

Hart, R. 1979 *Children's experience of place.* New York : Irvington Publishers.

原 広司 1987 空間〈機能から様相へ〉 岩波書店

加来昌子・小早川高貴・筒井卓也 1994 居場所とキャンパス評価―キャンパス生活の充実度への影響― 九州大学教育学部心理実験II 発表資料

川戸さえ子・大井直子・原　一雄　1990　大学キャンパスの認知マップ：（その2）教育プログラムの評価と教育環境の役割　国際基督教大学学報Ⅰ－A, 41-60.
北山　修　1993　自分と居場所　岩崎学術出版社
小林秀樹　1986　住居集合における共有領域の形成に関する研究　東京大学工学部建築学科博士論文
小林秀樹　1992　集住のなわばり学　彰国社
古川雅文・浅川潔司・Hicks, J. E.・南　博文　1983　大学新入生の新環境認知と適応過程に関する研究—多変量解析による分析　富山大学教育学部紀要, **31**, 121-128.
南　博文　1994　地域と大学とのトランザクション—広島大学移転の経緯—　建築雑誌, **109**　[特集　キャンパス計画の曲がり角：地域に開く・時間に開く]
南　博文（監修）　1995　ふくおか都市探検'95　九州大学教育学部人間環境心理学研究室
南　博文　1996　子どもの生活世界の変容—生活と学校のあいだ　内田伸子・南　博文（編著）講座生涯発達心理学　第3巻「子ども時代を生きる—幼児期から児童期へ」金子書房
南　博文・難波元実・塚本俊明・小原　潔・遠藤由美子・上向　隆・吉田直樹・松崎えりか　1995　地域社会における子どもの遊び環境アセスメントと親子の環境体験プログラムの開発　マツダ財団研究報告書, **8**.
Minami, H., & Tanaka, K.　1995　Environmental psychology and social psychology: Transaction between environmental setting and group-dynamic processes. *Environment & Behavior*, **27**(1), 43-55.
南　博文・吉田直樹　1990　教育空間に関する社会生態学からのアプローチ：児童・生徒間交流を促進する環境条件についての考察　広島大学教育学部紀要　第1部　**39**, 203-212.
中丸澄子　1987　大学移転と環境移行に関する研究　広島大学保健管理センター研究論文集, **4**, 1-21.
長倉康彦　1993a　「開かれた学校」の計画　彰国社
長倉康彦（編著）1993b　学校建築の変革：開かれた学校の設計・計画　彰国社
日本建築学会（編）　1980a　建築設計資料集成：単位空間　丸善
日本建築学会（編）　1980b　建築設計資料集成：単位空間　丸善
日本建築学会（編）　1989　学校の多目的スペース：計画と設計　彰国社
西本憲弘・佐古順彦　1993　伊奈学園—新しい高校モデルの創造と評価　第一法規
野嶋栄一郎　1993　『ハウス制』の有効性：親しさ規程要因の検討　西本憲弘・佐古順彦（編）伊奈学園—新しい高校モデルの創造と評価　第一法規　pp.85-103.
大井直子・川戸さえ子・原　一雄　1990　大学キャンパスの認知マップ：（その1）教育環境の意味次元と学園内施設の評価　国際基督教大学学報Ⅰ－A, 23-39.
Pace, C. R.　1969　*College and university environment scales*. Princeton, NJ: Educational Testing Service.
Rogoff, B.　1993　Guided participation in cultural activity by toddlers and caregivers. *SRCD Monograph*, **58**(8).

佐古順彦　1993　大学環境を地域との関係で考える　人間環境学会東広島シンポジウム「広島大学統合移転と賀茂学園都市の形成」発表資料

佐古順彦・鶴巻一郎　1993　伊奈学園のキャンパスプラン　西本憲弘・佐古順彦（編）伊奈学園―新しい高校モデルの創造と評価　第一法規　pp.63-84.

Sommer, R. 1983 *Social design : Creating buildings with people in mind.* Englewood Cliffs, NJ :Prentice-Hall.

相馬一郎　1991　新キャンパス移転についての認知的変化　山本多喜司・ワプナー・S（編著）　人生移行の発達心理学　北大路書房

相馬一郎・野嶋栄一郎・安藤孝敏・古川みどり　1988　大学環境に関する調査研究（I）―人間科学部の教育環境について―　ヒューマンサイエンス，**1**，46-57.

相馬一郎・高橋鷹志・佐古順彦・野嶋栄一郎　1993　学校評価を考える―小学校環境について―　ヒューマンサイエンス，**6**(1)，39-50.

Stokols, D. 1987 Conceptual strategies of environmental psychology. In D. Stokols & I. Altman (Eds.), *Handbook of Environmental Psychology.* New York : Wiley Interscience. pp.41-70.

寺本潔司　1988　子ども世界の地図　黎明書房

山本多喜司・ワプナー・S（編著）1991　人生移行の発達心理学　北大路書房

吉田直樹　1992　児童・生徒間交流を促進する環境条件についての考察：中学校における生徒の空間構造の認知と生徒間交流の関連について　広島大学教育学部紀要　第1部　**40**，155-159.

吉田直樹　1993　教育空間における環境心理学的考察：小学校における異学年間の交流生起場面を通して　日本発達心理学会第5回大会発表論文集，260.

Valsiner, J., & Benigni, L. 1986 Naturalistic research and ecological thinking in the study of child development. *Developmental Review*, **6**, 203-223.

地域環境と快適性　8

近藤光男

1　地域環境と住民の生活

　われわれの日常生活はある広がりをもった空間のなかで行われている。この空間の広さは，生活時間と関係が深い。すなわち，1週間のうち月曜日から金曜日までのウィークデイに行われるかなり定常化した活動からなる活動空間に比べ，休日を含む1週間という時間のなかで行われる活動からなる活動空間は広い。さらに，1ヵ月，1年と期間を長くするにしたがって，その空間は広がる。そして，われわれの活動空間にはそれをとりまく環境がある。

　本章で述べる地域環境とは，人々が生活する空間のうち，家庭生活の場となっている住居，仕事場となっているオフィスや工場，さらに学校や公共施設といった建物の内部の環境を除き，建物の外の環境を対象にする。地域空間は行政的な階層構造をもっているが，市町村あるいは都道府県程度の広がりがここでの対象になろう。

　地域環境は，次のように分類することができる。
①自然環境（気象，地形，生態など）
②社会環境
　a）物理的環境（公共施設，消費・サービス施設，生産施設など）
　b）制度的環境（法律，条例，慣習など）
　c）情緒的環境（歴史的・文化的な環境がもたらす雰囲気，近所づきあいや
　　　　　　　　コミュニティなど人間関係がつくりだす環境）
　自然環境とは気象，地形，生態などからなる環境であり，環境のなかでわれ

われ人間の手が加わっていない部分である。自然環境は地域によって差異があり，それぞれの地域で特徴がみられる。自然環境には，温暖な気候といった人々の生活に快適さを与えるものや，台風や洪水のように不安を与えるものが含まれている。

次に，すべての環境から自然環境を除いた部分を社会環境とした。これは，生活空間のなかでわれわれがつくりあげてきた環境である。人々が長い歴史のなかで創造してきた環境は，公共施設，消費・サービス施設，生産施設などの人工的な施設からなる物理的環境，法律，条例，あるいは慣習といった日常生活のなかのルール，規範などからなる制度的環境，人のつきあいに代表される情緒的環境に分類することができる。

一方，上述の地域環境を人々の生活活動の視点からみた場合，所得水準，労働条件などの雇用環境，学校の整備状況や教育レベルなどの教育環境，地域の歴史や芸術活動に関する文化的環境，病院の数や医療サービスに関する医療・保健環境，さらには，観光・リクリエーションといった余暇活動に関する環境などに分類することができる。われわれの日常生活では，さまざまな生活活動に対し，それに関連した自然環境，および社会環境としての物理的環境，制度的環境，情緒的環境が存在している。

地域の環境は人々のあらゆる生活活動に影響を及ぼしているが，影響の度合いは地域によって異なる。たとえば，雪国のような自然環境が厳しい地域では，その対策のために時間や経費が必要となり，他の活動に使える時間や予算が減少する。また，山間部や離島では，都市的な環境に恵まれず，雇用，教育，医療活動などに関する環境において他地域との格差が認められる。このような地域では，都市部に比べ人々の日常生活に経済的な格差がみうけられる。しかし，人とのつきあいといった内面にかかわる部分では，周りの人々との心のふれあいが多く，精神的に心豊かな生活が営まれているといった話をよく耳にする。一方，物理的環境に恵まれ近代的な文化や教育水準の高い都市域では，人々の日常生活の利便性は高いが，人とのつきあいがほとんどなく，心のふれあいが希薄な環境のなかで生活を送っている人も少なくない。これらの例にみられるように，人々の暮らしぶりは環境に大きく支配されているが，人々の心も同様に影響を受けている。快適な環境のなかで心豊かに生活することはだれもが望

むことであるが，すべての人々が満足できるような環境を創出することは不可能に近いことであろう．われわれをとりまく環境には，われわれの手で改善できる部分があり，人々はより高いレベルの快適性を求めて日々努力している．

本章では，地域環境と快適性について述べるが，われわれがよりよい環境を創出していくためにどのようにすればよいかを中心に話を進める．その際，われわれの手で制御・改善しやすい物理的環境を主として対象とし，快適性を向上させるためにどのようなことが考えられ，どんな方法を用いることができるかについて述べていく．

2 地域環境の構成要素と構造

(1) 地域環境の構成要素

われわれが快適な日常生活を送っていくためには，たとえば，自然災害に対する備え，医療施設の充実，交通の利便性など，地域環境に多くの条件が求められる．地域の環境を改善するためには，住民の環境に対するニーズを明らかにすることがその第一歩となろう．そのための計量的な方法においては，環境の諸条件，すなわち，環境を構成する要素に対する住民の快適性の評価値を求めることが基本となる．そして，環境の構成要素がつくりあげる環境全体の構造を明らかにしたうえで，各構成要素に対する住民の評価値をその構造にしたがって集約することによって，地域環境に1つの評価値を与えることが可能になる．

環境の構成要素に関しては，後にふれる環境の計量指標と同様，1970年前後から，OECD，国連などの国際機関やアメリカ，イギリス，フランス，ドイツなど世界の主要国で測定方法の開発や測定作業が行われてきた．わが国においても，1970年に発足した社会福祉指標研究会で開発作業が開始され，それを受け継いだ国民生活審議会が1974年に調査研究の中間報告というかたちで社会指標（SI：Social Indicators）体系の公表を行った．この報告では，社会指標として，健康，教育・学習・文化，雇用と勤労生活の質，余暇，所得・消費，物的環境，犯罪と法の執行，家族，コミュニティ生活の質，階層と社会移動の10個の社会目標分野が設定され，その下には27個の主構成要素，さらにこれらの

要素の下に77個の副構成要素がおかれ、全体で188の細構成要素による階層構造が形成された。そして368個の指標が細構成要素の計量のために用意された。そして、暮らしよさを計量するために、これら368個の指標値を用い、細構成要素の評価値、それを統合した副構成要素の評価値、さらに主構成要素の評価値、そして最終的に10個の社会目標の評価値が、構成要素の構造にしたがって統合して算出された。しかしながら、この方法では暮らしよさの計量結果として10個の社会目標分野に対する値が用いられたため、最初の368個の指標値がもつ実質的な意味が見失われているという問題や構成要素を統合するときの要素間の重みづけが不明確であるという問題が指摘された（国民生活審議会生活の質委員会、1979）。

そこで、このような問題を解決するため、さらに国民生活をとりまく社会経済情勢の変化に対応して、社会指標の修正が行われ、1985年に国民生活指標（NSI：New Social Indicators）として新体系が公表された。国民生活指標では、生活領域が健康、環境と安全、経済的安定、家庭生活、勤労生活、学校生活、地域・社会活動、学習・文化活動の8つの項目に分けられ、これらの各生活領域の評価を行うため、50個の統計指標が用いられた。国民生活指標では原統計指標の値を重視するという目的から、統計指標を限定するとともに、構成要素の階層構造は設定せず、各生活領域において重要と思われる統計指標を用いて環境の評価が行われた（国民生活審議会総合政策部会調査委員会、1985）。

このように暮らしよさを計量的に表現するために二度にわたり指標体系が作成され、活用されてきたが、1980年代の後半から90年代にかけての経済社会情勢や価値観の急激な変化をふまえ、従来の指標に代わる新たな指標づくりの必要性が高まった。そこで、国民生活審議会の下に調査委員会が設置され、1992年に調査委員会報告として新国民生活指標（PLI：People's Life Indicators）がとりまとめられた。新国民生活指標では、住む、費やす、働く、育てる、癒す、遊ぶ、学ぶ、交わるの8つの生活活動領域からみた指標と安全・安心、公正、自由、快適の4つの生活評価軸からみた指標が設定され、都道府県を中心に地方自治体の生活の豊かさの計量が行われている。新国民生活指標の特徴として、住む、費やす、働くといった基礎活動だけでなく、遊ぶ、学ぶ、交わる

といった高度な生活活動にも着目していること，および豊かさの評価においてはある1つの観点だけではなくさまざまな方向から環境を総合的にとらえることが重要であるとの観点から4つの生活評価軸を設定したことの2つがあげられる（経済企画庁国民生活局，1998）。

わが国においては，これまで社会指標，国民生活指標，新国民生活指標を用いて暮らしよさが評価されてきた。この方法では統計的な指標値を基礎にしているため客観的な評価を行うことができる。しかし，環境構成要素間の重みの推定を本来の評価主体であるべき住民の意識に基づいて行うことが困難であったこと，さらに統計的な指標値と環境構成要素の関係を住民の意識に基づいて定式化できなかったことが問題として指摘される。この問題を解決するには，住民の意識調査が必要になるが，わが国全体で統一した住民意識に基づく評価体系を作成することは非常に難しい。これに対し，地方自治体レベルでは，住民意識調査が比較的簡単であり，それに基づく評価体系の作成が行われている。1970年代後半以降，地方自治体でも各地域の特徴を生かした指標が作成され，生活環境の評価や施設の整備水準の測定に用いられている。

（2）　地域環境の構造

地域環境は多くの要素から構成されるが，それらの要素がつくりあげる構造は，社会指標体系にみられるような階層構造としてとらえることができる。この構造は構成要素間の互いの関連性と要素間の重みを解明することによってつくりあげることができ，これによって地域環境の良さを評価できる構造となる。その際，要素間の関連や重みを住民の意識に基づいて推定した場合は，住民意識に基づく環境評価の構造となる。

わが国においては，住民による主観的評価の構造の解明を目的とする研究が1960年代の末期に始まり，多くの成果が残されている。とくに，欧米諸国に比べ，地域の施設整備が立ち後れているわが国では，これまでに多くの施設整備計画が立案されてきたが，住民による環境の主観的評価に関する構造の同定は重要であった。これらの分析に共通していえることは，分析のために住民の意識調査データが必要であるということである。意識調査の方法として一般的に用いられてきたのは，地域環境を構成する多くの要素と総合的な要素を準備し

ておき,住民にそれらに対する満足度などを質問するものである。この意識調査データを用いて,相関分析による要素間の関連分析,因子分析や数量化理論Ⅲ類などによる要素間の類似度の分析,さらに数量化理論Ⅱ類を用いた要素間のウェイトの推定が行われ,これらを総合して環境の主観的評価に関する構造の同定が行われてきている。最近では,評価の階層構造をモデル化するための手法として,ISM法(Interpretive Structual Modelling)を適用した例など新しい方法論の導入がみられる。図8-1には,環境評価の階層構造モデルの一例として,徳島市で行われた意識調査に基づいて作成された,住みよさを計量するための主観的評価の構造モデルを示す(定井ら,1984)。図の階層構造を構成する要素につけられた数値は,住みよさ全体を1,000としたときの各要素のウェイトを表している。この例にみられるように,住民による地域環境の主観的評価に関する構造は,地域環境を構成する最下位の要素に対する個々の評価値が与えられたという前提で,それらがどのような過程によって地域全体の

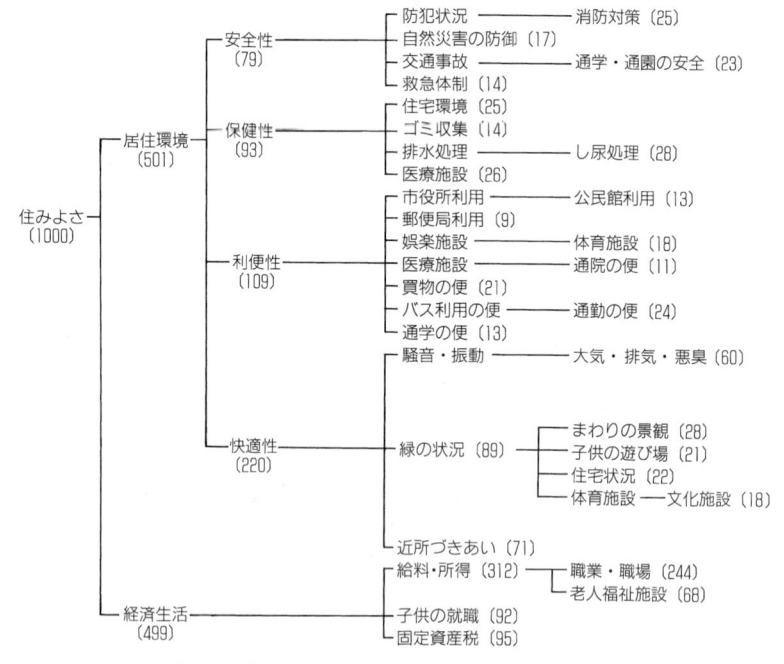

図8-1 「住みよさ」の評価意識構造(定井ら,1984)

環境の評価値に変換されていくかを構造的に示すことが可能になる。

3 地域環境の計量指標

　環境を構成する要素がつくりあげる構造がわかったとして，次に最下位に位置する各要素に評価値を与えるためには，その構成要素に関する計量的な指標が必要となる。その際，環境を構成している要素に対する住民の評価が，その要素に関する計量的な指標に対して行われていると考え，指標値と住民の評価値との関係を関数で表現したものが評価関数とよばれる。たとえば，環境の構成要素を「通学の便」とした場合，この要素の評価に用いられる指標値としては，「学校までの距離」や「バスの便数」などが考えられ，このときの評価関数は，住民による「通学の便」に関する住民の評価値（満足度）と「学校までの距離」，「バスの便数」の数量的な関係を関数式で表現したものとなる。

　上述の「学校までの距離」や「バスの便数」といった地域において物理的な環境整備水準を表現するための尺度となる計量指標は，まず，住民にわかりやすいことが求められる。また，計量指標は環境整備の変化が計測可能であり，さらに簡単な方法で正確に整備状況が計測でき，計測された数値から現実の整備状況をイメージできるものが望ましい。

　このような指標は環境の現状を把握するためだけではなく，環境改善のための政策策定に用いることを考慮にいれる必要があり，政策的に制御可能なものや過去の実績値から将来の予測が可能なものがより適切である。

4 地域環境に関する快適性の評価

　地域環境は住民の生活をいかに満足させるかによって評価されるべきであり，評価は住民の意識調査に基づいて行われるのが一般的である。すでにふれたように，地域環境の快適性は多数の要因によって規定されるが，本節では，地域環境のうち物理的環境である公共施設や生活関連施設を対象とし，施設の整備状態に関する快適性の評価に限定して述べることにする。ところで，WHOによれば，住民の生活の評価は，安全性，保健性，利便性，快適性の４つの視点

から行われるべきであるとされている。本節では，地域環境と快適性について述べるが，ここでは，WHOによる4つの視点である安全性，保健性，利便性，快適性をすべて含んだ意味の快適性について考える。すなわち，ここでいう快適性は心理的な快適感の尺度としてとらえられるものであり，居住環境に対する満足度を表すものである。

(1) 評価方法

　住民による地域環境の主観的評価に関する階層構造を構成する個々の要素に対する評価を施設の整備状況といった物理的指標の関数で表現する，評価関数モデルが環境評価の基本である。さらに，トータルとしての地域環境を評価するには，上述のように主観的評価に関する構造の同定が必要となってくる。

　地域の環境施設の整備水準に対する評価関数モデルは，複数の施設の整備水準つまり物理的指標を変数として主観的評価に関する階層構造の1つの要素の評価値を推定するためのモデルと，1つの施設に関する物理的指標によって同様の階層構造の1要素の評価値を推定するためのモデルの2つに大別することができる。地域環境の主観的評価に関する階層構造を構成する要素は，複数の物理的あるいは施設的条件が組み合わさって評価されていると考えられるが，主観的評価に関する構造を細分化していくと，各要素を評価するモデルに含まれる指標の数が少なくなる。2つのモデルのうち，前者の場合は，評価関数内に複数の変数があるため，説明変数間の関係が不明確になる恐れがあるものの評価モデルの説明力は高まる。後者の場合は，評価関数がシンプルでわかりやすく，施設の整備状況と住民の意識との関係が明確になる反面，説明力が十分にあるモデルが得にくいという欠点もある。

(2) 施設の整備水準と満足度

　実際に作成された多くの評価モデルは，地域の環境施設の整備水準を指標とし，それに対する住民の満足度との関係を定式化し，その関数を住民の意識調査データを用いて推定するものである。梶（1971）は，地域環境の主観的評価に関する階層構造において比較的上位に位置する安全性，利便性，保健性，快適性からみた地域環境のよさを，需要を考慮した地域の施設量，施設までの距

離,および自然条件に関する多くの変数を用いて計量している。関数には対数関数を用い,ある程度の推定精度があることを明らかにした。

定井ら(1984)は,地域環境の評価および地域の施設整備計画に適用できるトータルシステムを提案しており,そのなかのサブシステムとして地域環境の評価モデルを作成している。モデルは,地域環境に関する主観的評価の階層構造の下位の要素に対する満足度を説明するため,施設の量や施設までの距離を説明変数とし,重回帰モデルと数量化理論Ⅰ類モデルを作成している。

近藤ら(1984)は,住民は地域の環境施設の整備に対し,これ以上なら満足できるという満足水準をもっており,実際に供給される施設の整備水準が満足水準以上ならそれに満足し,逆にそれを下回るなら満足しないと考え,評価モデルを作成している。そして,満足水準は個人によって異なる値をとる確率変数であると仮定し,整備水準と満足度の関係を確率論的に定式化している。このような取り扱いにより,施設の整備水準に対する満足度は0から100%の値をとることになる。また,説明変数には,たった1種類の施設を考え,その施設の量を利用対象者数で除した変数と,その施設量を施設が利用される圏域の面積で除した変数の2種類の需要を考慮した変数を用いている。これによって,施設の整備水準の評価に需要を考慮することができるとともに,1つの評価関数は1種類の施設を扱っていることから,施設の評価を個別に行うことができる。表8-1に掲げる生活環境施設を対象とし,徳島市において推定された施設の評価モデルを表8-2に示す(近藤ら,1984)。

表8-1 生活環境施設とその整備指標(近藤ら,1984)

施 設	施 設 整 備 指 標	
	X_1	X_2
警察署所	警察署所数/人口	警察署所数/面積
消 防 車	消防車台数/人口	消防車台数/面積
病 院	病院数/人口	病院数/面積
診 療 所	診療所数/人口	診療所数/面積
住区基幹公園	公園面積/人口	公園面積/面積
幼 稚 園	幼稚園数/幼児数	幼稚園数/面積

(注) 人口:対象地域の人口,面積:対象地域の面積

表 8-2 都市郊外区域における施設整備に対する住民の満足度モデル（近藤ら，1984）

施　設	推　定　さ　れ　た　関　数		重相関係数
警察署所	$Z= 0.271+0.0981 X_1$	$+0.107 X_2$	0.676
消防車	$Z=-0.254+0.344 \log(X_1+1)$	$+0.522 \log(X_2+1)$	0.721
病　院	$Z= 0.117$	$+1.786 \log(X_2+1)$	0.911
診療所	$Z=-0.330+0.477 \log(X_1+1)$	$+0.315 \log(X_2+1)$	0.818
住区基幹公園	$Z=-1.060+0.753 X_1$	$+0.186 X_2$	0.946
幼稚園	$Z=-0.231+0.177 \log(X_1+1)$	$+0.718 \log(X_2+1)$	0.693

（注）Zは標準正規分布における確率変数を表す。各施設の整備に対する住民の満足度は標準正規分布の確率密度関数をZまで積分した値で示される。

最後に，各種施設の整備水準の差異がそれらの利用実績や地域住民の居住地域の内外における行動にどのような影響を及ぼすかについて検討することが必要であろう。それと同時に，各種施設の充実度がいかに地域の人間関係を緊密にし，地域における連帯感の形成に寄与するかという問題は社会心理学的にきわめて興味深い。

（3） 施設の配置と満足度

　地域の物理的環境を構成する骨格となる公共施設や生活関連施設を空間に配置する場合，施設間の距離をいかに定めるかは重要なテーマの1つである。たとえば，公園の配置計画において従来から用いられている誘致距離は，公園を利用する人を誘致できると考えられる最大距離であり，街区公園では250 m，近隣公園では500 m，地区公園では1,000 mが標準の値とされている。しかしながら，施設の誘致距離内に居住するすべての人がその施設の利用に満足しているとは限らないであろう。したがって，ある一定の誘致距離が定められたとしても，その距離に対してどの程度の人を満足させられるかという問題が存在する。

　そこで，配置された施設，すなわち，施設までの距離に対する住民の満足度を計量するための評価モデルについて述べる。施設が配置される時，施設の利用者である個人はある距離以内にその施設を配置して欲しいと望む距離をもっており，この距離を満足距離と定義すると，施設がこの満足距離より近くに配置されると個人はその配置に満足すると考えられる。この考えに基づいて，青

4 地域環境に関する快適性の評価

山ら (1986) は施設の配置に対する満足度モデルを作成した。このモデルの被説明変数は配置された施設に対する住民の満足度，説明変数は施設の配置距離であり，1つのモデル式で1種類の施設を扱った，わかりやすくシンプルなものである。

次に，徳島市で作成された施設の配置に対する満足度モデルの例を紹介する。まず，施設の配置に対する満足距離の調査は，種々の施設に関して，「あなたの家からどれくらいの距離に施設があればよいと思いますか。」という内容のものである。そして，配置距離とそれに対する住民の満足度の関係が調査データを用いて推定された。その結果の一部を図8-2に示す。図によると，バス停留所や児童遊園・児童公園といった日常よく使われる施設はかなり近くに設置することが望まれていることがわかる。また，基本的に日常生活圏で設置を検討すべき施設である診療所，公民館，警察署所，子供会館あるいは公園などは，地域全体で80％の人を満足させるためには，利用者からほぼ1,400〜1,500 m以内に配置すべきであることがわかる。この距離は徒歩や自転車で行ける範囲であり，これらの施設はできる限り交通費用をかけずに利用できるところに配置して欲しいという要望が表れている（青山ら，1986）。

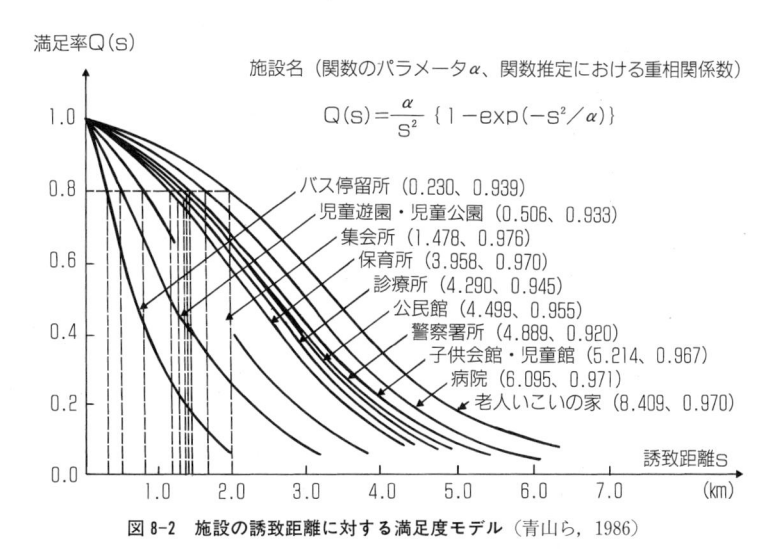

満足率$Q(s)$

施設名（関数のパラメータα、関数推定における重相関係数）

$$Q(s) = \frac{\alpha}{s^2}\{1 - \exp(-s^2/\alpha)\}$$

バス停留所 (0.230、0.939)
児童遊園・児童公園 (0.506、0.933)
集会所 (1.478、0.976)
保育所 (3.958、0.970)
診療所 (4.290、0.945)
公民館 (4.499、0.955)
警察署所 (4.889、0.920)
子供会館・児童館 (5.214、0.967)
病院 (6.095、0.971)
老人いこいの家 (8.409、0.970)

誘致距離S (km)

図8-2 施設の誘致距離に対する満足度モデル（青山ら，1986）

5 地域の環境改善による快適性の向上

よりよい快適性を創造するために環境の改善が行われる。その際,環境の改善が住民の居住満足度をどの程度向上させるかを事前に知り,改善方法を検討することは重要な課題の1つである。そのためには,これまで述べたように,住民が環境を評価するときの構造を明らかにし,計量指標を用いた評価モデルを用いれば,目的となる居住満足度を実現するために,どの要素をどの程度改善すればよいかがわかる。本節では,環境の整備水準とそれに対する住民の居住満足度の関係を表した評価関数モデルを用い,満足度を向上させるためにはどのような環境の改善を行えばよいかについて具体的に述べる。

(1) 施設の整備水準

施設の整備水準を定める場合にはその背景として考慮すべきことがいくつかあるが,主要な3項目に基づいて整備の目標値を設定した事例がある(近藤ら,1984)。それらの項目は以下のとおりである。

①施設の整備水準と住民意識との関係を定式化し,住民ニーズを整備計画に反映させる。分析事例では,施設の整備水準と満足度の関係から,満足度が80%に相当する整備水準を最低の目標整備水準として試算を行っている。

②人口や産業に関するデータに基づいて全国から対象都市に類似した都市を選出し,それらの地域の施設整備水準を参考にして,全国的にみても納得でき,かつ実行可能性の高い整備計画目標を設定する。分析事例では,類似都市における,現況の施設整備水準の平均値を最低の目標整備水準として試算を行っている。

③法令や上位計画などで決められている整備の基準値を考慮する。すなわち,法令や上位計画で整備の基準値が決められているものがあれば,この基準値は最低越えなければならないものとする。

施設整備状況と住民の満足度を対応させることによって目標整備水準を設定することは,これまで述べてきたように施設整備における基本であるが,ここではさらに類似地域との比較から得られた目標水準,および法令などにより定

表 8-3 生活環境施設の目標整備水準の設定（近藤ら，1984）

施 設 （単位）	目標整備水準				現在の施設の整備状況	備考
	住民の満足度80% A	類似都市の平均値 B	法令等の基準値 C	A, B, Cの最大値		法令等の基準値とその出処
警察署所　（箇所）	2.7	1.2	1.1	3	3	1箇所/1万人（注1）
消防車　　（台）	0.9	2.5	3.0	3	2.5	1台/3.84人（注2）
病院　　　（箇所）	4.4	—	—	5	2	
診療所　　（箇所）	8.4	—	—	9	13	
保育所　　（箇所）	—	2.0	—	2	1	
児童遊園　（箇所）	—	2.8	1	3	4	1箇所　　（注3）
道路舗装率（%）	—	68.0	—	68.0	53.2	
郵便局　　（箇所）	—	1.7	—	2	1	
住区基幹公園（㎡）	6,750	—	45,370	45,370	1,200	4 ㎡/人（注4）
幼稚園　　（箇所）	1.9	1.3	—	2	2	
公民館　　（箇所）	—	0.8	2.2	3	1	2箇所/1万人（注5）
集会所　　（箇所）	—	8.4	—	9	11	

（注1）警察法53条　　　　　　（注4）都市公園法3条
（注2）市町村消防計画の基準4条　（注5）社会教育法21条，公民館の設置および運営に関する基
（注3）児童福祉法35条　　　　　　　　準2条

められている目標水準を考慮し，より総合的で現実的な観点から施設の目標整備水準を設定している。このような方法により，地域住民のニーズに対応できるばかりではなく，他地域に対する遅れや制度的な問題をも解決でき，施設整備に対する心理的な面からも有効な方法になる。

　上述の方法にしたがって，徳島市内のある地区における生活環境施設の目標整備水準が算出されている。表8-3には目標整備水準，現在の施設整備水準，および法令などの基準値の出典が示されている。当地区は市域の周辺部にあり，施設整備が遅れていた地区の1つであったが，このような方法によって，目標整備水準の設定やそれに基づく施設整備の問題点を指摘することができた。

（2）施設の配置

　住民に望まれる快適な環境を創造するための方法の1つとして，地域の公共施設や生活関連施設の配置を改善することがあげられる。施設の配置を行う場合，先に示した配置距離とそれに対する住民の満足度の関係から誘致距離を提

表 8-4 施設の配置における誘致距離の試算 (青山ら, 1986)

施設名	満足度80%に対する距離 (m)	施設名	満足度80%に対する距離 (m)
バス停留所	300	警察	1,500
児童遊園・公園	500	子供会館・児童館	1,500
集会所	800	公園	1,500
幼稚園	1,200	中学校	1,700
保育所	1,300	病院	1,700
小学校	1,300	老人いこいの家	2,000
診療所	1,400	図書館	3,800
開放運動施設	1,400	公会堂・市民会館	4,000
公民館	1,400	博物館	4,700

案することができる。施設の利用者は個々に施設を誘致して欲しい距離をもっているため、もし仮にすべての住民を満足させるように誘致距離を設定しようとすれば、それは非常に短いものとなる。その結果、多くの施設を配置しなければならないという非効率な計画になってしまう。

このような背景のもとで、望ましい誘致距離について考えるとき、何割の住民を満足させるような距離にするかが1つの規準となる。これに関して、青山ら(1986)は満足度が80%程度となるような誘致距離を試算している。その結果が表8-4に示されている。満足度が80%という値はかなり多くの住民が満足して施設を利用できる状態であるが、満足度をどの程度にすべきかという議論は別途行う必要があろう。しかしながら、このように、誘致距離とそれに対する住民の満足度の関係を検討することは、意志決定のための地域計画情報として有意義であると考えられる。

6 地域の環境整備における効率性と公平性

(1) 効率性と公平性

住民は周辺の環境に対する快適性の向上に対する要望を常にもっており、地域内の他の地区と比較して劣等な環境におかれた場合、それに対する不満を示

すことになる。他地区と比較して快適性が低い地区に住む住民は、環境の絶対的な整備レベルよりも周辺地区との環境の差、すなわち、不公平性、に対する不満が大きい場合が少なくない。ところで、地域環境の改善を考えるとき、限られた予算のなかで住民の欲求を満たし、また地域全体としてバランスのとれた改善を行うことは容易ではない。地域の環境を構成する施設は地域全体として整備水準が高く、かつ地域内における整備格差がないことが望ましい。したがって、施設を整備するうえで、効率性と公平性は重要な目標となる。

地域の環境整備においては、これらの目標を同時に考慮し、地域全体としてバランスがとれ、多くの住民に受けいれられる整備が望まれる。しかし、これら2つの目標のうち一方の目標のみを達成しようとすれば、他の目標の達成が困難になる。整備の総予算が与えられた場合、施設整備に対する地域全体の平均的な評価値がよくなる（効率性）ような改善を行えば地域的な格差が増大し、逆に地域的な整備格差をなくす（公平性）ように改善を行えば、地域全体としての評価値が低下することが多い。このように、条件によっては、効率性と公平性にはトレードオフの関係が存在する。そこで、地域の環境整備において効率性と公平性のどちらにどの程度のウェイトをおくべきかを調べ、効率性と公平性に関する住民の意識をモデル化し、2つの目標を同時に考慮して整備の評価を行うための方法について考える。ところで、公平性については、経済学で個人の富の分配に端を発したこの分野の研究は人の精神・意識に深くかかわるものであり、人をとりまく地域環境、それを構成する施設整備の公平性も人の精神・意識と結びつきが強く、人間の個人的・心理的要因は環境整備においても重要であるといえる。

(2) 効率性と公平性からみた評価方法

地域全体からみた施設の整備水準の高さを表すための指標を整備水準指標、また地区（ゾーン）間の格差を表すための指標を整備格差指標と名づけ、これらが計量的に表現できるなら、総合的な施設整備の望ましさを評価するための関数を次の式によって表すことができる。

$V = \alpha E - \beta I$

ただし、V ：総合整備指標

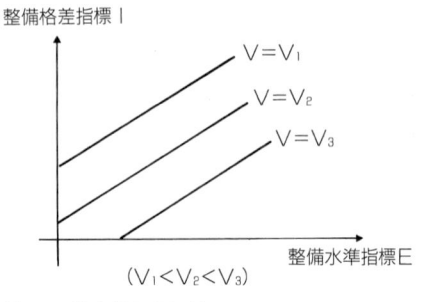

図中:
整備格差指標 I
V=V₁
V=V₂
V=V₃
整備水準指標 E
(V₁<V₂<V₃)

図 8-3 効率性と公平性の評価モデル（青山ら, 1985）

E : 整備水準指標
I : 整備格差指標
α, β : 整備水準指標と整備格差指標に対する重みパラメータ

　上式における整備水準指標Eは地域全体での整備の効率性を，整備格差指標Iは整備の公平性を計量化した指標である。したがって，総合整備指標Vは地域全体において整備の効率性と公平性を同時に考慮した総合的な施設整備の望ましさを表す指標となる。パラメータβにマイナス符号をつけた理由は，整備格差指標Iの値が，格差が小さくなるにしたがって，すなわち，望ましい状態に近づくにつれて，減少する性質をもつことから，施設整備が望ましい状態に近づくほど，総合整備指標Vの値が大きくなるためである。したがって，この時のパラメータβは正の値となる。この式は図8-3のように表現できる。各直線は総合整備指標Vが等しい点を結んだものであり，Vは右下に行くほど大きくなる。

　整備水準指標Eと整備格差指標Iがそれぞれ1つの数値として計量化され，その時の総合整備指標Vの値がデータとして得られるなら，パラメータα, βを推定することができる。そして，得られたモデルの応用として，実際の地域において整備水準指標Eと整備格差指標Iを測定すれば，推定したα, βを用いてその地域全体の施設整備の望ましさの程度を評価することができる。

（3） 効率性と公平性の計量指標

効率性と公平性の指標である整備水準指標と整備格差指標を計量的に表すためには，地域全体で1つの値を算出する必要がある。環境に対する住民の評価は地域全体をいくつかに分けた地区（ゾーン）ごとに行われ，各ゾーンの住民の環境評価値が与えられれば，それを用いて効率性と公平性の指標を算出することができる。ここでは，その算出方法について述べる。

まず，整備水準指標の計量化指標として，地域を構成する各ゾーンの施設整備に対する住民の評価値の平均値を用いることができる。ある一定額の予算に対してもっとも住民の評価値が上昇するようなゾーンにおいて施設整備を行えば，地域全体の施設整備に対する評価値は効率的に上昇することになる。

次に，整備格差指標の計量化指標としては，国民の所得や富の分配の公平性を議論するための指標として経済学の分野で用いられているローレンツ曲線とGINI係数を適用することができる。ゾーンを個体，各ゾーンでの施設整備に対する評価値を個体に与えられた富の所有量と考えると，このGINI係数を用いて，ゾーン間の格差を計量することができる。また，平均値に対するデータのばらつきの程度を表す変動係数も公平性の指標として用いることができる。

（4） 分析事例

徳島市を対象として行った住民の効率性と公平性意識に基づく地域の環境施設の評価モデルとその応用について述べる（青山ら，1985）。

表8-5に示す評価モデルは，整備水準指標と整備格差指標に対するウェイトを比較することを目的として，それぞれのデータを平均値が0，分散が1にな

表 8-5 評価モデルのパラメータの推定結果（青山ら，1985）

整備格差指標Iの計量化の方法	パラメータ	重相関係数
GINI係数	$\alpha = 0.211$ $\beta = 0.684$	0.769
変動係数	$\alpha = 0.210$ $\beta = 0.684$	0.769

（注）整備指標水準Eの計量化方法はすべて平均値を適用

るように基準化し，推定したものである．このときのデータは地域内のゾーンの環境整備の効率性と公平性に対する住民意識調査データであり，整備水準指標には各ゾーンの整備に対する住民の満足度に基づいて算出された平均値が，整備格差指標には GINI 係数および変動係数が用いられている．表8-5の整備水準指標と整備格差指標のパラメータを比較すると，徳島市の環境整備に関しては，格差の方が全体の水準のほぼ3倍強のウェイトをもつと考えられる．

次に，地域の環境を安全，健康，社会福祉，交通・通信，余暇，教育・文化，および居住環境の7つの分野に分類し，分野別に徳島市全体の公平性と効率性からみた環境整備の評価が行われている．整備格差指標にGINI係数を用いた徳島市の評価結果を，横軸に整備水準指標，縦軸に整備格差指標をとって図8-4に示す．この図では，総合整備指標の値が等しい直線（等V直線）を記入しており，右下にいくほど，施設整備が望ましいことを示している．徳島市では，安全と健康に関する施設の整備が優れていることがわかるが，これは安全に関する施設は各地区で比較的均等に整備されているため整備格差が小さいこと，健康に関しては，中心市街地において医療施設の過密状態が生じており，地域全体として整備水準が高いことに起因していると考えられる．

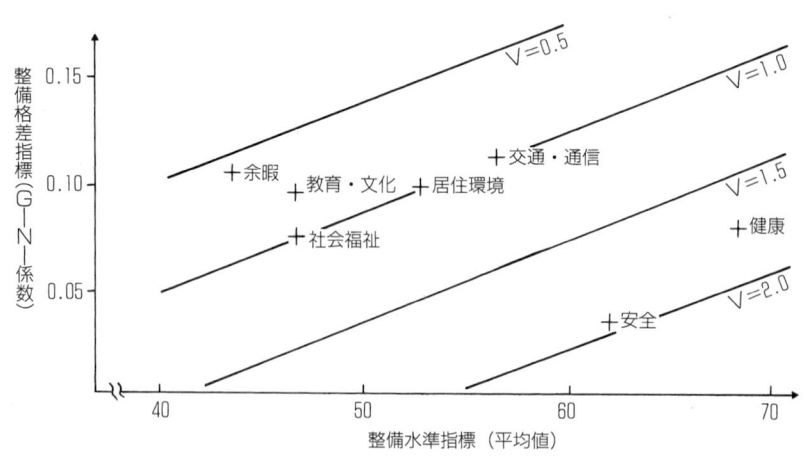

図 8-4　効率性と公平性からみた施設整備の評価（青山ら，1985）

引用文献

青山吉隆・近藤光男　1985　地域格差を考慮した都市の生活環境施設の評価方法に関する基礎的研究　都市計画学術研究論文集, **20**, 193-198.

青山吉隆・近藤光男　1986　都市公共施設の最適誘致距離の設定方法　都市計画学術研究論文集, **21**, 295-300.

梶　秀樹　1971　住民意識よりみた生活環境整備の方法に関する研究　都市計画, **69**, 19-33.

経済企画庁国民生活局(編)　1998　新国民生活指標(平成10年版)　大蔵省印刷局

国民生活審議会生活の質委員会(編)　1979　(新版)社会指標　大蔵省印刷局

国民生活審議会総合政策部会調査委員会(編)　1985　国民生活指標　大蔵省印刷局

近藤光男・青山吉隆・多智花茂治　1984　生活環境施設の目標整備水準の設定方法の研究　都市計画学術研究論文集, **19**, 421-426.

定井喜明・近藤光男・渡辺　武　1984　「住みよさ」の計量的評価方法の開発　環境情報科学, **13**(1), 47-50.

III
地球環境の保全

地球環境と人間　9

佐古順彦

　1950年代からの経済成長は，わが国に多くの環境問題をもたらした。水銀やカドミウムなどの人体に有害な化学物質の環境への放出は，今もとどまることがない。ソックス（SOx）とよばれる硫黄酸化物質やノックス（NOx）という窒素酸化物質，PCBやダイオキシンなど数えきれないほどである。これに対して，1960年代の半ばから公害対策基本法，大気汚染防止法，水質汚濁防止法などが制定されるようになったが，事態が改善されたと考える人は少ない。

　環境汚染が改善されないという事態は見方によっては，局地的であったかもしれない。しかし，スリー・マイル島（1978）やチェルノブイリ（1986）の原発事故，インド・ボパールの化学工場毒ガス漏出事故（1984），アラスカのスーパータンカー座礁事故，ペルシア湾岸戦争（1990）からコソボ空爆（1999）まで多くの事件が相次いでぼっ発し，さまざまな環境汚染が地球上に広がってきた。

　さらに最近では，地球人口の増加，オゾン層の希薄化，地球温暖化などの地球環境変化が大きな問題となってきた。このように環境問題は拡大する一方である。政府機関，企業，教育・研究機関，非政府機関（NGO），そして一般の市民は，この事態にどう対処すべきかについて深刻に考えなければならない。

1　環境問題の新たな局面

　環境問題が局地から地球規模へと拡大し，新しい局面を迎えることになったことを指摘したのは，Hardin（1968）の「共有地の悲劇」であった。この論文には，「人口問題に技術的解決はない，道徳性の基盤を拡大する必要がある」

という副題がついている。

　誰にでも開かれた放牧地がある。飼育者たちは，この共有地に可能なだけ多くの牛を放牧したい。戦争や病気などの原因によって，牧草地は，人と動物の数をその土地が支えられる容量を超えることなく何世紀か維持されてきた。しかし待望の社会の安定が実現した時点で，共有地固有の論理が悲劇を生じさせたというのである。牛1頭の増加は正の効用＋1単位を生じさせ，負の効用－1単位を生じさせる。しかし，正の効用は1人の飼育家に与えられるが，負の効用はすべての飼育家に分散する。「合理的存在」としての飼育家は，次々と過剰放牧に参加し，この論理に閉じこめられ，限界のある世界のなかで無限の放牧に向かい，共有地の自由は全員に破滅をもたらす。

　共有地の悲劇の例として，彼は，各国が世界の海の資源を利用する自由，あるいはアメリカの国立公園の利用に制限のないことなどをあげて，そのゆく末を暗示している。これらの問題は，彼の考えでは，結局のところ，人口増加の結果なのである。1967年の世界人権宣言は，子どもをつくるのは家族の自由と述べているが，人口増加を抑制するためには，結局，相互に同意された相互の強制を認めることが必要であると述べている。

(1) グローバル・チェンジ

　40年前の環境問題は，先進国における人的・物的資源を集積した経済成長の中で生じてきた過密による都市問題として注目された。そしてそのマイナス部分を回復し，人間生活の快適性を高めることが追求されてきた。その後の環境問題は，技術革新と共にその危険を拡大させ，さらに先進国のエネルギーと資源の消費による種々の廃棄物が汚染を増大させた結果，温暖化，酸性雨，オゾン層破壊，有害化学物質放出，砂漠化，熱帯林の消失，生物種の多様性の減少などの「地球環境変化（global environmental change）（以下グローバル・チェンジとよぶ）」という問題群（Porter & Brown, 1991）が生じるまでに至った。

　Goodland（1992）は地球生態系内部の経済システムを図式化したが，それを簡略化して示すと図9-1のようになる。□の内部が有限の地球生態システムである。

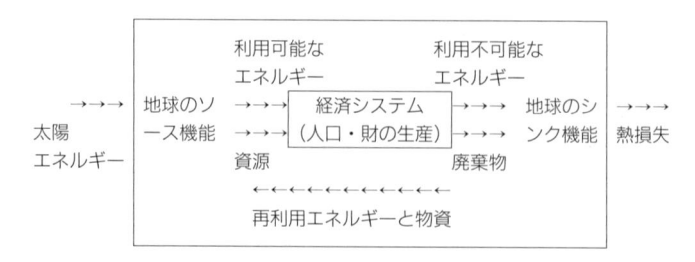

```
           利用可能な           利用不可能な
           エネルギー           エネルギー
  →→→  地球のソー  →→→  ┌─────────┐  →→→  地球のシ  →→→
  太陽        ス機能           │ 経済システム │          ンク機能      熱損失
  エネルギー              │(人口・財の生産)│
  ←←←             資源  │         │  廃棄物   ←←←
                      └─────────┘
                  ←────  再利用エネルギーと物資  ────
```

図 9-1　経済下位システムと有限地球生態システム

矢印は，物資とエネルギーのフローを示すが，これはまた資源やエネルギーが一定時間内に処理される量すなわち「スループット」でもある。地球のソースとは，太陽エネルギーをインプットとしてエネルギーと資源を供給する機能をいう。シンクとは，大気の循環によって熱として宇宙に放出されるエネルギーを除く，もはや経済システムによっては利用不可能なエネルギーと廃棄物を収容し，化学的に安定化させるか回復させる機能をいう。Goodland（1992）は，地球内の経済システムが限界にまで成長し，持続不可能となりつつあると主張する。たとえば，この50年間に，再生不能の化石燃料である石油とガスが地球全体のエネルギー消費の60％までになったという。世界経済の規模の膨張は非常に顕著で，ある試算では1900年に600億ドルであったのが，現在はたったの2年間で600億ドルに増加しているという。問題の規模は局地的から地球的になった。このことに関して彼は5つの証拠をあげている。

第1は，バイオマスで，これは地球上の有機体の総量であるが，地上の生命は，基本的には光合成を行う植物に依存している。今日の経済は，陸地分（海中を除く）の光合成物の40％を使用している。世界人口が35年で倍増するとして80％の依存率はありえない数値である。

第2は，温暖化である。二酸化炭素をはじめとする温暖化ガスを大気というシンクに放出する汚染に誰も金を払っていないが，現在年間70億トンの炭素が大気中に放出され，生態システムのシンクの炭素吸収容量（スループット）を超えている。気候帯の移動や海水面の上昇など，生じる結果は計りしれない。

第3は，オゾン層の破壊である。CFC$_s$（クロロフルオロカーボン類）によるオゾン層の破壊が1974年に予測されていた。そして1985年に南極上空にオゾ

ンホールの存在が報告された。皮膚ガン,免疫力の低下などの健康への影響,穀類や魚類への影響は未知である。

　第4は,土地の疲弊である。表土の侵食,塩分濃度の上昇,砂漠化によって,すでに35％の土地が疲弊している。食糧のほとんど（97％）は土地から得られるが,表土の喪失率は,年間1ヘクタールあたり10ないし100トンといわれている。それは表土の形成率の10倍といわれる。

　第5に,生物種の多様性の減少である。世界で最も豊富な種の生息地である熱帯雨林はすでに55％が破壊された。年間16万8千キロ平米を超えて破壊が進行中である。正確な数字は不明であるが,地球上の生物種は3千万種以上ともいわれている。年間5千種が,あるいは15万種が,消滅しているといわれる。

　Goodland（1992）は人口規模の安定を重視し,とくに途上国は世界人口の77％を,そして世界の人口成長の90％を占めているので,国際組織はそれらの国々のインフラ・ストラクチャーよりも人口の引き下げに援助すべきであると述べている。

　人口問題については,途上国での「人口爆発」がしばしば指摘される。それは非常に深刻で,世界人口は1950年から半世紀を経過した今日,約60億と倍増している。人々が享受するものと,それを供給するための技術が,環境に及ぼす影響に関係していることを指摘したのがEhrlichら（1990）である。エーリッヒの方程式は次のようなものである。すなわち,

$$I = P \cdot A \cdot T$$

　I：「人間活動が地球に与える影響の総量」（I＝Impact）
　P：「人口の規模」（P＝Population）
　A：「人口一人当りの豊かさ・消費される資源の量」（A＝Affluence）
　T：「消費財を供給する科学技術の環境破壊指数」（T＝Technology）

　現在,とくに開発途上国での人口増加が問題視され,それがグローバル・チェンジと関連づけられているが,この方程式は,人間活動の地球に与えるインパクトが,先進国の問題でもあることを示している。なぜなら,先進国のAと

Tが非常に大きいからである。また世界人口の5分の1を占める中国が、先進国の豊かさをめざして全面的な成長を続けたらどうなるであろうか。日本も例外ではなく、確かに人口の増加は少なく、また技術革新も期待できるが、AとTが大きいことは理解できよう。時間的にみて、第2次大戦後のAとTを現在の日本のそれらと比較すれば、この間に累積してきた環境へのインパクトの大きさがわかるであろう。

　以上紹介したことは、グローバル・チェンジの原因と結果の一部であるが、今日の環境問題は、従来のものとは相当な違いのあることがわかる。それは、局地から地球規模へと拡大したこととともに、ソース（資源）機能の問題からシンク（地球の生態システムを安定的、循環的に維持する機能、浄化機能）機能の問題へと拡大したことである。局地的な問題も依然として解決されていないこと、また上記の事柄が10年前の指摘であることを考えると、環境問題はさらに深刻になったといえよう。

（2）　グローバル・チェンジの心理学

　このような地球規模の変化に関する心理学研究は、新しい課題であるがために、従来とは異なるアプローチが必要であろう。Pawlik（1991）は、「温暖化」の結果として生じると予想される現象が、はたして現実のことになるのか、それともたんに危惧にすぎないのか、という「遠い将来」や「不確定性」による、温暖化を知覚する際の困難を列挙している。

　第1は、グローバル・チェンジが人間の感覚器官では感知できないことである。たとえば、この40年間で1.5℃から4.5℃の大気温の増加があったといわれるが、年間平均10分の1以下の変化を感知できるであろうか。統計をとっても観測地点の差や年毎の差があり、平均値も数年間の移動平均による表示でようやく温暖化の傾向を知ることになる。

　第2は、原因・結果の関係がわかりにくいことである。従来の学習心理学では、刺激に対する反応への強化は比較的直接的であり、数年にわたるような時間間隔のある行動変化は研究の対象ではなかった。

　第3は、滅多に起こらないことの出現頻度が過小評価されることである。さらに、温暖化はすぐ生じる現象ではなく不確定な将来において生じる現象であ

る。

　第4は，行為者と犠牲者との間の社会的距離である。多くの場合，両者は接近した状態にある。しかし，グローバル・チェンジに関しては，Aという個人の行動の結果は，時間的・空間的に遠く離れて生活しているBという個人に影響する。

　第5は，環境保全行動の主観的コスト‐効率の低さである。環境保全行動は努力の実質的な結果がみえにくいのである。また，実際に環境保全行動にはコストもかかる。有害物質排出の少ない自動車は高くつく。空調の節約は多少の不快や手間を生じさせる。環境保全行動は，「共有地のジレンマ」事態における行動である。

　グローバル・チェンジの特徴は，結局は国境のないことである。しかも予想もつかない「危険」を招来すると考えられている。この変化に対する人々の意識を研究する際に，これまで行われてきた危険に対する認知と，そのリスクについてのコミュニケーションの研究を参考にすることができる。

2　環境ハザードとリスク・コミュニケーション

(1)　環境ハザード

　環境ハザード（environmental hazards）という用語は，もはやそれほど珍しいものではなくなった。ハザードとは「危険あるいは危険物」を意味し，語源はアラビア語で「死」である。「可能なハザード」を考えれば，それはリスク（risk）とよばれる。すなわち，不幸（災難）や損失（命を含む）に遭遇する可能性をいう。語源はギリシア語で「断崖」である。すなわち，「岩礁のある海岸を帆走する危険（ハザード）」を意味する。

　ハザードは，自然のものと人工のものに分類されることが多い。たとえば，Bell ら（1990）は，「自然災害」と「技術的カタストロフ」に分類している。彼らによると，「自然ハザード」は，洪水，火災，暴風，地震，火山，干ばつ，津波など，自然の危険が顕在化したものである。これらは滅多に生じない現象であるが，ひとたび発生するとその影響は劇的である。その特性は，急速なこと，予測が困難なこと，コントロールのできないことである。その影響は直接

の被害にとどまらず,外傷後ストレス障害(PTSD: Post Traumatic Stress Disorder)とよばれる長期の影響もある。また,予測の困難と,終息点(low point)のあいまいさが,警告と避難に多くの問題を生じる。知覚的特徴として,「危険の最中と直後を除くと常に意識されているわけではない(危機効果:crisis effect)」ことおよび「対策を講じることでリスクを過小評価する(堤防効果:levee effect)」ことが指摘されている。

雲仙普賢岳噴火(1990),北海道南海沖(奥尻島)地震と津波(1993),阪神淡路大震災(1995),有珠山噴火(2000)などによって上記の事柄はポピュラーになった。

同様に,「技術ハザード」は,核事故などによる有害化学物質の放出のように汚染というかたちをとる。人による制御の失敗であるという点で,自然ハザードと大きく異なるが,その他の点では,自然ハザードとよく似ている。その特性は,持続が不定すなわち終息点がさまざまであることで,場合によっては予測できないこともある(スリー・マイル島やチェルノブイリの事故)。知覚的特徴は,自然ハザードよりもコントロールの感覚の喪失が大きい(「決して生じない」という確信がある)。技術ハザードは自然ハザードよりも「未知」である。

最近の茨城県東海村町核事故(1999年)はこのことを証明した。

(2) リスク知覚と評価

技術ハザードは,人々がこれまで享受してきた技術の効用の背景に,重大なリスクが存在することをみせつけた。技術の進歩は,新たな快適や利便を意味すると同時に,「危険な進歩」でもある。

WandersmanとHallman(1993)によると,技術に固有のリスクを数量化する量的リスク・アセスメントは,ハザードの生起確率と強度に基づいて行われてきたという。たとえば,汚染された場所にある化学物質について,被曝者数やその程度を推定する方法が用いられている。このような科学的予測は採用されるモデルによって異なること,および人々の知りたいことの一部(健康への危険)にしか答えていない,という弱点をもっている。住民は,彼らの資産,農場,動物,廃棄物を運ぶ交通,さらには地域のイメージにまで及ぶ広範な影

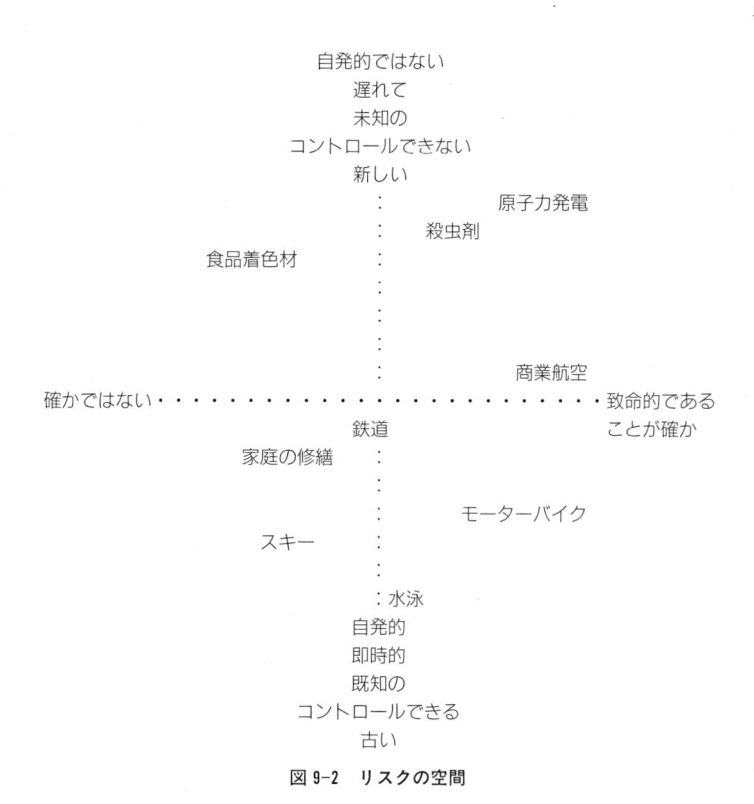

```
                        自発的ではない
                          遅れて
                          未知の
                      コントロールできない
                           新しい
                            :              原子力発電
                            :       殺虫剤
          食品着色材        :
                            :
                            :
                            :
                            :              商業航空
   確かではない・・・・・・・・・・・・・・・・・・・・・・・・致命的である
                          鉄道                       ことが確か
          家庭の修繕        :
                            :
                            :          モーターバイク
          スキー            :
                            :
                            : 水泳
                          自発的
                          即時的
                          既知の
                      コントロールできる
                           古い
```

図 9-2　リスクの空間

響について考えるのである。

　彼らは，従来の研究を概観して，「リスクの社会的増幅装置」や「憤慨要因（outrage factors）」に言及している。人々はリスクの科学情報を，社会的，政治的，倫理的情報と組み合わせて利用するという。リスク受容は，憤慨要因の効果によって，自発性，個人のコントロール，公平さ，人工に対する自然，未知に対する既知，検出可能性，科学的，などの程度が高いほど受容されるし，逆の場合にはリスク受容に対する大きな抵抗を生じる。憤慨要因としてとりあげられたものはハザード（リスク）によって関連する程度が異なる。

　これまでリスク知覚の因子を求める研究が行われており，たとえば，Fischhof（1990）は，彼らの因子分析の結果によって，日常生活で人々が利用するものを2因子空間に位置づけた（図9-2）。

　因子としては，「致命リスク」と「未知リスク」になるであろう。第3の因

子は,破滅ポテンシャルともいうべきもので「規模」を表している。代表的なハザードを図示しておく。くわしくは岡本(1992)を参照されたい。

SchmidtとGifford(1989)は,「環境評価インベントリ(EAI: Environmental Appraisal Inventory)」を作成し,24の環境ハザードを「個人にとっての脅威」,「環境への脅威」,「個人の知覚されたコントロール」の3つの7段階尺度で評価させた。個人にとってもっとも脅威になるハザードは「公共の建物内での喫煙」,「汚染によるオゾン層の変化」,「自動車,工場,ゴミ焼却からの汚染」など,個人が直接被害を被る身近なものであった。環境へのインパクトがもっとも強いものは「化学廃棄物」,「放射性降下物」,「オゾン層の変化」など,科学技術に起因するものであった。個人がコントロールできないものは「地震」,「洪水,津波」,「暴風雨」など,自然のハザードであった。

安藤・佐古(1991)は,18項目のハザードに対し,無害を0,もっとも危険の可能性の高いものを100,その他をその中間の数値で示すよう求めた。受容可能性は3段階の評定であったが,それにもとづいてハザードのクラスター分析を行ったところ,「事件・事故(核事故,航空機事故,医療ミス,自動車事故など)」,「自然災害(地震,台風など)」,「有害習慣(喫煙,飲酒)」,「有害薬物(食品添加物,農薬)」の4つのクラスターが見いだされた。リスク評定の平均は,事件・事故が約50近くで,自然災害と有害薬物が約30,有害習慣が約20であった。対処法に関しては,事件・事故と自然災害では「個人の対処不可能」との回答が多く,有害習慣と有害薬物では「遠ざける・避ける」との回答が多かった。

(3) グローバル・チェンジのリスク

Pawlik(1991)が述べているように,グローバル・チェンジは個人が知覚や学習のプロセスによって反応できる直接の刺激としての効果をもつものではない。その変化は,時間の経過の観点からは微小で緩慢であり,反応や行動によって生じる結果も直接的ではなく拡散的で時間的にも離れた将来のことである。したがって,人々がこのような事態を正しく把握するためには,グローバル・チェンジとその結果についての知識の伝達,すなわち,リスク・コミュニケーション(risk communication)による環境態度の変化,ひいては環境保

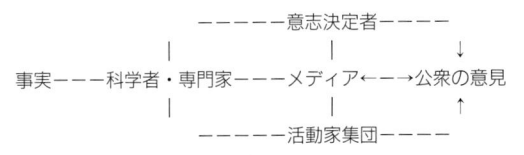

```
－－－－－意志決定者－－－－
    │         │         ↓
事実－－－科学者・専門家－－－－メディア←－→公衆の意見
              │                    ↑
              －－－－－活動家集団－－－－
```

図 9-3 アクタ間の情報の循環

全行動の実行と強化が重要となる。コミュニケーションは社会的プロセスであるから，情報のコンテンツとフローについても考える必要がある。

Power (1993) は，最近の環境問題に関する著作をレビューして，情報源の信頼性が重要であることを指摘した。関係機関は市民と情報を共有する必要があり，危険の特定，ありうる結果，対処法についての正確な情報が不可欠である。彼は，ニンビー：「私の裏庭ではダメ」(NIMBY: Not In My Back Yard)，ニアビー：「誰の裏庭であってもダメ」(NIABY: Not In Anyone's Back Yard)，さらにニムトゥー：「私の任期中はダメ」(NIMTOO: Not In My Term Of Office) という「頭字語」を例に，人々の間に生じる亀裂を指摘した。

Levy-Leboyer と Duron (1991) は，従来のハザード／リスクの認知プロセスの研究から，人々は警告を無視し，統計に関心を示さないことを指摘した。その理由は，第1に，統計はそこに提示する％値に自分が含まれないという安心感を与える。第2に，人々が現状は変化しないという信念を維持するために，予想される変化についての情報を排除する。さらに，関係するアクタ間のコミュニケーションを考えると，公衆の意見が形成されるまでの間には，意志決定者，メディア，活動家集団というフィルタがかかっている（図9-3）。したがって，一方では警告となったり他方では安心感を与えるような種々のメッセージが現れることになる。公衆は矛盾した情報にさらされることになり，個人が情報を選別しなければならない。

さて，環境保全行動を促進するには，環境に生じていることに人々の注意を向けさせて，正確な情報を提供し，合意形成をはかるコミュニケーションが必要であるが，行動の基盤となる態度と，それが行動に転換するプロセスを解明することが次の目標となる。

3 環境態度

(1) 環境態度

　環境問題に対する態度が「環境態度（environmental attitudes）」である。環境に関する知識，関心，態度，行為の尺度化が行われて，人々の環境意識の変化が明らかにされてきた。SternとOskamp（1987）によれば，'60年代は人々の環境への関心が高まった時代であり，'70年代はエネルギー危機のために人々の関心は経済に向けられた。'80年代になって環境意識は再び高まってきたが，それはグローバル・チェンジが広く知られるようになったことによる。多くの調査結果から，一般に，環境に対する関心が高い層は若年で，教育があり，政治的には比較的リベラルな考えをもつ人々である。また，態度と実際の環境保全行動との関係は，個別の環境問題において，あるいは環境問題一般の水準において高い相関があるといわれるが，環境態度の一般因子は存在しないともいわれる。

　SakoとGifford（1999）は，前述の「環境評価インベントリ（EAI）」の24のハザードに「温暖化」「雨林の減少」「生物種の多様性の減少」のグローバル・チェンジのハザードなどを加えた28のハザードを取りあげた。また「自己への脅威」「環境への脅威」「個人のコントロール」のオリジナル3尺度に，いくつかの尺度を追加して，その因子的妥当性を検討した。その結果，4因子を抽出したが，オリジナルの尺度はそれぞれ独立の因子として現れ，「個人のハザードとコントロールの知覚」という単純なストレスモデルが，環境態度の研究に適用される可能性を示した。なお，「個人のコントロール」は多くのハザードに「無力」であったが，この因子は，「技術的解決」や「ライフスタイル変化」の尺度との相関が高く，これらの「社会的資源」が環境問題への対処に不可欠という意識の存在が指摘された。

(2) 環境問題の論理

　どのようにして環境問題が生じるようになったのであろうか。「共有地の悲劇」の中で，Hardin（1968）は，人口増加が「共有地での放牧の自由」と同

様の論理に基盤をもつことを主張した。人口増加が，多数の子をもちたいという個人的動機にだけ帰せられるとは思えない。たとえば，政府の政策，個人や政府のコントロールの及ばない現象としての出生の性質なども，地球規模の人口増加と関係しているであろう。しかし，地球が養える人口が上限に近づきつつあるなかで，資源を消費する人口を増加させる自由が内に秘める危険を説明する論理を提案した意義は大きい。

Platt（1973）は，行動主義的学習理論に基づく「ソーシャル・トラップ（social traps）」の概念を提唱した。スキナー学派の行動と強化の図式を示すと，環境の事態（situation）あるいは刺激（stimulus）をS，その環境における有機体の行動（behavior）をB，それに随伴する強化（reinforcement）あるいは結果（result）をRと表記すると，

$$\begin{array}{ccc} B & B & B \\ S\quad R\ldots & S\quad R\ldots & S\quad R\ldots \end{array}$$

下の行は有機体と環境の相互交渉，あるいは環境からのインプットを，上の行は有機体の活動，あるいは環境へのアウトプットを示し，行動の連鎖は，このサイクルの継続として表記できる。このS－B－Rはフィードバック・ループである。Rには「良い結果」であるR^+と，「悪い結果」であるR^-がある。また個人的強化であるR_Pと，集団的結果であるR_Gがある。さらに時間次元を導入すると，直後あるいは短期（short term）のR_Sと，将来あるいは長期（long term）のR_Lがある。

この表記法を用いると，いくつかのタイプの「トラップ」を示すことができる。たとえば，

トラップ：
$$\begin{array}{cc} B & B \\ S\quad R_S^+\ldots R_L^- & S\quad R_P^+\ldots R_G^- \end{array}$$

カウンター・トラップ：
$$\begin{array}{cc} B & B \\ S\quad R_S^-\ldots R_L^+ & S\quad R_P^-\ldots R_G^+ \end{array}$$

$R_S^+ \ldots R_L^-$ は,「喫煙」や「過食」のような例である。同様に, $R_S^- \ldots R_L^+$ は,「貯蓄」などが該当する。$R_P^- \ldots R_G^+$ は,「裁判での証言」や「冷淡な傍観者」である。$R_P^+ \ldots R_G^-$ は, $\Sigma R_P^+ \ldots R_G^-$ とすると「共有地」タイプのジレンマを示す。このような事態からの「出口」は, 強化のパタンを逆転させることであるが, トラップは複雑に組み込まれているので詳細な分析が必要となる。

「社会的ジレンマ (social dilemmas)」は,「共有地の悲劇」をN人ゲームとして定式化したものである。Dawes (1980) によると, 利得を求める個人・組織の行動による損失の社会的拡散がジレンマとなる。離脱行動 (defection) と協調行動 (cooperation) を選択するN人ゲームにおいては, 協調と離脱の得失が個人にジレンマを生じさせる。彼によると, ゲームの構造は次のように記述される。

$D(m) > C(m+1)$; $D(0) < C(N)$; $m = 0, N-1$
$D(m+1) - D(m) = c_1 > 0$; $C(m+1) - C(m) = c_2 > 0$; $D(m) - C(m+1) = c_3 > 0$

$D(m)$：協調者数mに依存する離脱者の利得
$C(m)$：同様に協調者の利得
c_1, c_2, c_3：いずれも正の定数

要するに, すべての人が協調する場合には, 人々に利得が生じるが, 1人でも離脱者がいれば, 離脱者の利得は常に協調者の利得を上まわるという構造である。

たとえば, 3人の「取得 (テイク・サム) ゲーム」では, 離脱行動をとると, 3単位の利得が得られる。しかし, そのためにすべての人に (離脱者にも) 1単位の損失が生じる。協調行動には1単位の利得が与えられ, 損失は生じない。したがって, 1人が離脱すると, その者の利得は2単位となり, 他の2人には利得は生じない。この場合, $c_1 = 1, c_2 = 1, c_3 = 1$ である。このゲームは, 資源を消費して汚染を生じさせるような事態を想定している。

また，5人の「提供（ギブ・サム）ゲーム」では，離脱行動をとると，自分のために実験者から8単位の利得を得る。協調行動は，自分を除く他者すべてに3単位の利得が配分される。したがって，2人の協調者がいると，3人の離脱者の利得は14単位となり，協調者の利得は3単位となる。$c_1=3$, $c_2=3$, $c_3=8$である。このゲームは，公共財に投資する人たちと，それに「ただのりする人（フリー・ライダー）」がいる事態を想定している。

このように，得失の構造を変化させてゲームをさせ，ゲームのプレーヤーが利益を最大に導きながら協調的行動に転じる条件を探るのである。くわしくは山岸（1990）を参照されたい。

（3） 行動的介入

態度の形成や変容よりも，直接に行動を変化させるようにはたらきかける方法も研究されている。環境保全行動を促進させる研究を展望した Dwyer ら（1993）は，それらを先行介入と帰結介入に分類した。前者は行動に先行して，後者は行動の後でなんらかの働きかけをするものである。

先行介入のタイプをあげると，まず「コミットメント」がある。いわゆる言質をとる方法である。たとえば，自家用車の代わりに時にはバスに乗る場合，話されたものであれ，書かれたものであれ，公に約束することは有効である。言質をとられた行動は人の内的なコントロール感覚によって強化されるのである。「デモンストレーション」はマス・メディアを利用しての訴求である。たんなる口頭での訴えではなく，たとえば，家庭でのエネルギー消費を少なくするモデルとなる方法や結果をテレビでみせることが有効であるといわれている。「目標設定」も効果がある。たとえば，一定期間に古新聞を回収して学校のためにお金を稼ぐことである。もう一例として，「環境改造（environmental alteration）」の効果も報告されている。たとえば，ごみ箱の蓋を開けるたびに「ありがとう」の言葉が見える工夫がされたり，最近では分別用のゴミ箱の並置がみられるようになった。

帰結介入としては，まず「フィードバック」がとりあげられる。家庭でのエネルギー消費を量として，とくにコスト（金額）で知らせることは有効である。「報酬」は，くじ引きであったりクーポンであったり，個人あるいは集団に対

してであるが、金銭として与えられる報酬は効果が大きいようである。「罰則」というのは、たとえばエレベーターのドアが閉まるまでの時間を強制的に遅延させることによって利用を少なくさせたり、電力利用のピークに応じてコストを高く設定するような方法である。これらの方法は一定の効果を示している。

Dwayer らは、このような介入法を「馬を水のところにつれてくる方法」であるという。そして問題はここからはじまり、「環境倫理」あるいは「環境ライフ・スタイル」が個人の内部に形成されるプロセスの解明が今後の問題であると指摘している。すなわち、それは環境態度の研究である。

(4) グローバル・チェンジの人間次元

グローバル・チェンジは人間活動に起因するので、それらに対処するためには、政府機関の法的規制、非政府機関の運動、企業の技術開発と経済の論理の改善、そして人々の生活行動の修正に関する人間次元 (human dimensions) の研究が不可欠である。

多くの機関が独自の対処を試みていることは事実である。たとえば、Kempton ら (1992) によると、合衆国のエネルギー利用 (1986年) が、居住、商業、産業、交通の各セクターごとに、利用の比率と節約の比率として示されている。居住セクターは、全米のエネルギー使用の21%を、また1972年から1986年までの全米の節約量の34%を占めている。同様に、産業セクターは35%の使用と40%の節約である。このように、家庭での使用の割合は、全体の5分の1であるが、個人は家庭での使用者であるだけでなく、産業の従事者であり、企業の製品および、商業セクターや交通セクターが提供するサービスの消費者でもある。したがって、重要なことは個々の消費者が事態を理解し、環境保全に有効な態度を形成し、環境保全行動を実行することである。

環境保全行動の動機づけモデルの典型として、Stern ら (1993) と Stern & Dietz (1994) のものがあげられる。彼らは「結果の意識」(AC: Awareness of Consequences) に基盤をもつ愛他主義モデルを提唱した。すなわち、

$$M = V_{ego}AC_{ego} + V_{soc}AC_{soc} + V_{bio}AC_{bio}$$

M： 動機づけの強さ
V： 対象に志向する価値の重要性
AC： 価値づけられた対象に関する結果についての信念
ego： 利己主義的価値志向
soc： 社会的・愛他価値志向
bio： 生物圏への価値志向

　彼らは，3つの信念の尺度（各3項目）と，行動意図（政治的活動）の尺度（4項目）を構成した。たとえば，AC_{ego}の項目として，「環境を守ることは私のような人々の仕事を脅かすだろう」，AC_{soc}では「公衆の健康に及ぼす汚染の影響は私たちが考えている以上に悪い」，AC_{bio}では「今後の数十年にわたって数千の種が絶滅するであろう」があげられる。Mの例として，「環境を傷つけている会社に対するデモに参加するつもりである」があげられる。これらの尺度で測定された数値をもちいると，3つのACを独立変数とし，Mを従属変数とする回帰式となり，3つのVは回帰係数として推定される。
　SternとDietz（1994）は，価値志向を測定する尺度構成を試みたが，その結果は上記のモデルとは異なり，「生物圏・愛他的」，「変化の許容」，「利己主義的」，「伝統的」の4つの価値志向が得られた。生物圏志向と愛他志向は分離されなかった。彼らは，4つの価値志向，3つの信念，そして「政治的活動」の尺度を用いて，価値から信念を経て活動にいたる因果モデルを作成した。分析の結果，各価値志向は各信念に対応せず，「変化の許容」は有効な価値志向とならなかった。しかし，すべての環境に関連する信念は，価値によって影響を受けることが確認された。
　Sternら（1993）の考えでは，グローバル・チェンジの人間次元の研究にとって，個人や集団における価値の形成が重要な課題となる。そして望ましい行動を促すためには，グローバル・チェンジによるハザードについてのリスク・コミュニケーションや，行動介入のような補完的手段を有効に利用する必要がある。しかし，社会的ジレンマのような，「利己主義」と「愛他主義・環境主義」との二律背反（トレード・オフ）は，個人の水準から国家の水準まで多くの局面で葛藤を生じるであろう。

4　人間の未来：環境倫理

　倫理（ethic）の語源はギリシア語またはラテン語で，「習慣」の意味である。一般的には，「個人あるいは集団がもつ道徳的原理あるいは道徳的価値の集合」をいう。道徳（moral）の語源はラテン語で「習慣」であるが，一般には「正義と悪の標準に従う行動の原理」である。善悪は個人や集団が選択するものであり，環境倫理（environmental ethic）とは，人間と環境の関係において，好ましいものとして選択される行動原理をいう。

　Shrader-Frechette（1991）は，これまで人間社会が信奉してきたプラグマティズムや功利主義倫理が，環境関連公共政策として実践され，環境悪化の原因となったことを指摘している。従来の倫理が環境破壊のみではなく人間への被害をも生じさせたことから，自然自体の権利を認める新しい倫理が必要であるという。彼女は，現在の環境倫理として以下の3つを指摘している。

　第1は，「フロンティア倫理」である。それは環境というより人間中心主義である。もちろん，開発途上のアメリカのフロンティアはもはや存在しておらず，環境の豊富さを根拠としているのではない。科学技術の発展が問題を解決してくれるという科学至上主義の信念は現在も存在しているのである。

　第2は，「救命ボート倫理」である。富める国は適度の人数が乗っているボートで，貧しい国はこぼれ落ちるほどの多人数が乗っているボートであるとみなす。この考えはナショナリズムを容認する。沈むボートは助けなくても許されるということになる。人口増加を強制的に抑制することや，資源配分の正義（公平）を実現することは不可能と考えるのである。もちろん，この倫理の難点は明らかである。そこには諸国民間と世代間の不公平がある。そして完全な配分正義が不可能であるため，正義を行う義務を免じられるという考えにいきつくのである。

　第3は，「宇宙船倫理」である。これは地球を宇宙船にたとえるものである。宇宙船の乗員である人間は，環境の価値を認め，フロンティア的行動を改め，資源配分の民主的制御によって公平の最大化をはからなければならない。この考えは人間の能力を過大評価しているとも思えるし，また公衆の自発性に依存

しているという弱点をもつ。しかし，そのような奨励策をとらないと強制的な環境保護へと移行するかもしれない。

このような倫理からどれを選択するかという決定は多くの問題と関連している。未来世代の権利，自然物の権利，消費制限の義務，環境と経済，そして人口問題と環境問題について多くのことを知る必要があるし，最終的には個人になんらかの具体的行動が要求されよう。Rapoport (1993) は，環境問題について書かれたいくつかの書物をレビューして，人々を道徳的に結束させ環境危機に対処させるような環境倫理が必要であると指摘した。彼は，効果的な活動として政府や団体の「アクション」と，自然科学への人間科学的視座の導入，とくにグローバル・チェンジに関する人間次元の「研究」を強調している。しかし，「地球倫理（グローバル・エシック）」は，「協力（cooperation）」がもっとも強調さるべき価値であるにもかかわらず，グローバルな価値が内的整合性をもち，普遍的に受容可能なものになるかどうかまったく不明であると述べている。

このように，グローバル・チェンジは将来の人間の在り方を問うことになる。結果として，私たちの社会は，生活の快適性を最大限追求することよりも，むしろ適度な状態の維持へと，その倫理を転換せざるをえない。そこで目指すべきは，人間生活の質の向上であり，物の豊かさではなく心の豊かさの重視であり，そして地球環境の修復と保全である。

引用文献

安藤孝敏・佐古順彦 1991 環境ハザードのリスク・アプレイザルに関する研究 人間科学研究, **4** (1), 159-165.

Bell *et al.* (Eds.), 1990 *Environmental psychology* (3rd ed.) Orland, Fl : Holt, Rinehart and Winston.

Dowes, R. M. 1980 Social dilemmas. *Annual Review of Psychology*, **31**, 169-193.

Dwyer, W. O., Leeming, F. C., Cobern, M. K., Porter, B. E., & Jackson, J. M. 1993 Critical review of behavioral interventions to preserve the environment research since 1980. *Environment & Behavior*, **25** (3), 275-321.

Ehrlich, P., & Ehrlich, A. 1990 *The population explosion*. Simon & Schuster, (水谷美穂訳 1994 人口が爆発する！ 新曜社)

Fischhof, B. 1990 Psychology and public policy : Tool or toolmaker ? *American Psychologist*. **45** (5), 647-653.

Goodland, R. 1992 The case that the world has reached limits : More precisely that current throughput growth in the global economy cannot sustained. *Population and Environment : A Journal of Interdiciplinary Studies*, **13**（3）, 167-182.

Hardin, G. 1968 The tragedy of the commons. *Science*, **162**, 1243-1248.

Kempton, W., Darley, J. M., & Stern, P. C. 1992 Psychological research for the new energy problems : Strategies and opportunities. *American Psychologist*, **47**（10）, 1213-1223.

Levy-Leboyer, C., & Duron, Y. 1991 Global change : New challenges for psychology. *International Journal of Psychology*, **26**（5）, 575-583.

岡本浩一 1992 リスク心理学入門：ヒューマン・エラーとリスク・イメージ サイエンス社

Pawlik, K. 1991 The psychology of global environmental change : some basic data and an agenda for cooperative international research. *International Journal of Psychology*, **26**（5）, 547-563.

Platt, G. 1973 Social traps. *American Psychologist*, **28**, 641-651.

Porter, G., & Brown, J. W. 1991 *Global environmental politics*. Boulder : Westview Press.（信夫隆司訳 地球環境政治：地球環境問題の国際政治学 国際書院）

Power, S. 1993 Risking it all : Personal and policy decisions about environmental risks. *Journal of Environmental Psychology*, **13**, 85-89.

Rapoport, R. N. 1993 Environmental values and the search for a global ethic. *Journal of Environmental Psychology*, **13**, 173-182.

Sako, T., & Gifford, R. 1999 Principal factors of environmental awareness : A study of the construct validity of the environmental appraisal inventory. *MERA Journal*, **5**(2), 9-14.

Schmidt, F. N., & Gifford 1989 A dispositional approach to hazard perception : Preliminary development of the environmental appraisal inventory. *Journal of Environmental Psychology*, **9**, 57-67.

Shrader-Frechette, K. S.（Ed.） 1991 *Environmental ethics*（2nd ed.） The Boxwood Press.（京都生命倫理研究会訳 1993 環境の倫理 上・下 晃洋書房）

Stern, P. C., & Oskamp, S. 1987 Managing scarce environmental resources. In D. Stokols, & I. Altman（Eds.）, *Handbook of environmental psychology*. Vol. 2, NY : John Wiley & Sons. pp. 1043-1088.

Stern, P. C. Dietz, T., & Kalof, L. 1993 Value orientations, gender, and environmental concern. *Environment & Behavior*, **25**（3）, 322-348.

Stern, P. C., & Dietz, T. 1994 The value basis of environmental concern. *Journal of Social Issues*, **50**（3）, 65-84.

Wandersman, A. H., & Hallman, W. K. 1993 Are people acting irrationally? : Understanding public concerns about environmental threats. *American Psychologist*, **48**（6）, 681-686.

山岸俊男 1990 社会的ジレンマの仕組み サイエンス社

環境保全と環境教育　10

的場正美

1　はじめに

　環境教育が環境問題の解決にとって重要な領域であることが，人類共通の問題として意識され，それがストックホルムの国際会議で結実したのは，1972年のことである。日本において，三重県四日市や熊本県水俣などの公害に対する教師の取り組みが実を結び，全国の教師の共通の問題として討論されたのは，1971年の第20次教研集会の「公害と教育」分科会である。1970年代に意識されはじめた公害学習を中心とした環境教育も，現在では，テレビや新聞でも各国の環境問題が報道され，書店には，身近なごみの問題から地球規模の環境問題を扱った環境教育の実践と方針に関する多くの著作が並んでいる。このような状況の背景には，環境問題が解決を要する緊急な切迫した問題であり，しかも，環境をよりよい状態で，全生物を含めた次の世代へひき渡していかなければならないという問題意識がある。このような問題意識のもとで要求される環境教育は，環境問題に関する単なる知識の伝達だけでなく，価値観や態度の変革を含んだ教育である。

　1970年代から環境教育に関する国際会議が多く開催されるようになり，諸外国では，野外での体験や大がかりな活動を伴う環境教育もなされてきている。第2節では国際会議の動向を，第3節では諸外国での環境教育の考察を通し，日本の環境教育の構想と実践に参考になる観点を明らかにする。第4節では日本の環境教育の歴史と実践，および学校教育や社会教育における環境教育のあり方と環境保全について論じる。

2　環境教育の国際的動向

　国際的な環境教育の出発点は，1972年にストックホルムで開催された国連人間環境会議である。この会議の勧告によって，ナイロビにユネップ（UNEP：United Nations Environment Programs）が企画されている。また1975年にはストックホルム会議の勧告によって，ユネスコと UNEP が共同で IEEP（International Environmental Education Programs）を創始し，10月には旧ユーゴスラビアのベオグラードで国際環境教育会議が開催された。その後，世界の5地域ごとに環境教育地域専門会議が開催された。アジア地域の会議は，1976年11月にタイのバンコックで開催された。国連は，ストックホルム会議の10周年を記念して1982年にナイロビで会議を開催し，とくに環境教育の研修のあり方を検討した。IEEP は1977年に旧ソビエト連邦グルジア共和国のトビリシで世界最初の政府間国際会議を開催し，その会議から10年後には，モスクワで国際会議を開催している。また，ユネスコと UNEP は，環境教育のコネクト（Connect）という名称のニュースレターを発行している。その他の国際的な環境教育をめぐる重要な国際的な動きには次のようなものがある。1968年には，ユネスコの「生物圏資源の利用と保全」に関する政府間会議で環境教育の実施がうたわれた。1985年には東京で世界環境教育会議が開催されている。1989年には第3回国際環境教育会議がインドのゴアで開催された。1986年に国連総会で採択された「発展の権利に関する宣言」では，自由権，生存権に加え，人権の第3のカテゴリーとして「第3世代の人権」（third generation of human rights）が主張された。「環境と開発に関する世界委員会」による報告書「我ら共有の未来」（1987年）では「持続可能な発展」という概念が注目をあつめた。1992年にはブラジルで環境問題の会議が開催され，21世紀に向けた行動計画として「アジェンダ21―持続可能な開発のための人類の行動計画―」が宣言された。1997年には，国連環境特別総会とユネスコ主催の第3回国際環境会議が開催されている。同年ユネスコ第5回国際成人会議で採択された「未来へのアジェンダ」では，発展の維持を追求するためには「家族問題，次世代を生む生活サイクル，高齢化・移民・都市化・異世代間の関係・家族関係とい

った人口問題に関する教育を強調しなければ解決は不可能である」として環境,健康,人口,栄養,食糧の安全の間の密接な関係を強調している（堀尾ら,1998, p.526)。このような活動のなかから,1972年の「国連人間環境会議」,1975年に採択されたベオグラード憲章,1977年のトビリシ環境教育政府間会議,およびモスクワで開催された「ユネスコ－ユネップ1990年代の環境教育・研修のための国際行動戦略」における環境教育について言及する。

(1) ストックホルム会議

　ストックホルム会議で決議された人間環境宣言は7項目の共通見解と26項目の原則を宣言している。人間と環境の関係の基本的なとらえ方は最初の項目に表れている。そこでは「人は環境の創造物であると同時に,環境の形成者である」（梶ら,1973, p.310）と,人間と環境の関係をとらえ,科学技術の進歩によって人間が環境を「前例のない規模で変革」する力をもち,人間によってつくられた環境と自然のままの環境が人間の生存権のために基本的に重要である,という認識を基盤としている。

　次の第19項目の原則にみられるように,教育は環境保全の向上の基盤を広げるものとして期待されている。

　「環境問題についての若い世代と成人に対する教育は——恵まれない人々に十分に考慮して行うものとし——個人,企業と地域社会が環境を保護向上するよう,その考えを啓発し,責任ある行動をとるための基盤を拡げるのに必須のものである。マスメディアは,環境悪化に力をかしてはならず,すべての面で,人がその資質を伸ばすことができるよう,環境を保護改善する必要性に関し,教育的な情報を広く提供することが必要である。」（梶ら,1973, p.314）

　この宣言と同時に採択された「人間環境に関する行動計画」は,環境教育の具体的な実践の指針として,「環境教育の目的は,自己を取り巻く環境を自己のできる範囲内で管理し規制する行動を一歩ずつ確実にすることのできる人間を育成すること。」としている（榊原,1983, p.7）。榊原(1983)は,この宣言を人権宣言に匹敵する宣言であると評価している。

(2) ベオグラード憲章

　1975年10月に，旧ユーゴスラビアのベオグラードでユネスコの主催で開催された国際環境教育会議には，60カ国から参加があった。中山（1993）によると，環境教育に興味をもった参加者たちの10日間の討議の到達点をまとめ，共通の理解として作成されたものがベオグラード憲章で，現在も世界の環境教育の指針としての役割を果たしている。この憲章では，環境教育の目的は，「環境とそれに関する問題に関心をもち，それに関与し，そして現在の問題の解決と新しい問題の予防をめざして個人的・集団的に活動するための知識・技能・態度・動機・責任を有する世界市民を育成すること」（市川，1991，p.3）と確認され，具体的目標が次の6項目に分けて述べられている（市川，1991，p.3）。

　①意識：個人・社会集団の，全環境とそれに関する問題に対する意識と感受性の獲得を援助すること。

　②知識：個人・社会集団の，全環境とそれに関する問題および環境における人間の厳しい責任と役割について基本的理解の獲得を援助すること。

　③態度：個人・社会集団の，環境に関する社会的価値や強い感受性の獲得と，環境の保護や改善に積極的に参加するための動機の獲得を援助すること。

　④技能：個人・社会集団の，環境問題解決のための技能の獲得を援助すること。

　⑤評価能力：個人・社会集団の，生態学的・政治的・経済的・社会的・美的・教育的要素からみた，環境測定や教育プログラムの評価を援助すること。

　⑥参加：環境問題解決のための活動を確実に実践するため，環境問題の緊急性とそれに対する責任について，個人・集団の感覚の発達を援助すること。

　ストックホルム会議に比べると，この会議では，環境教育の包括的で具体的な目標が設定されている。さらに，環境教育の指導原則として，①すべての側面からの総体的な考察，②生涯にわたる，学際的なアプローチ，③環境問題の予防と解決への参加，④世界的な視野と地域特性への注目，⑤現在と未来の環境問題への集中，⑥環境の見地からの開発と成長の検討，⑦地方，国家，国際の協力の必要性が提案されている（市川，1991）。

（3） トビリシ会議

1977年10月に旧ソ連邦グルジア共和国のトビリシで開催された環境教育政府間会議は，通称，トビリシ会議とよばれている。会議に政府の代表として中山と共に参加した榊原（1983）によると，人口問題，エネルギー問題，南北問題などにかかわる問題が提出されて，緊張が予想されたが，環境教育の内容そのものに集中した討議がなされた。この会議では，40の勧告がなされているが，環境教育の目標は以下のように規定されている（市川，1991，p.6）。

「環境教育の基本的ねらいは，個人とコミュニティに以下のことをさせることである。その生物的・物理的・社会的・経済的・文化的側面の相互作用の結果としての，自然・人為環境の複雑な本質を理解すること，環境問題を予測し，解決すること，そして，環境の質を管理することにおいて，責任ある効果的なやり方に参加するために，知識，価値観，態度，実践的技能を身につけること。」

「環境教育のさらなる基本的ねらいは，さまざまな国の決定や活動が国際的な影響を生じる近代世界の経済的・政治的・生態的相互関係を明確に示すことである。この立場から，環境教育は，環境保全と向上を保証する新しい国際的秩序の基礎として，諸国・諸地域に責任感と連帯感を発達させることを助けるべきである。」

この会議を基礎として，1987年にモスクワ会議が開催されるが，この2つの会議を比較して，市川は『トビリシ勧告』が包括的で抽象的であったのに比べ，『国際活動方略』は，『トビリシ勧告』の基礎に立って，環境教育専門の人員配置・機関確立，活動の時期の明確化などさまざまな点で活動を具体化している。とりわけ，『持続的開発』という考え方の導入を強調している点は，今後の環境教育カリキュラム・教材の開発に影響を及ぼすと考えられ，注目に値する」と評価している（市川，1989，p.182）。

（4） モスクワ会議

1987年8月17日から21日までモスクワで「環境教育・研修に関するユネスコ－ユネップ国際会議」が開催された。17日の第1回本会議で大会事務局の役員が決まり，その日の午後の第2回本会議では4人の講演と6人のパネラーによ

る討論がなされている。18日と19日の午前，21日にはいくつかの委員会が会議を行い，19日の午後の第3回本会議では「環境教育および環境研修における国際地域協力」という議題で討論がなされている。そのなかから，第1委員会の報告をもとに，環境教育の目的について述べると，認識だけでなく，実践を強調して，次のように述べられている。

「環境教育では，環境問題に対する認識の深化，情報の伝達，知識の教授，習慣と技術の開発，価値観の向上，判断基準と企画の提示，問題解決と意志決定における指針の提示を同時に目指す必要がある，と委員会の意見は一致した。したがって，環境教育の目的は行動様式に対する認識を深めると同時に，これを実践することを目的としなければならない。」（日本環境協会，1988，pp.2-9）

この目標を箇条書きにすると，①環境問題に対する認識の深化，②情報の伝達，③知識の教授，④習慣と技術の開発，⑤価値観の向上，⑥判断基準と企画の提示，⑦問題解決と意志決定における指針の提示となる。日本における環境教育も，①から③に留まることなく，認識と実践を相互に関連づけ，⑦を含んだ実践が必要となる。環境教育は行動の変革を目指し，そのために新しい価値観や態度の育成を行おうとしている。しかし，このような行動様式を変革する新しい態度の育成は，短期には不可能であり，就学前期から大学教育までを通して，学校内，学校外で教育的雰囲気をつくりだしていくことが必要であるとしている。

環境教育の具体的な活動が提案されているが，教育プログラムと教材について，その活動項目をあげると次のようである。

　　　活動1：カリキュラム作成に関する情報の交換
　　　活動2：履修モデル（見本）の作成
　　　活動3：新しい教材の開発
　　　活動4：カリキュラム評価の作成

これら具体的な活動のなかで，活動2：履修モデル（見本）の作成をみると，13の具体的で原則的な提案がしてある。そのなかからいくつかとりだすと，①総合的教授：環境，健康，人口，平和など相互に関連の深いテーマは1つの領域に盛りこみ総合的に教える，②価値観と態度の育成：環境教育では特殊な事

例に関する知識よりも，期待される価値観と態度の育成に重点をおく，③大都市における人々の生活と環境の保護，④環境教育では自信と活動の動機を与え，環境問題は解決可能であると生徒が考えるような楽しい授業を工夫すること，⑤人間は自然の一部であるという認識に立ち，自然を守る責任感の育成，⑥環境教育プログラムへの若者の参加，⑦環境教育の手法の多様化という原則的な提案がなされている（日本環境協会，1988，pp.2-11）。

　日本の授業実践では，環境問題は，授業をやっていくと暗くなる，と時々言われることがある。自信と活動の動機を与え，環境問題が解決可能であると生徒が考えるような楽しい授業を工夫することが必要であるというように，履修モデルは授業実践にふみこんだ提案をしている。

3　諸外国の環境教育の動向から学ぶ主な視点

(1)　都市環境への注目

　佐島（1991）は，論文「諸外国の環境教育を手がかりに『学ぶ視点と提言』」で，イギリス，アメリカ，ドイツ，スウェーデンの環境教育をとりあげ，成立過程，環境教育の方法の視点から，それぞれの外国の環境教育の動きを分析し，日本の環境教育への提言を行っている。その1つが，都市型環境問題への注目である。例としてイギリスをあげると，この国は，すでに19世紀末には環境教育が初等教育のカリキュラムへとりいれられ，古くからの環境教育の伝統をもっている。佐島（1991）は，イギリスの環境教育を次のように図式的に整理している。1899：環境教育の出発点，1926-40：都市への人口集中（農村の衰退：環境決定論），1965：「自然」の社会的問題化，1973：「都市」の問題，1979-80：ボランティア活動，1980-：都市型環境問題。このように，現代のイギリスは，都市型の環境問題が中心であり，環境教育の方法も，自然かんさつ路（1961）から都市かんさつ路（1975）へと変容している。そして，「都市生活者の立場から都市の過密，住宅問題，汚染などの問題を学ぶことは急務であり，子供と市民が一体となった都市ウォッチングが必要であろう」（佐島，1991，p.176）と述べ，日本の環境教育の実践に対する提言を試みている。

　都市環境を学習の対象にしたイギリスの実践事例がある。「町のかんさつ路」

と表題がつけられているこの実践は，都市の諸問題を学習するために設立されたノッティンデール・アーバン・スタディーセンターで実施されている。町を観察するためのＡ４判のガイドブックがあり，1から15の観察ポイントを番号で示している。高速道路の空間，団地，公営団地の開発，住宅の色，公園などのポイントごとに課題が示されている。たとえば，高速道路の空間というポイントでは次のような課題が示されていて，その課題について考えることを通して，都市の環境の問題を考えるように工夫してある。

「個々の景観や土地の利用のしかたについてどう思いますか。汚染・鉛中毒・騒音の問題を頭において考えてください。」（杉村，1991a，p.124）

「線状地帯の開発とは，高速道路の高架下の空間利用のため，最近の都市計画雑誌がつくったことばです。あなたはこれについてどう感じますか。」（杉村，1991a，p.124）

この事例を紹介した杉村（1991b）は，多くの子どもたちが都会生活をしている現在，自分の住む地域の環境問題を把握させ考えさせる活動は，日本の環境教育の参考になると評価している。

（2） 草の根の環境教育

アメリカの環境教育は多くの環境保護団体や消費者運動によって支えられてきた。また，1970年代末から80年にかけてのイギリスの環境教育は，市民による草の根奉仕活動によって展開されてきた。佐島（1991）は，日本の今後の環境教育に対して，市民的レベルの実践的環境教育の必要性と，環境保護団体との連携を図ることを提言している。

一方，ボランティア活動を根付かせている社会的土壌，余暇時間の長さ，自然環境へ親しむ機会の多さが，環境教育の活動を支えている社会的背景の影響を半田（1991）は強調している。

アメリカにおける，ある学校のアスファルトの庭を自然の庭につくりかえた実践には，子どもや住民約250人が集まり，討論をしている。また，アメリカのカリフォルニア州の公園づくりには，子どもたちがポラロイドカメラを持ち，好きな場所を撮り，それをもとに公園をつくるというように，子どもが参加している。これらの実践を紹介した世古（1991，p.133）は，子どもが，「共有の

施設をつくる過程に参加し，管理や運営を子どもたちを含む住民自身の手で行うことで，施設が自分たちのものだという意識や自分たちの住む身近な環境をより良くしていこうという意識が高まり効果をあげている」と評価している。ドイツでも，学校の教育活動への地域住民の参加が，学校開放プロジェクトの1つの形態として行われ，校庭の改造や地域の環境改善など環境保全がなされている。

（3） 教育課程における環境教育の位置づけ

ドイツの初等教育段階における環境教育は，事実教授（Sachunterricht）とよばれる教科のなかでなされている。中等教育段階では生物，地理，宗教，政治，家政などの教科のなかで，森林，ごみ，騒音などのテーマで環境教育がなされている。バイエルン州の文部省は1990年に環境教育の指導要領を公布した（Bayerisches Staatsministerium für Unterricht und Kultus, 1990）。この指導要領はすべての学校段階と学校の種類に適用されるもので，テーマと各教科の統合の仕方が具体的に示されている。環境教育の方法論として，バイエルンの指導要領は，①環境教育は価値教育であること，②環境教育は状況や生活と密接に関連すること，③環境教育は行動を目指すこと，④環境教育は教科を越えた授業でなされること，を強調している。学校外では，青少年団体や環境保護団体（ドイツ環境・自然保護連盟など）で盛んに行われている。スウェーデンでは，一種の総合教科であるオリエンテーション科で環境保全と健康に関する学習をする。その内容は，フィールド・ワーク，実験，実際の労働を伴うものである。いっぽう，ブラジルの場合，環境教育を学校の教育課程に一教科として位置づける人とそれに反対する人が対立した状態である（クラシルチック，1993）。とくに，後者の立場は，「独立した一教科とすることにより解決するやり方は，環境教育の近代的な概念に特有なすべてを分析するというやり方を曲解することになる」（クラシルチック，1993，p.120）ととらえている。

韓国では，中学校で「環境」という教科が，高校で「環境科学」という教科が正規の教科として独立して存在している。中学校の「環境」科の教育課程は，「環境とわれわれ」，「環境問題」，「環境保全活動」で構成され，環境保全活動のシラバスは環境保全と快適な環境：快適な環境と健康，快適な環境と生活の

質の向上，環境に対する権利と義務，環境保全のための活動：個人の実践，企業と団体の努力，政府の役割，国家間の協力となっている。

環境教育を1つの教科として教育課程に位置づける動きと，教科を総合した領域として位置づける動きが同時に存在しているが，日本における環境学習は，理科，社会，家庭科，技術，特別活動などの教科あるいはそれらの教科を統合して，実施されている。新学習指導要領では，総合的な学習の時間が設けられ，環境教育が重要なテーマとして注目されている。地域の学校の特色を生かした実践がなされる可能性が非常に高い。

4　日本の環境教育

(1)　日本の環境教育の歩み

日本の環境教育の始まりは，1972年の学習指導要領の一部が改訂され，公害が社会科で学習されるようになったときであるという見方がある。しかし，福島（1993）は，これは文部省の認めた公害教育であり，すでに1960年代にNGOレベルの実践がなされていた，と指摘している。1967年に全国小中学校公害対策研究会が発足し，1970年には「碧い空をこどもらに――児童・生徒の公害の訴えより」が出版された。この本は，最初に公刊され，一般書店で販売された公害教育の実践報告書であると福島は評価している。四日市では，すでに1967年には，三重県教職員組合三泗支部に公害対策小委員会が設置され，公害教育が始まっている。1971年の第20次教研集会には，第22分科会「公害と教育」が設置された。この分科会の源流について，「公害反対住民運動のなかでの教師の任務と役割を明示した沼津・三島コンビナート反対闘争における沼津工高教師集団の力，『水俣病の授業』を構想した熊本市竜南中学・田中裕一教諭の教育的力量，初の県レベルでの公害教育研究集会を推進した三重県教組本部ならびに三泗本部の組織力，富士市の公害にたちむかった静岡県教組富士支部公害対策委員会の努力などは，本分科会の発足の源流であった」と述べられている（日本教職員組合，1971，pp.524-525）。これらは，先例もなく，孤立無援のなかで，「独創と自主性・自発性に頼るほかないよるべなき手探りのたたかいから出発した」実践であった（日本教職員組合，1971，p.525）。第20

次教研集会では，朝日新聞の社説（1月18日）にもとりあげられた，四日市からの報告，小3・社会科の「公害のない町づくり」の授業実践の報告があった。

1983年の第32次教研集会では，分科会の名称が「公害と教育」から「環境問題と教育」へと変更になった。しかし，公害への戦いに関する教育が後退したのではなく，次の引用が説明しているように，公害を土台にわくを広げた環境教育がなされるようになった。

「近年，本分科会で，自然保護運動や歴史環境保存，食料品問題，学校給食問題等々，いわゆる『公害』のワクにはいらない『環境問題』についての報告や討論が多彩に行われるようになったメリットを高く評価している。認識を〈公害〉のワクから〈環境〉のレベルにひろげていく必要を感じてもいる。問題の核心は，公害から環境への認識の拡大が，公害認識を土台として行われるべきだ，という一点にある。」（日本教職員組合，1983，p.552）

この集会では，エネルギー開発問題，自然破壊の問題，洗剤・食品公害の問題を柱として報告がなされているが，自然破壊の問題では，和歌山からは天神崎の保全運動が，鳥取からは中海干拓と宍道湖の淡水化への反対運動が報告された。また，東京の私立正則高校「高校生が調べた原子力発電所問題——福井県若狭をたずねて——」の実践は，「公害教育実践レベルをはるかにこえて，分科会全体に，公害・環境学習とはどういうものか，という問題提起を行ったもの」であると高い評価を受けた（日本教職員組合，1983，p.569）。この調査報告のなかで，高校生は，「今回，調査をしていくうちに，原発は放射能汚染とか環境破壊とかいう技術的・自然科学的側面からの安全性の問題のほかに，原発が建った地域社会の問題，たとえば人と人の信頼関係の崩壊，家庭の崩壊，人間の価値観の変化など，社会的側面からのさまざまな問題もあることに気づきました」と述べている（日本教職員組合，1983，p.569）。

日教組の研究集会の歩みに沿って，環境教育の流れを述べたが，文部省は，次節で述べるように，学習指導要領に環境教育の考えを導入するほか，1991年には『環境教育指導資料——中学校・高等学校編』を，1992年に『環境教育指導資料——小学校編』を公刊している。愛知県で，1991年に『わたしたちと環境』を，1992年に『環境教育読本「わたしたちと環境」教師用参考資料』が作成されているように，各県でも環境教育副読本が作成されている。

学校教育だけでなく，各市町村の教育委員会は，公民館などにおける成人大学講座や婦人学級で自然環境保全や水の汚染など環境問題をとりあげている。1991年度に国が補助金を交付した成人大学講座の450講座のなかで，61の講座が環境問題に関するテーマをとりあげた（文部省，1990）。大学の公開講座，PTA活動，子供会およびボーイスカウトなど社会教育関係諸団体による実践活動，少年自然の家の活動などで環境問題がとり扱われている。また，千葉県立中央博物館の生態園などのように，博物館や公園を環境教育の視点から造園するところが多くなってきている。

　1971年に発足した環境庁は，1986年に環境教育懇談会を設置し，1988年には報告書がまとめられた。環境教育を推進するために文部省の担当課長クラスの連絡協議会が1989年8月から開催されている。また，環境庁水質保全局は『魚・鳥・植物——川辺で見かける生物たち』など多くのパンフレットを作成し，環境保全への住民の自発的参加に応えようとしている。1977年には公益法人として日本環境協会が設立されているが，環境庁と共催で，1988年以来，年に1回，環境教育シンポジウムを開催し，その報告書を作成している。

（2）　学習指導要領の変遷と環境教育

　わが国では，1947年（昭和22年）に各学校のカリキュラム編成の参考のために学習指導要領が試案として発布された。この新しい教育課程の発表に伴って各地でコア・カリキュラム運動が展開された。しかし，基礎学力の低下という社会状況を背景としながら，系統的知識の教授を強調して，歴史教育者協議会，数学教育協議会など民間教育団体から，この運動に対して批判が展開された。1951年（昭和26年），1955年（昭和30年）の改訂を経て，1958年（昭和33年）の学習指導要領では道徳が特設科目として登場し，系統を重視したものになった。いっぽう，ヨーロッパでは，科学のめざましい発達を背景に，教育内容や教育課程を科学の論理から再構成しようとする動きが起こった。このような現代化の動向は日本にも反映し，1968年（昭和43年）の学習指導要領，とくに，数学・物理・化学の内容を科学化した編成となった。この学習指導要領は1972年に一部改訂され，公害の教育が社会科でとりあげられることになった。日本の学習指導要領に公害教育という形で環境教育がとりあげられた最初の年であ

る。一方，教育内容が現代化され，多くの子どもの落ちこぼれ現象が社会問題になっていた。また，熊本，富山，四日市，富士市などで公害教育が叫ばれていた。このような社会問題を背景とし，1977年（昭和52年）の学習指導要領の改訂は，環境教育を重視した内容になっている。社会科の高学年では，環境保全の用語が使われるようになり，中学校では，環境や資源の重要性についての認識がとりいれられた。中学校の理科では，資源の有限性，環境保全，自然界の事物・現象の間の関連性や調和を考察させ，自然と人間とのかかわりについて認識させるようになった。高等学校の理科Ⅰでは，資源，太陽エネルギー，原子力利用，自然環境と保全が扱われるようになった。

　1988年（平成元年）の改訂は，環境問題に関する学習指導要領の記述がさらに多くなっている。小学校では，①社会科5年の「環境の保全と資源の重要性について関心を深める」，②理科6年生の「生物の体のつくりと働きおよび環境を相互に関連づけながら調べ，見いだした問題を意欲的に追求する活動を通して，生命を尊重する態度を育てるとともに，生物の体の働きの共通性や環境との関係について見方や考え方を養う。」，③生活科の「自然や生き物への親しみ」，家庭科，体育，道徳でも環境が強調される。中学校では，①社会科の地理的分野「環境や資源と人々のかかわり」，②公民的分野「公害の防止などの環境の保全，資源やエネルギーの有効な開発・利用などが必要であることを理解させる」，③理科の第2分野「自然環境を保全し，生命を尊重する態度」というように環境に関する記述がみられる。高等学校においても，①地理歴史の地理Bの内容には人間と環境の項があり，「人間と自然との関係や環境問題について考察させる」，②公民では「自然と人間の調和のあり方」を考えるようになっている。③理科の総合理科では「自然環境とその保全」が内容としてとりあげられ，その内容のとり扱いでは「自然環境を総合的にとらえ，人間の活動が物質循環に及ぼす影響，環境汚染や破壊とその防止策，環境保全の必要性などにふれること」となっている。さらに，④生物で環境保全が，地学では地球環境が扱われている。

　今回の改訂の学習指導要領は，総合的な学習の時間のとり扱いについて，国際理解，情報，福祉・健康と並んで環境を例示している。この領域は，横断的・総合的な課題，児童の興味・関心に基づく課題，地域や学校の特色に応じ

た課題などについて，学校の実態に応じて学習活動を行うことになっている。また，理科の第4学年では，環境とのかかわりについての見方や考え方を養うことが，社会科の第5学年では，環境の保全の重要性が強調されている。

（3） いくつかの試み

現在の小・中学校，高等学校では，環境教育に関する授業実践が多様な展開を見せている。また，いくつかの雑誌では，環境教育の特集が組まれている（『学校運営』1999，2号，『教育』1998，48(13)）。自然との共生としての環境教育と他の地域の人々との共生としての国際理解教育を共生というキーワードで統一的にとらえて，これからの学校と授業のあり方をしめした実践（北，1997）や環境教育のカリキュラムづくりと授業実践の事例を示し，環境と具体的にかかわる教育を提唱した著作（水越・木原，1995）などがある。また，小学校の子どもが環境を守るための啓蒙書や実践の指針と情報をしめしたハンドブック（日本環境協会，1994，1997）がある。学校と地域のネットワークづくりは環境教育の重要な基礎となるが，そのなかから，比較的入手しやすく，授業展開の様子がわかる事例を紹介したい。最初の事例は，1970年代の初期の公害教育の実践である。第2の事例は，スーパー林道という同一テーマの教材の開発を目的として，3つの地域の学校で実践されたものである。

①中学校1年社会科「急速に発展する日本の工業」　この実践例は梶哲夫・加藤章・寺沢正巳編『公害問題と環境教育にどう取り組むか』（梶ら，1973）に紹介されている。この著書には小学校の4つの実践事例，中学校社会科の7つの実践事例，高等学校社会科の6つの実践事例が紹介されている。そのなかで，ここでとりあげる中学校「急速に発展する日本の工業」の報告は若干の授業記録を含んでいる。

この授業は，公害の種類や因果関係についての理解と生徒の実態の調査を事前に実施し，それに基づいて，第一次：軽工業から重工業へ（2時間），第二次：広がる工業地帯（1時間），第三次：工業立地と問題点（1時間），第四次：公害の発生と対策（2時間）という単元構想をたてている。詳しい実践報告は第四次の1時間目に関するものである。1時間の学習指導の計画は，以下の展開となっている。新聞の切り抜きからどのような公害が起こっているか，

その事例をあげ，本時の学習の目当てを話し合う（5分）。イタイイタイ病の発生と原因について，農業用水との関係と神岡鉱山開発の関係から考える（30分）。全国のカドミウム公害とイタイイタイ病患者対策について話し合う（10分）。本時のまとめをし，日本の各地の公害を調べるという課題につなげている（5分）。

授業記録の子どもの反応をみると，富山県ではどのような種類の公害に困っているか，という点については，「黒部三日市のカドミウム，汚染米」とか「水質汚染と大気汚染も多い」という反応がある。患者発生地図を資料に，子どもは神通川の流域に公害患者が発生していることを知り，神岡鉱山のカドミウムが神通川によって運ばれてくること，そして，それが，魚，農作物に吸収され，やがて人間に影響することを学習している。また，亜鉛と鉛の生産高とイタイイタイ病の発生状況との関連，公害対策の問題を話しあっている。

授業後の反省として，事前調査で一番関心の強かった身近な公害である，イタイイタイ病をとりあげて学習を進めたので学習への参加意欲が高まったこと，子どもの発言や予想を大切にしたので問題意識をもって学習に参加したことを肯定的に評価するとともに，カドミウム公害について，全国の事例からその共通性や特異性をとりあげ，掘り下げる必要があったと評価している。また，公害学習として，公害の発生という面だけでなく，産業・経済の発展と国土保全の観点からも指導を必要とすると反省している。

②中学校3年社会「個人の生活と地域社会」　財団法人日本環境協会は報告書『「環境教育に関するカリキュラム開発の実証的研究」実践授業報告書』のなかでいくつかの環境教育の単元を開発している（日本環境協会，1985）。そのなかから社会科の公民的分野の単元「個人の生活と地域社会」をみると次のようである。

公民的分野の「個人と社会」は，人と個人をとりまく社会の実態や意味を家族，地域社会，および地域をとりまく自然環境などの関係から理解させることをねらいとしている，という理由から，地理的分野の「身近な地域」と歴史的分野の「現代社会の学習」の単元を関連づけ，統合している。単元の目標は2点あるが，環境教育と直接かかわる目標をあげると次のようである。

「人間は，自分たちを取りまく自然環境や社会（生活）環境をよりよいものに

するために，さまざまな働きかけ方をするが，過度な環境改造は，人間の生活環境を悪化させ，日常生活に大きな影響を与えることがあることを説明できる。」(日本環境協会，1985，p.147)

この授業単元は，南アルプス・スーパー林道や尾瀬の道路計画を扱った「道路計画と自然保護」(1時間)，明日香村の歴史的風土の保存を扱った「古都明日香を守る」(2時間)，環境と個人生活の調和の問題を扱った「個人生活と地域社会」(3時間)で構成されている。環境をとらえる視点として，A.存在としての環境：人々が年月をかけて創り出した文化的・社会的環境，B.環境への働きかけ，C.環境破壊，D.環境保全，E.環境アセスメント，F.価値・倫理をあげている。

授業展開の学習指導案をみると，次のような子どもの活動を予想している。①スーパー林道と尾瀬ヶ原について知っていることを発表する。②南アルプス・スーパー林道と尾瀬ヶ原の位置を確かめ，地域の開発によっておこる問題点を考える。③さまざまな意見を聞き，自分の意見を述べる。④自分の立場を明らかにして自分の考えをノートにメモし発表する。⑤賛成派は反対派に立場を変え自分の考えを述べる。②，③，⑤の段階で簡単なワークシートが用いられている。

この授業単元は，南アルプス・スーパー林道に対象を絞り，東京学芸大学附属竹早中学校と愛知県岡崎市の南中学校で実践されている。いっぽう，福井大学の附属中学校は，この授業単元の尾瀬ヶ原に対象を絞って，実践を行っている。

研究成果として，①距離的に離れた題材でも，スライドやVTRなどの資料を用いて，自分の生活体験と結びつけて思考することができ，自然環境，歴史的環境を自分の問題として思考できた，②典型的な事例学習を範例とすることにより，身近な生活環境のなかから問題を発見し，関心をもった，③子どもの思考に深まりと変容が感じられた，という3点があげられている。

(4) 授業実践と環境問題

環境教育では，環境問題の知識だけでなく，環境問題への関心や態度，および行動が重視されている。関心や行動に関して，おしつけの道徳主義に陥らな

いためには，環境倫理というとらえ方が重要である。そこで，人間形成における環境倫理のもつ意味について述べたい。環境問題は，社会問題としての問題と個々の子どもがとらえる問題という2つの性格をもつ。個人のとらえる問題が人間形成の基礎であるという立場から，環境問題について述べたい。

1）環境倫理と環境教育　環境倫理のもとになる考え方は，アメリカの自然保護運動のなかですでに土地の倫理として芽生えている。この考えを明らかにしたアルド・レオポルドは，ウィスコンシン州の農場で古いオークやうさぎの観察を通して体験したことをエッセイとして書いている（Leopold, 1949）。山で狼の親子が川を渡っているのをみつけ，しとめた時の体験を「山の身になって考える」というタイトルで次のように記述している。

「当時ぼくは若くて，やたらと引き金を引きたくて，うずうずしていた。オオカミの数が減れば，それだけシカの数が増えるはずだから，オオカミが全滅すればそれこそハンターの天国になるぞ，と思っていた。しかし，あの緑色の炎が消えたのを見て以来ぼくは，こんな考え方にはオオカミも山も賛成しないことを悟った」（レオポルド，1986, p.206）

レオポルドは，人は，共同体のなかで自分の場を定めようと他人と競争するが，同時に，倫理観も働いて共同にも努める，ととらえる。そして，土地の倫理とは「この共同体という概念の枠を土壌，水，植物，つまりはこれを総称した『土地』にまで拡大した場合の倫理を指す」と述べている（レオポルド，1986, p.313）。彼が土地の倫理を確信するに至った根底には，先に述べたオオカミの目から緑色の炎が消えたときに感じた感情や農場で動植物に触れ，その生態を理解した体験がある。この感覚を土地の理論という思想に結実させていくためには，オオカミとシカとの関係，シカと山との関係をとらえる生態学的で知的な考察が重要であるが，思想形成の中核には自然に触れ，理解し，愛するという感覚が必要である。

しかし，動物や植物にたいして愛情をもつことや自然との調和を強調し，そこで，思考をストップさせることは，森岡（1994）の指摘するように，ロマン主義に陥りやすい。ロマン主義的な環境倫理を克服するためには，「生命を抑圧する原理は，生命の内部にこそ巣食っている」（森岡，1994, pp.124-125.）事実を直視し，自然との調和というスローガンを否定し，それでものこる，上

のレオポルドの述べた感覚を思想の中核として，自分と環境の関係を徹底してとらえ直す批判的思考力を養うことが必要である。

2）環境の問題のとらえ方 　地球環境の主要な問題として，①地球温暖化，②オゾン層の破壊，③酸性雨，④海洋汚染，⑤有害廃棄物の越境移動，⑥熱帯林の減少，⑦野生生物種の絶滅あるいは減少，⑧砂漠化，⑨開発途上国の公害問題があげられる。これらの環境問題の領域ではさまざまな基本概念や原理が使用されている。Atchia, M.（1993）は，ユネップによって選びだされた環境教育の必須概念を紹介し，さらに小学校6年間の各学年の内容を開発している。必須概念の例をあげると，以下のようである。「5　人間の活動と科学技術は，自然環境に大きな影響を与えており，人間を含め，生物維持能力を左右する可能性がある」。4年次の内容は，地球上の自分の国，環境探検，地球と空，自分自身，自分の体と環境，病気と環境，自然環境を知る，食物の入手先，音について学ぶとなっている。「自然環境を知る」では，島でみつけた身近な植物，動物，岩石をそれぞれ1種類ずつ実際に研究することが活動内容となっている。このように環境問題を体系的に洗いだすことは，教師の教育実践にとって，大きな示唆を与える。しかし，このカリキュラムが授業で活用され，子ども一人ひとりに生かされるためには，子どもが日常生活で体験し，関心を寄せたり，疑問に思っている事例や問題の把握に，教師はつとめなければならない。子どもがとらえた問題を，どのように素朴でも，それを授業のなかに位置づけ，他の子どもの考えと対立させ，その子どものとらえた問題をその子どもの考える道筋に即してとらえ直させることが，子どもの思考を深め，それが自立へとつながる。

参考文献

アッチア，マイケル，1993　環境教育カリキュラムの開発事例（佐島群巳・中山和彦編　世界の環境教育　国土社）

Ald Leopold　1949　*A Sand Country Almanac*. Oxford University Press.（新島義昭訳　1986　野生のうたが聞こえる　森林書房）

Bayerisches Staatsministerium für Unterrricht und Kultus, 1990　Richtlininen für Umwelterziehung an den bayerischen Schulen, in : *Schulreport*, 5/6, Bayern, November, 1990.

崔　錫珍　1993　韓国における環境教育　佐島群巳・中山和彦　世界の環境教育　国土

社
福島達夫　1993　環境教育の成立と発展　国土社
学校運営研究会　1999　学校運営，**40**(11)，2月号．
半田章二　1991　諸外国の環境教育の実態（2）―イギリス，フランス，西ドイツの場合　加藤秀俊　日本の環境教育　河合出版
堀尾輝久・河内徳子　1998　平和・事件・環境　教育国際資料集　青木書店
市川智史　1989　UNESCO-UNEPの国際環境教育計画にみる環境教育・訓練に関する1990年代の国際活動方略，広島大学大学院教育学研究科博士課程論文集　第15集
市川智史　1991　UNESCO-UNEPの国際環境教育計画―第1期にみる環境教育の基本的目的―　日本環境教育学会　第2回大会発表資料
梶哲夫・加藤章・寺沢正巳　1973　公害問題と環境教育にどう取り組むか　明治図書
梶島邦江　1991　ブラッテベルグス学校の環境教育　地域開発，**10**，日本地域開発センター
環境庁　1990　環境庁における環境教育への取り組み　社会教育，**45**(6)．
加藤秀俊　1991　日本の環境教育　河合出版
菊地るみ子　1992　環境教育における実践動向と展望　高知大学教育学部研究報告　第1部　(44)．
北俊夫　1997　環境と国際理解の教育　東洋館出版社
小橋佐知子　1991　環境教育の歴史的変遷　加藤秀俊　日本の環境教育　河合出版
クラシルチック，ミリアム　1993　ブラジルにおける環境教育（佐島群巳・中山和彦編　1993　世界の環境教育　国土社）
国立教育研究所・環境教育研究会（編）　1981　学校教育と環境教育カリキュラム編成の視点―　教育開発研究所
今野雅裕　1998　学校と地域のネットワーク　ぎょうせい
教育科学研究会　1998　教育，**48**(13)，12月号，国土社
水越敏行・木原俊行（編）　1995　新しい環境教育を創造する　ミネルヴァ書房
文部省　1989　小学校学習指導要領　大蔵省印刷局
文部省　1989　中学校学習指導要領　大蔵省印刷局
文部省　1989　高等学校学習指導要領　大蔵省印刷局
文部省　1990　社会教育における環境教育への取り組み　社会教育，**45**(6)．
文部省　1990　環境教育に関連する新学習指導要領の記述（抄）　社会教育，**45**(6)．
森岡正博　1994　生命観を問なおす　筑摩書房
中山和彦　1993　世界の環境教育とその流れ　佐島群巳・中山和彦　世界の環境教育　国土社
日本地域開発センター　1991　子供達に対する環境教育の充実に関する体系的調査報告書
日本環境協会　1985　環境教育に関するカリキュラム開発の実証研究
日本環境協会　1988　環境教育関係業務―環境教育の国際的動向の把握―
日本環境協会　1997　環境にいいこと始めよう　中央法規　（初版1994年）

日本教職員組合　1971　日本の教育　第20集　一ッ橋書房
日本教職員組合　1983　日本の教育　第32集　一ッ橋書房
日本教職員組合　1984　日本の教育　第33集　一ッ橋書房
日本教職員組合　1990　日本の教育　第39集　一ッ橋書房
奥井智久・佐島群巳(編)　1994　小学校　環境教育ガイドブック　教育出版
佐島群巳　1991　諸外国の環境教育を手がかりに『学ぶ視点と提言』　日本地域開発センター　子供達に対する環境教育の充実に関する体系的調査報告書
佐島群巳・中山和彦(編)　1993　世界の環境教育　国土社
佐島群巳・堀内一男・山下宏文(編)　1993　世界の環境教育　国土社
佐島群巳・奥井智久(編)　1994　中学校　環境教育ガイドブック　教育出版
榊原康夫　1980　環境教育の国際的動向と課題　愛知教育大学教科教育センター研究報告書，(4)，3月，愛知教育大学教科教育センター．
榊原康夫　1983　環境教育の歩みと課題　地理学報告，(56)，6月，愛知教育大学地理学会．
世古一穂　1991　校庭再生を通しての環境教育の実践　日本地域開発センター　子供達に対する環境教育の充実に関する体系的調査報告書
重松鷹泰　1979　問題解決学習における問題の意味　初志をつらぬく会(編)　考える子ども　7月号
杉村幸子　1991a　町のかんさつ路　日本地域開発センター　子供達に対する環境教育の充実に関する体系的調査報告書
杉村幸子　1991b　町のかんさつ路　地域開発，**10**，日本地域開発センター

環境保全の実践　11

広瀬幸雄

　本章では，環境社会心理学の視点から，環境保全の実践に関連する問題を3つに分けて述べることにする[1]。まず最初に，環境に配慮した行動を実行するまでの意思決定のプロセスと，その行動の規定因を整理する。次に，環境配慮行動をひきだすための多様なアプローチをとりあげて，その効果を検討する。最後に，環境保全の新しいシステムを地域に普及させるために，環境ボランティアがとったアクション・リサーチの事例を分析して，アクション・プログラムの有効性を評価してみよう。

1　環境保全についての態度と行動の規定因

(1)　地球規模で考えて，身近なところで行動する

　このよく知られたキャッチフレーズは，ニューヨークにおける大気汚染の浄化を目指した市民運動に取り組んだ経済学者 Henderson の発言である。地球温暖化や酸性雨などのマクロな環境問題と個人による消費・廃棄などのミクロな行動とのつながりを認識するとともに，地域の草の根レベルで一人ひとりが自分でできる環境保全の実践に取り組まなければ，地球規模の環境破壊を始めとする多くの問題は解決できないことを簡潔に表現している。

　チェルノブイリの放射能汚染や熱帯雨林の消失，あるいはダイオキシンやトリクロロエチレンによる環境汚染などのマスメディアによる報道によって，環

---
[1] 本章は，広瀬（1995）「環境と消費の社会心理学」の第9章および第10章をもとにして，大幅に書き改めたものである。了承いただいた名古屋大学出版会に謝意を表します。

境破壊の深刻さについての人々の意識は高まり，環境保全に肯定的な世論が形成されつつある。ところが，多数の人々が環境に配慮した行動を実際にとるまでには至っていない（総理府世論調査，1995）。生活排水やごみあるいは省エネや節水など地域レベルの環境資源問題の事例でも，人々の環境への意識・態度と行動が食い違うことがしばしば報告されている（Brislin & Olmstead, 1974）。たとえば，調査では，渇水の際に，ほとんどの住民は節水に協力したと回答していたにもかかわらず，実際には地域全体の水使用量は一向に減少していなかったし，琵琶湖汚染の事例でも，粉石鹸の方が環境への負荷が小さいと評価した消費者のうち，かなりの人々が合成洗剤を使っていた（広瀬，1995）。身近な環境問題でも，考えたことを具体的な行動に移すのはかなり困難なようである。

（2） 環境配慮行動の意思決定プロセス

　環境配慮行動とは，資源の消費が少なく環境への負荷が小さな消費・廃棄行動や環境保全に貢献する行動をさす。環境配慮行動をとるように人々に働きかけるためには，まず最初にその行動に至るまでの意思決定プロセスと，行動を阻害あるいは促進する要因を解明しなければならない。図11-1は，環境配慮行動までの意思決定のプロセスを説明するモデルである（広瀬，1994）。そのプロセスは，環境に配慮したライフスタイルをとりたい，つまり環境にやさしくしたいという態度を形成するまでと，消費・廃棄など個別の場面でその態度に一致する環境配慮行動を選択しようという行動意図を形成してそれを行動に移すまでの，2つの段階に分かれると考えられる。

　たとえば，この2段階モデルによって，環境ボランティアによる資源リサイクル活動とその規定因の関連を説明できる（野波ら，1997）。

1）環境にやさしい態度の形成　　地球規模から地域レベルまでの環境問題でなんらかの貢献をしたいとの態度は，環境配慮行動を動機づける主要な促進要因であり，その態度は，それぞれの環境問題についての3種類の認知に基づいている。

　環境認知の1つは，環境汚染による被害の深刻さやその発生可能性についてのリスク認知である。たとえば，Renn ら（1992）は，さまざまな環境問題が

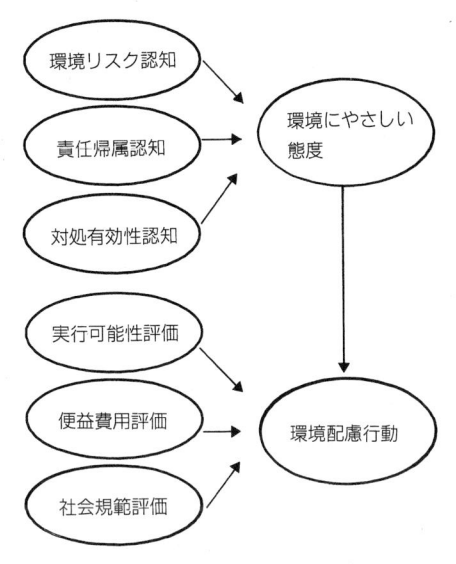

図 11-1　環境配慮行動の意思決定プロセス

生じたときの被害の大きさがマスメディアの報道量を決めていること，その報道量の多少がその環境問題についての人々のリスク認知と対応していること，さらに，そのリスク認知がその問題への対処行動の有無を左右する，という因果連鎖を見いだしている。

　2つめの環境認知は，環境汚染の原因がどこにあるかという責任帰属の認知である。自分自身に責任があると感じれば，自らの行動を改めようとするし，他者に責任があると考えれば，被害の補償を求める行動に参加するだろう。たとえば，自動車の排ガスによる大気汚染に対して責任を感じるドライバーほど，スタンドで有鉛よりも無鉛ガソリンを購入しており（Heberlein & Black, 1976），裏庭でのごみ焼きが近隣の大気汚染を引き起こす一因になっていると心配する住民ほど，それを自粛している（Van Liere & Dunlap, 1978）。

　3つめの環境認知として，なんらかの対処によって環境問題を解決できるとする対処有効性の認知をあげることができる。自分でも環境保全になんらかの貢献ができるという有効性感覚の強い人ほど，自然環境保護の運動に参加している（Mohai, 1986）。

　以上3つの認知の内容に応じて，環境にやさしい態度をもつか否かが決定さ

れる。ところが，実際にその態度に一致した行動をとるかどうかは，この態度とともに，以下に述べる要因によっても左右される。

2）環境配慮の行動意図に基づく行動実行　後半の段階は，リサイクルなど具体的な行動場面において，環境配慮行動を実行するまでである。その行動を実際にとるかどうかは，以下の3つの評価基準から当該の環境配慮行動がどのように評価されるかによっても規定される。

最初に問題となるのは，環境配慮行動を実行するうえで特別の知識や技術が必要かどうか，あるいは行動実行を容易にする社会的仕組みがあるかどうか，つまり実行可能性についての評価である。たとえば，太陽温水器の購入を決定するのは，消費者自身が設置のための技術的知識を持っていると考えるかどうかが重要であった（Leonard-Barton & Rogers, 1979）。

2つめの行動評価は，環境配慮行動に切り替えると，今までよりも便利さや快適さがどれほど損なわれるのか，つまり行動結果の便益・費用についての評価である。ある程度の手間やコストを受忍できるか否かが，環境配慮行動の選択を左右する。Vining と Ebreo（1990）によれば，リサイクルセンターまで車で資源ごみを運んでいる住民とそうでない人を判別するのは，リサイクルの面倒さと経済性についての評価の違いであった。

3つめの行動評価は，意図する行動が近隣や社会の規範に合致しているかどうか，つまり社会規範についての評価である。他者から観察される屋外での行動では，準拠集団からの社会的非難や是認の予期が，その意思決定を大きく左右する。たとえば，渇水時に庭木への水撒きを自粛するか否かに対して，節水への近隣の期待についての評価の違いが影響していた（Kantola *et al*., 1982）。

以上のように，環境配慮の行動意図は，環境にやさしい態度とともに3つの行動評価によっても規定されるのである。したがって，人々から環境配慮行動をひきだすためには，それぞれの認知や評価の変容を促す，あるいは各認知と態度との関連や，各行動評価と行動意図との関連を強めるよう働きかけることが必要となる

2 環境配慮行動を促進するための社会心理学的アプローチ

　環境問題についての認知・態度・行動の変容を促すために，さまざまなアプローチが，応用心理学の分野で行われてきた（Geller *et al.*, 1982）。それらのアプローチは，前節で述べた環境配慮行動の意思決定プロセスの2段階モデルを参考にすれば，①環境認知の変容によって環境にやさしい態度の形成を促す，②環境にやさしい態度と環境配慮の行動意図との関連を強めるように働きかける，③行動評価を変えることで環境配慮の行動意図の形成を促すの3つに分けることができる（広瀬，1995）。3つのアプローチの代表的な研究例を紹介しながら，それぞれの特徴を検討してみよう。

(1) 環境認知の変容アプローチ

　環境にやさしい態度が形成されるためには，それに関連する環境認知の変化を促す働きかけが必要となる。マスメディアやローカルメディアによる環境保全のキャンペーンがその代表的なアプローチである。地球温暖化やごみ問題の深刻さの情報を提供することで意識を高めたり，省エネやごみ減量に協力すればその問題は解決できると訴えて，人々のリスク認知や対処有効性認知を強めるなどの試みが行われている。

　情報提供がリスク認知と対処有効性認知の変容に及ぼす効果が，環境問題の仮想事態を設定した実験室実験で確認されている。Hass と Bagley（1975）は，エネルギー危機の深刻さの有無×危機への対処有効性の有無を組み合わせた4種類の情報提供が，視聴者の省エネ意図に及ぼす効果を検討した。危機が深刻でありかつそれを回避できるという情報が提供された場合に，学生らの省エネ意図がもっとも高くなった。

　Syme ら（1987）は，テレビによるガソリン節約のキャンペーンが，視聴者の石油資源問題に関するリスク認知や省エネ意図におよぼす効果を調べている。オーストラリアの都市において，ガソリン節約は市民としての義務であることを強調する公共 CM スポットを1カ月間毎日14回放映した。その後で，その

都市とCMスポットを放映しなかった別の都市の住民の認知を比較したところ，メディアキャンペーンは，環境保全への認知やガソリン節約の意図をある程度変容させたが，その効果は顕著なものではなかった。

ThompsonとStoutemyer（1991）は，節水の対処有効性認知の変容を促す情報提供の効果を検討している。常時渇水の被害を受けている地域の住民に対して，2カ月間に3回，節水の有効性についての情報を郵送した。水不足に対しては節水が有効な対処方法であると住民を説得するこのプログラムは，低所得層の住民に対しては節水に肯定的な態度を形成する効果があり，実際に水使用量も減少したが，高所得層の住民に対しては効果がみられなかった。

杉浦ら（1999）は，資源ごみのリサイクル制度を導入するために行政が行った情報提供の効果を調査している。行政が地球規模の環境資源問題の重要性やリサイクルの必要性を解説するビデオをもちいた説明会を開いたところ，それに参加した住民では，資源リサイクル制度の有効性などの評価が肯定的に変化した。

以上のように，テレビなどのマスメディアや行政の広報などのローカルメディアの媒体を通して環境保全に関する情報を提供する方法は，広範な住民の環境認知の変容を促す効果がある。しかし，実際の行動をとるまでには至らない場合が多く，その面ではとくに有効だとはいえない。ちなみに，マスメディアによる省エネキャンペーンの効果を検討したConstanzoら（1986）の研究によれば，多大なコストがかかる割には，それに見合った効果が得られていない。

（2） 態度と行動意図の関連強化のアプローチ

環境にやさしい態度が既に形成されていたとしても，環境配慮行動の意思決定時に，その態度が想起されなければ，態度に一致した行動はとられない。行動意図の評価基準としての態度の重要性を高めるアプローチが必要である。態度と行動意図の結びつきを強めることを目指した方法のうち代表的なものとして，段階的要請法（foot-in-the-door technique）と役割演技法（change-agent role playing）をあげることができる。

1）段階的要請法によるアプローチ　段階的要請が環境配慮行動を促進するプロセスは次のように要約できる。環境にやさしい態度を既にもっている個

人が，行動にともなうコストが小さくて態度に適合する環境配慮行動をとるように，ボランティア（利己的でない他者）から要請されれば，それに応じることは多い。その場合に，行為者はその行動の原因を外的要因（他者からの要請や負担の少なさ）よりも内的要因（環境にやさしい態度）に帰属する可能性が高い。さらに，社会的に望ましい行動を実行したことによって自尊心が高まることで，その行動意図が強化され，行動意図の評価基準としての環境にやさしい態度の重要性が増大する。したがって，大きなコストをともなう環境配慮行動を続いて要請されたときにも，自己の環境にやさしい態度を想起し，その態度へのコミットメントに基づいて環境配慮行動を選択する可能性が高まるのである。

Arbuthnot ら（1977）は，リサイクル活動への参加をくりかえし働きかけると，それを応諾した住民ではリサイクル行動が習慣となることを確認している。環境ボランティアが，住民にたいして，リサイクル調査，1週間分の空き缶分別，そしてリサイクル制度の要望書を行政に郵送という3種類の協力のうちのいくつかを組み合わせて，くりかえし依頼した。そしてその働きかけの2カ月および1年半後に，市のリサイクルセンターまで資源ごみを運んでいるかを電話で調査したところ，依頼の回数が多かった住民ほど，リサイクル行動を持続して行っていた。

2）役割演技法によるアプローチ　他者を説得するという役割演技には，その役割を演じた本人の態度と行動の一貫性が高まる効果があることが知られている。環境配慮行動をとるように他者に勧めるためには，まずは自分自身の環境への態度と行動を振り返らなくてはならない。さらに，他者に向かって説得するという行動によって環境問題へのコミットメントを強め，態度と行動の結びつきを強めることになる。

Horsley（1977）は，環境学専攻の学生が，環境配慮行動をとるよう身近な人を説得する役割を自発的にひきうけたときの，学生自身の態度や行動の変わりようを観察している。学生たちは，環境問題や態度変容の心理学に関する知識を学習した後，約2週間にわたって，友人や家族にたいして，環境配慮行動の調査を依頼し，環境危機の情報を提供し，環境保全活動への参加を勧誘するなどの働きかけを行った。環境学の演習の際には学生たちはその経過を報告し，

活動の問題点について話し合っている。一連の活動の後，学生たちの環境認知には変化は見られなかったが，彼らは多くの環境配慮行動をすすんでとるようになっていた。

以上の方法は，環境配慮行動を導き出すのに非常に有効であり，その効果も持続するという特徴がある。その点では，環境認知の変容や行動評価の変容のアプローチよりも優れている。ただし，働きかけの対象となる人々の自発的な協力が得られることと，かれらが環境にやさしい態度をあらかじめ持っていることが前提となる。さらに，この方法は，働きかける対象が少人数に限られ，住民全体に一律に実施するのは困難である。個々の住民に対面的に働きかけるのに要する時間や手間が大きいからである。したがって，環境ボランティアを育成する場合には適切な方法だといえよう。

（3）行動評価の変容アプローチ

環境配慮の行動意図を形成するためには，3つの行動評価が望ましい方向に変わる必要がある。各評価の変容を促す働きかけとしてはさまざまな方法があるが，それぞれに効果が異なっている。

1）社会規範評価の変容アプローチ　行動にたいする社会規範の評価が変わるように，また，行動意図の決定時において規範的評価を重視するように働きかけるアプローチがある。コミュニティの社会規範を明示したり，環境保全への協力を表明する公的な機会を設定することで，行動への社会的期待を意識するように促す方法が試みられている。

Burn と Oskamp（1986）は，ボーイスカウトの少年が地元の家庭を訪問して，リサイクルへの参加を勧誘するというプログラムを実施している。コミュニティの8割の住民が行政が進めているリサイクルに賛同しているという地域規範に関する情報を知らせる条件と，リサイクルに協力するという趣意書への署名を依頼する条件を設定したところ，いずれの場合もその働きかけの後には資源ゴミを分別して出す家庭が顕著に増加することが観察された。

Pallak ら（1980）も，個人の環境配慮行動がコミュニティから評価を受けるとの予期がおよぼす効果を，省エネの事例で確かめている。第一次石油ショックの直前にアメリカ中西部の住民にたいして，冬季のガス消費を節約するた

めのプログラムへの協力を依頼した。その際に，各家庭の名前とその省エネ実績を新聞に公表することに住民が同意したときには，ガス消費量は減少し，その効果も持続した。ところが，省エネ結果を匿名で発表することに同意したときには，省エネの効果は得られなかったのである。つまり省エネへのコミットメントをプライベートなかたちで表明するのでなく，公的な評価をうけると予想することが，行動選択における社会規範評価の重要性を高めるのであろう。

社会規範評価の変容アプローチは，態度と行動意図の関連強化のアプローチと同じく，行動変容の効果が顕著でその行動も持続するという特徴をもっている。この方法を試みる場合には，住民自身の自発的協力が前提となるが，強制的な働きかけによって住民の自由意志を侵害しないようとくに注意すべきである。

2）便益費用評価の変容アプローチ　環境配慮行動は，資源浪費的行動よりも快適さや便利さなどの個人的便益が小さく，手間などの個人的負担が大きい場合が多いために，消費者は配慮行動をとりにくい。そこで，選択的誘因として物質的報酬を用意することで環境配慮行動を選択しやすくする方法も試みられている。

WitmerとGeller（1976）は，大学の学生寮で古新聞のリサイクルプログラムを実施している。大学の環境保全委員会の主催で，個人単位と集団単位の選択的誘因を導入して，リサイクルへの効果を調べた。個人単位条件では，紙1ポンドにつき1枚の宝くじが寮生一人ひとりに与えられた。集団単位条件では，2つの寮の間で回収量を競争するように説明して，多い寮に毎週賞金を与えた。コントロール条件の寮には，森林資源保護のためリサイクルに協力を呼びかけるビラのみを配布した。各寮の3週間の紙回収量を比べたところ，いずれの選択的誘因の効果も確認されたが，このプログラムへの学生の参加率は，個人条件のほうが高かった。集団に選択的誘因を与える場合にはフリーライダーの問題が生じるために，報酬の効果が弱くなると考えられる。

選択的誘因を導入する方法は，省エネ（McClelland & Cook, 1980）の事例でも効果があることが確認されている。ところが，誘因としての報酬の提供がなくなるとすぐにリサイクルや省エネが消失してしまう。その効果は一時的なものでしかなく，誘因導入のコストに見あう効果（ごみ減量や省エネによる経

費節減)が得られにくいという難点がある。したがって，選択的誘因を用いる場合には，持続的な提供が可能な制度を導入するとともに，他の方法も併用することが必要であろう。

3) 実行可能性評価の変容アプローチ　環境配慮行動をとりやすくするために，3つの方法が試みられている。1つは，環境配慮行動の技術・知識を教示すること，2つには，行動実行の適切な時点をプロンプト（手がかり情報）によって指示すること，そして，行動結果である消費量についての情報をフィードバックすることである。

1つめの技術・知識の教示法は，環境配慮行動の内容だけでなく，その行動を実行する具体的な場所と時期まで提示しなければ効果が少ない。たとえば，OlsenとCluett (1981) は，省エネの講習会の効果を報告している。省エネ方法一般を説明する講習会だけでなく，その後に個々の家庭において省エネの具体的な方法のチェックを指導員と行った場合には，プログラムに参加した住民が省エネ行動をとるようになっていた。知識の提供だけでなく，新しい行動の試行可能性を示すことが重要なのである。

2つめの方法，環境配慮行動の実行時点を指示するプロンプト法についてもその効果が確認されている。Gellerら (1973) によれば，大学町にあるコンビニエンスストアの前で，使い捨てでなくリターナブル容器の飲料水のほうを買うように勧めるビラを買い物客に配布したところ，それ以前よりもリターナブル容器の購買量は増加した。高橋 (1996) は，空きビンや空缶が散乱している商店街に資源ごみ専用のごみ箱を設置したところ，路上や植え込みなどに捨てられる空きビン・空缶が減少することを報告している。このようなプロンプトの方法は，行動場面で環境にやさしい態度を想起するのが困難であり，行動にともなうコストが小さな行動に適用される場合に効果を発揮するであろう。

3つめの行動結果の情報をフィードバックする方法は，エネルギー消費のように行動とその行動結果との関連が意識しにくい場合に適用されている。たとえば，SeligmanとDarley (1977) は，タウンハウスの住民にたいして，夏の1カ月のあいだ毎日，一日の電気使用量をフィードバックした。この省エネプログラムに協力した住民は，冷房温度の設定を調整することで，電気消費量を減らすことができた。さらに，1カ月や1週間単位よりも，1日単位や分単位

の消費量のように具体的な消費行動との対応がつきやすいフィードバックであるほど，省エネ型の行動を促し，実際に省エネ効果も大きいことが確認されている（Kohlenberg et al., 1976）。この方法は，消費者が環境にやさしい態度を持っていても，行動を自分自身で統制するのに必要な情報を得られにくい場合に有効だと考えられる。

　以上3つの主要なアプローチを紹介した。どのような方法を用いるかについては，働きかける対象が環境問題についてどのような態度をもっているのか，また，望ましい環境配慮行動を阻害している要因がどのようなものかなどをあらかじめ理解しておかなければならない。

3　環境ボランティアによるアクション・リサーチ

(1)　双方向コミュニケーションとしての環境保全プログラム

　前節で取り上げたアプローチは，働きかけの主体が研究者や行政の専門家であり，働きかけの対象が地域住民というかたちのフィールド実験として実施されている。環境保全のための新しいライフスタイルを上から下へと普及させる，いわばトップダウン型であり一方向的なコミュニケーションといえよう。プログラムへの協力を承諾した少数の住民に対して，単独あるいは限られたアクションが試験的に導入され，住民の態度や行動の変化を測ることによって，その効果が評価される。かれらの態度表明や行動は，研究者の働きかけに対する住民からの応答でもあるのだが，実験の結果がさらに住民にフィードバックされることは少ない。

　継続的な働きかけと評価のやりとりという双方向的なコミュニケーションを通じて，住民一人ひとりが環境配慮行動を受容していかなければ，地域全体に環境保全のシステムを普及させることはできないだろう。複数のアクションを組み合わせた総合的なプログラムを用意し，それぞれの働きかけに対する住民からの反応を引き出し，その効果をフィードバックしながら，次のアクションによって働きかけるという対話型のプログラムこそ必要とされる。

　その数少ない事例の1つとして，行政職員と地域住民の協力による柳川の堀割浄化事業をあげることができる（広松，1987）。そこでは，昔のようなきれ

いな堀割をとり戻そうと地区毎の住民懇談会で合意したり，堀割の現状について観察会を行ったり，住民自身による泥さらいの共同作業を実施するなど，数多くのアクションが実行された。それぞれの結果についての行政と住民あるいは住民間のコミュニケーションを通じて，ヘドロやごみで汚れていた堀割は水辺のアメニティ環境として見事に再生されたのである。しかし，そこでとられた多くのアクションの1つひとつがどのような効果を及ぼしたのかについては，客観的な評価はなされていない。

住民自身が働きかけの主体となって，地域の環境保全のプログラムを成功させるためには，いかなるアクションをどのような時期に実践すればよいのだろうか。また，それぞれのアクションは，いかなる効果を期待できるであろうか。さらに，その結果を住民にフィードバックするには，どのような媒体によって伝えればよいのか。身近な環境を保全する活動を始めるためには，そのような情報を創り出すことこそ必要なのである。

(2) 環境ボランティアによるリサイクルプログラム

ここでは環境ボランティアのグループが資源ごみの分別回収，つまりリサイクル・システムを地域に普及させるためにとったアクション・プログラムの事例（広瀬，1993）を紹介しよう。

このアクション・リサーチは，大都市に近接する人口3万弱の町の新興住宅地域で行われた。旧住民の農村集落と新住民の新興住宅地が人口比でほぼ半分ずつで構成されているこの町は，隣接する2町と共同でごみ処理を行っている。活動の開始時点では，ごみ焼却炉の老朽化とごみ量増大を理由として，より規模の大きな新焼却炉の建設が計画されていたが，3町ともにごみ減量対策としての資源ごみ分別回収を実施していなかった。ボランティア・グループは，同じ町の他の2地域で活動するグループとともに，自分たちの地域だけでなく，町レベルのリサイクル・システムを作ることを目指して結成された。

(3) 環境ボランティアのネットワークの機能

環境ボランティアが地域内外の人々と行うコミュニケーションは，人間関係のネットワーク（網の目）を通じての対面的なものと，会報などを通じての非

対面的なものの，2つの直接的な働きかけ，そしてマスメディアを媒介とした地域の不特定多数への非対面的で間接的な働きかけに分類される。そのうち，新しい行動様式を個人が受容するのにもっとも大きな影響をおよぼすのが，対面的なコミュニケーションであることは，革新技術の普及過程（Rogers & Kincaid, 1981）や，社会運動への参加（Oberschall, 1993）に関する研究において確認されている。

社会的ネットワークは，その機能から大きく2つに分類できる。1つは，複数の個人を相互に繋いで緊密な集団を構成する強い紐帯としてのネットである。もう1つは，強い紐帯である集団の間を繋ぐ弱い紐帯である（Granovetter, 1973）。リサイクルグループの場合について，それぞれのネットの機能の違いをみてみよう。

強い紐帯としては，地域内での親しい友人のネットワークをあげることができるが，それはリサイクルへの参加を勧誘する主要な媒体となる。実際，リサイクル活動に従事するボランティアは相互に強い友人関係のネットで連結されていたし，早くから活動の早い時期に資源ごみを出していた住民の多くは，ボランティアと友人知人のネットワークで結ばれていた。この強いネットを通じての働きかけが，行動変容を引き出す機能をもつ場合に，動員ネットとよぶことができる。

弱い紐帯としては，同じ町の別々の地域で形成された3つのボランティアグループをつなぐネットと，隣町のリサイクルネットワークとつながるネットとがある。それぞれの弱いネットを通じて，地域に導入するアクションについて必要な情報を入手しているので，情報ネットとよぶことができよう。町内の3グループは，町レベルのリサイクル制度の導入を共通の最終目標として，情報交換のネットワークを作り，システム導入やボランティアへの援助を行政に要請する交渉も共同で行っていた。また，資源ごみの自主的回収に関する新しいアイディアは，地域外との情報ネットを通じてもたらされた。回収容器の入手方法や資源回収業者との連絡方法なども，この情報ネットから伝達されている。

（4） 地域リサイクルのためのアクション・プログラム

ボランティアがとった一連のアクションは，前節で取り上げた認知や行動な

どの変容アプローチのほとんどを網羅していた。たとえば，便益・費用評価の変容アプローチとして，地域内に多くの回収ボックスを長期間設置することで行動切り替えのコストを低減することを，また実行可能性評価の変容アプローチとして，会報配布によって収集日時を通知するというプロンプトを実施している。さらに，社会規範の変容アプローチとして，友人ネットワークを通じてリサイクルへの参加を勧誘することや，アンケート結果のフィードバックによってリサイクルの新しい規範を提示することを試みている。さらに，態度と行動意図との関連強化のアプローチとしては，アンケートへの協力というコミットメントを促すことがあげられる。それ以外にも，認知の変容アプローチとして，会報やマスメディアを通じてごみ問題や焼却炉計画の情報を提供することや，リサイクルのモデル団体やモデル地区への指定によりグループ活動の正当性・信頼性を獲得するというアクションもとられた。

(5) 地域リサイクルの普及プロセス

　ボランティアによる地域リサイクルの普及プロセスは，導入されたアクションが目指した目的の違いから大きく3つの段階に分けることができよう。前半の段階では，ボランティアのネットワーキングのアクションがとられた。中盤では，地域の住民にリサイクルへの参加を働きかけるアクション，そして最後の段階では，インフォーマルなボランティア活動を自治会主催によるフォーマルな活動へ転換するためのアクションがとられた。

1）ボランティアのネットワーキング　　ボランティア活動のきっかけは，隣接した町の議員同士の情報交換であった。隣町でのリサイクル活動に刺激を受けた3人の町会議員が，自分の支持者や友人に地域でのリサイクルをよびかけた。そして，ごみ問題やリサイクルに関心の深い数人の女性が，議員の活動とは独立に，ボランティアグループとしてリサイクル活動を始めることになった。

　その中心メンバーは，友人によびかけて，リサイクルについての少人数の集まりを自宅で開き，ボランティアをリクルートした結果，地域全体の資源ごみの収集作業が可能となるだけの人数が集まった。彼女たちのほとんどは，中心メンバーとの強い紐帯でつながっている友人であり，環境問題やリサイクルに

関心をもつ人たちであった。グループでの話し合いから，ごみ減量のために行政にリサイクル・システムを実施させることを最終的な目標とした。またボランティアによるリサイクル活動を地域に普及させ，自治会主催のシステムへ移行することを当面の目標にした。

2）住民へのリサイクル参加の働きかけ　この段階での最初のアクションは，ボランティアの社会的ネットワークにつながっている住民に対して，リサイクルに資源ごみを出すのを直接依頼することであった。

同時に，数ブロックに1つの割合で資源ごみの回収ボックスを一定期間設置した。活動の開始直後は常設し，3カ月後から1週間に短縮した。リサイクルという新しい行動習慣のシェイピングを容易にするために，最初の行動変更のコストを最小限にしている。回収ボックスの数が多いと，空きビン・缶の運搬が簡単になり，長期間設置すれば，週1回の不燃ごみよりも容易に出せる。そうなれば，住民はリサイクルに肯定的な自分の態度と一致する行動をとりやすくなる。さらに，自分のとった行動の原因を，手間のかからなさという要因でなく，リサイクルへの態度に帰属できれば，新しい行動は持続しやすくなる。

3番目のアクションとして，グループの会報を地域の全家庭に毎月配布した。新しく始まったリサイクルへの参加をよびかけて，活動への関心と注意を喚起するためである。会報による回収日の通知にはプロンプト効果があり，資源回収量や分別作業への参加者名の情報は，リサイクルが地域に普及しつつある実状を知らせることになる。

4番目のアクションは，地域の全世帯を対象としたリサイクルについての自主的なアンケート調査である。ボランティアのネットのどれとも連結していない住民に，対面的働きかけをするのはむずかしい。ちなみにアンケートの結果によれば，リサイクルを友人から勧められた世帯の割合は調査前には2割に過ぎなかった。残り8割の世帯に対して，リサイクルへの参加を働きかける機会を作り出すために，調査が実施された。アンケートのもう1つの目的は，リサイクルについて住民からきめ細かい情報を受け取ることである。これまでのところ，住民全体からは毎月の資源ごみ回収量というマクロな応答しか得られていない。リサイクルを行っていない住民からリサイクルに参加しない原因を探りだし，参加を阻害する要因を除くための情報を得ることも必要であった。

3）ボランティアから自治会主催への移行

5番目のアクションはアンケート結果のフィードバックである。調査によれば，住民の大多数がリサイクルに賛同し，住民の過半数以上がリサイクルに参加していた。リサイクルに肯定的な地域世論を住民全体にフィードバックすれば，リサイクルが地域の社会規範として結晶化する可能性が高い。

フィードバックのアクションは，調査実施の3カ月後に，2つの媒体で行われた。調査結果の詳細は会報で2度にわたり報告された。また，新聞の地方支局に働きかけ，ボランティアによる自主的なアンケート調査という記事が掲載された。複数の媒体による情報提供は，リサイクル活動に正当性を付与する効果を持つと考えられる。

これまでの一連のアクションをとることは，少人数のボランティアにとって大きな負担であった。長期間大きな負担が続くと，メンバーの多くが脱落する恐れがある。そこで，6番目のアクションとして，回収ボックスの設置期間を1週間から3日間に短縮した。住民にとってリサイクルは習慣となっていると判断したからであり，また，ボランティアの負担を減らし，逆に住民全体の負担を少しだけ増やすためである。

つぎに，自治会主催の回収に移行するために7番目のアクションがとられた。これまでのリサイクルの実績をもとに，自分たちの地域を資源ゴミ収集のモデル地区にするように行政に働きかけた。町はそれに応じて自治会にその旨を要請した。リサイクルに協力的な自治会長のもとで自治会役員と協議した結果，グループは今後もボランティアとして協力するが，自治会がリサイクルを主催することに合意した。月に1度の資源ごみの分別作業は地域の住民全員が交代で担当することになったが，住民の作業負担を小さくするために，回収ボックスの設置場所を3カ所，回収期間を1日半に減らした。

4）地域内から地域外へのリサイクルの普及

同じ町の3グループのうち，リサイクルをボランティア主体から自治会主催に移行するという目標を達成できたのは，活動を開始して一年のこの時点ではこの事例のグループだけであった。このグループは，それ以後は，他地区へリサイクル活動を普及させるための働きかけを，町の自治会連絡会の場で行うことにした。

行政は，地域にリサイクルシステムを作るのに成功したこのグループの実績を評価し，自治会主催によるリサイクルを，町内の他の14地区に普及させる働きかけをすることを決定した．行政と環境ボランティアの双方からの14の地区の区長や自治会長などの役員への熱心な働きかけの結果，グループの活動開始より3年が経過した時点で，町の15地区のすべてでリサイクルが実施されることになった．ボランティアが地域全体にリサイクルを働きかけたこの地区は，現在でも全町15地区の中でもっとも資源ゴミの回収量が多い．

(6) ボランティアによるアクションの効果

この事例のボランティアグループ（以下では対象グループとよぶ）は，同じ町の他の2グループ（比較AとBグループとよぶ）では実行していない独自のアクションを3カ月間隔で数多く導入していた．したがって，同じ時期の各グループの資源ごみ回収量を比較すれば，それぞれのアクションの効果を評価できる．資源ごみ回収量を指標として，ボランティアによるアクションが，地域住民のリサイクルへの参加に及ぼした効果を検討してみよう．

図11-2には，各アクション導入直後の3カ月の月別平均回収量を対象グループと2つの比較グループについて示している．

1) 社会的ネットワーク数と回収ボックス数の効果 ネットワークを通じて勧誘した人数は，各グループのメンバー数とネットワークの広がりから，対象グループが最大であり，比較Aが次で，比較Bが最小であると推定できる．

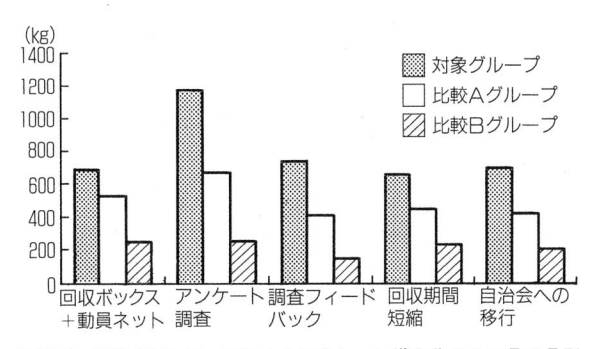

図11-2 環境ボランティアによるアクション導入後の3カ月の月別資源ゴミ回収量

また，活動開始から３カ月後の各地域での回収ボックス設置数は，対象グループでは11ヶ所，比較A，Bはともに６ヶ所であった。

２つのアクションの効果は，その直後３カ月の対象グループによる資源ごみ回収量に反映されている。月別回収量が，対象グループ＞比較Aグループ＞比較Bグループであることから，２つのアクションがそれぞれに住民の参加を引き出す効果をもつことがわかる。対象グループによる調査結果も，２つのアクションの効果を裏づけている。リサイクルに勧誘された住民の半数以上がリサイクルに参加していたし，また，近くに回収ボックスが設置されているほど，リサイクル活動への関心度や参加率は高い。

２）アンケート調査への協力の効果　このアクションには，調査への回答によってボランティアに協力し，あわせてリサイクルに肯定的な態度を表明するという２重のコミットメントを住民自身が行う効果と，調査によってリサイクルへの関心が喚起されるという効果が期待される。ちなみに，調査結果によれば，住民の大多数がごみ減量とボランティアの活動に肯定的な回答をしている。

調査実施の効果は，その後の３カ月における資源ごみ回収量の急激な増加となって現れている。この時期は夏季であったため，比較グループAでも前の時期よりも３割弱増加しているが，対象グループの７割の増量は際立っている。

３）調査結果のフィードバック効果　予想されたフィードバックの効果は，見られなかった。この時期は夏から秋への季節の変化にあたっていたため，３グループとも回収量は減少している。しかし，調査実施以前の春季３カ月間の回収量からの増加量では，対象グループが比較グループよりも多いことから，調査実施の効果はこの期間も持続していることが確認できる。

４）回収期間短縮の効果　対象グループのみがとった設置期間の短縮によって，資源回収量が減少したか否かを，比較グループの回収変化量と比較したところ，対象グループと比較グループの間で差異はみられなかった。設置期間を短縮しても，一度形成されたリサイクルの習慣は元に戻ることはなかった。

５）ボランティアから自治会単位の回収への移行　最後のアクションは，ボックス設置場所の減少と回収期間の短縮であった。比較グループの地域では，依然としてボランティア・グループによる回収が続いていた。対象グループと

比較グループの回収変化量に違いがないので，リサイクルへの参加者を減らすことなく自治会への移行が成功したといえよう。

(7) リサイクルの普及を促進する状況要因

この事例では，最初は地域のマイノリティであったボランティア・グループが複数のアクションによって自治会主催という地域レベルのリサイクル・システムを創りだすことができたが，このようなプログラムが成功するには，いくつかの状況的要件が必要であろう。

ボランティア活動を促進する社会的要因としては，ごみ問題やリサイクルへの肯定的な世論の存在をあげることができる。誰もがごみ問題にはかかわりをもっているので，それを解決しようとする活動に反対する対抗グループは出現しにくい。そのため，リサイクルのボランティアは最初から好意的な評価を住民から得られる。さらに，環境保全活動でしばしば問題となるフリーライダーの存在がリサイクルの普及を阻害しない点があげられる。リサイクルに参加しない住民は，参加している住民のリサイクルを妨げることはなく，リサイクルの行動をとるボランティアと違って目立つことはない。また，地域の規模が小さいので，ボランティアだけでも，地域全体の資源ごみを回収する負担はそれほど大きくない。この事例では地域の世帯数は約600と小さく，ボランティアは地域全体の約5％であり，社会的ネットワークでつながる住民も全体の2割に達していたことが，リサイクルの普及に有利な条件であった。以上のような状況要因が，ボランティアによるアクションの効果を促進したといえよう。

4 おわりに

環境保全の実践にむけての環境社会心理学の研究は始まったばかりである。環境と社会の接点で生じるさまざまな環境問題に対して，個人があるいは集団がどのように認識し，それを解決するために対処しうるのかが，研究の焦点となる。これまでの研究のなかで，たとえば省エネやリサイクルなどの環境配慮行動の変容を働きかけるフィールド実験は，そのほとんどがアメリカで実施さ

れてきた。そこで環境配慮行動を促すのに効果があると確認された多様なアプローチが，社会的な制度や文化の異なる日本でも有効であるかどうかはあらためて検討しなければならない。

また，環境にやさしい社会的制度を実現するためには，環境経済学や環境工学などとの学際的な協同の取り組みを進めなければならない。多様で複雑な側面を有する資源環境問題は，環境社会心理学からのアプローチだけで理解も解決もできないからである。さらに，行政と住民と研究者の3者間の対等な立場からの双方向的コミュニケーションによる環境保全のアクションリサーチが，今後是非とも必要となるであろう。

引用文献

Arbuthnot, J., Tedeschi, R., Wayner, M., Turner, J., Kressel, S., & Rush, R. 1977 The induction of sustained recycling behavior through the foot-in-the-door technique. *Journal of Environmental Systems*, **6**, 353-366.

Brislin, R. W., & Olmstead, K. H. 1974 An examination of two models designed to predict behavior from attitudes and other verbal measures. Unpublished manuscript.

Burn, S. M., & Oskamp, S. 1986 Increasing community recycling with persuasive communication and public commitment. *Journal of Applied Social Psychology*, **16**, 29-41.

Constanzo, M., Archer, D., Aronson, E., & Pettigrew, T. 1986 Energy conservation behavior: The difficult path from information to action. *American Psychologist*, **41**, 521-528.

Geller, E. S. 1981 Evaluating energy conservation programs: Is verbal report enough? *Journal of Consumer Research*, **8**, 331-335.

Geller, E. S., Farris, J. C., & Post, D. S. 1973 Prompting a consumer behavior for pollution control. *Journal of Applied Behavior Analysis*, **6**, 367-376.

Geller, E. S., Winett, R. A., & Everett, P. B. 1982 *Preserving the environment: New strategies for behavior change*. New York: Pergamon Press.

Granovetter, M. S. 1973 The strength of weak ties. *American Journal of Sociology*, **73**, 1361-1380.

Hass, J. W., & Bagley, G. S. 1975 Coping with the energy crisis: Effects of fear appeals upon attitudes toward energy consumption. *Journal of Applied Psychology*, **60**, 754-756.

Heberlein, T. A., & Black, J. S. 1976 Attitudinal specificity and the prediction of behavior in a field setting. *Journal of Personality and Social Psychology*, **33**, 474-479.

広瀬幸雄 1993 環境問題へのアクション・リサーチ：リサイクルのボランティア・グループの形成発展のプロセス 心理学評論, **36**, 373-397.
広瀬幸雄 1994 環境配慮的行動の規定因について 社会心理学研究, **10**, 44-55.
広瀬幸雄 1995 環境と消費の社会心理学 名古屋大学出版会
広松 伝 1987 ミミズと河童のよみがえり：柳川堀割から水を考える 河合ブックレット
Horsley, A. D. 1977 The effects of a social learning experiment on attitudes and behavior toward environmental conservation. *Environment and Behavior*, **9**, 349-384.
Kantola, S. J., Syme, G. J., & Campbell, N. A. 1982 The role of individual differences and external variables in a test of the sufficiency of Fishbein's model to explain behavioral intentions to conserve water. *Journal of Applied Social Psychology*, **12**, 70-83.
Kohlenberg, R., Phillips, T., & Proctor, W. 1976 A behavioral analysis of peaking in residential electrical-energy consumers. *Journal of Applied Behavior Analysis*, **9**, 13-18.
Leonard-Barton, D., & Rogers, E. M. 1979 *Adoption of energy conservation among California homeowners*. Stanford University, Institute for Communication Research.
McClelland, L., & Cook, S. W. 1980 Energy conservation effects of continuous in-home feedback in all-electric homes. *Journal of Environmental Systems*, **9**, 169-173.
Mohai, P. 1986 Public concern and elite involvement in environmental conservation issues. *Social Science Quarterly*, **66**, 820-38.
野波 寛・杉浦淳吉・大沼 進・山川 肇・広瀬幸雄 1997 資源リサイクル行動の意思決定における多様なメディアの役割 心理学研究, **68**, 264-271.
Oberschall, A. 1993 *Social movements : Ideologies, interests, & identities*. New Brunswick, NJ : Transaction Publishers.
Olsen, M. E., & Cluett, C. 1981 Evaluation of the Seattle City Light neighborhood energy conservation program. Seattle : Battelle Human Affairs Research Centers.
Pallak, M. S., Cook, D. A., & Sullivan, J. J. 1980 Commitment and energy conservation. In L. Bickman (Ed.), *Applied social psychology annual. Vol. 1.*, Bevery Hills : Sage, pp. 235-253.
Renn, O., Burns, W. J., Kasperson, J. X., Kasperson, R. E., & Slovic, P. 1992 The social amplification of risks : Theoretical foundations and empirical applications. *Journal of Social Issues*, **48**, 137-160.
Rogers, E. M., & Kincaid, D. L. 1981 *Communication networks : Toward a new paradigm for research*. New York : The Free Press.
Seligman, C., & Darley, J. M. 1977 Feedback as a mean of decreasing residential

energy consumption. *Journal of Applied Psychology*, **62**, 363-368.

杉浦淳吉・野波 寛・広瀬幸雄 1999 資源ごみ分別制度への住民評価に及ぼす情報接触と分別行動の効果 廃棄物学会論文誌, **10**(2), 87-96.

Syme, J. S., Seligman, C., Kantola, S. J., & MacPherson, D. K. 1987 Evaluating a television campaign to promote petrol conservation. *Environment and Behavior*, **19**, 444-461.

総理府 1995 環境保全とくらし 月刊世論調査 9月号

高橋 直 1996 ある商店街におけるごみ捨て行動への介入の試み 心理学研究, **67**, 94-101.

Thompson, S. C., & Stoutemyer, K. 1991 Water use as a commons dilemma: The effects of education that focuses on long-term consequences and individual action. *Environment and Behavior*, **23**, 314-333.

Van Liere, K. D., & Dunlap, R. E. 1978 Moral norms and environmental behavior: An application of Schwartz's norm activation model to yard burning. *Journal of Applied Social Psychology*, 8, 174-188.

Vining, J., & Ebreo, A. 1990 What makes a recycler? A comparison of recylers and nonrecylers. *Environment and Behavior*, **22**, 55-73.

Witmer, J. F., & Geller, E. S. 1976 Facilitating paper recycling: Effects of prompts, raffles, and contests. *Journal of Applied Behavior Analysis*, **9**, 315-322.

索引

人名索引

A
足立 孝　85
穐山 憲　119, 121
Alexander, C.　162
Altman, I.　9, 18-20, 53, 55
Amato, P. R.　45
網藤芳男　63-64
Anderson, C. A.　42
安藤孝敏　198
青木正夫　77-78
青山吉隆　178-179, 181, 184-186
青柳みどり　63
Appleton, J.　60
Arbuthnot, J.　235
Atchia, M.　226

B
Bagley, G. S.　233
Barker, R. G.　15, 23, 151-153
Baum, A.　39-40
Bedford, T.　73
Bell, P. A.　42
Beningni, L.　144
Berlyne, D. E.　58-59
Binder, A.　144
Black, J. S.　231
Blanchére G.　73
Bogat, G. A.　42
Boster, R. S.　57
Brislin, R. W.　230
Brookes, M. J.　135
Brown, J. W.　191
Burn, S. M.　236

C
Calhoun, J.　20
Cluett, C.　238
Cohen, S.　18
Constanzo, M.　234
Cook, S. W.　237
Cunningham, M. R.　42

D
Daniel, T. C.　55, 57-58
Darley, J. M.　238
Dawes, R. M.　202
Demick, J.　53
Dietz, T.　204-205
Dressel, D. L.　124
Dunlap, R. E.　231
Duron, Y.　199
Dwyer, W. O.　203

E
Ebreo, A.　232
Ehrlich, P.　193
遠藤吉生　159
Evans, G. W.　43, 53

F
Fanning, D. M.　102
Festinger, F.　12
Fischhof, B.　197
Francis, J.　124
藤沢 等　72
福島達夫　218
古屋 健　32

索　引

G
Geller, E. S.　233, 237, 238
Gifford, R.　198, 200
Goffman, E.　165
Gollege, R. G.　164-165
Goodlad, J. L.　151
Goodland, R.　191-193
Granovetter, M. S.　241
Guild, W.　72
Gump, P. V.　151-152

H
Hall, E. T.　18, 20
Hallman, W. K.　196
半田章二　216
原　広司　143
Hardin, G.　190-200
Hart, R.　164
Harting, T.　53-54, 56, 64
Hass, J. W.　233
服部岺生　78
林　春男　32
Hebb, D.　17
Heberlein, T. A.　231
Heider, F.　12
Heron, W.　11
広末　伝　239
広瀬幸雄　229-230, 233, 240
堀尾輝久　211
Horowitz, M. J.　20
Horsley, A. D.　235
橋本修左　137

I
市川智史　212-213
井口哲夫　119
乾　正雄　74, 119, 136
板倉英則　37
Ittelson, W. H.　18, 21
岩田　紀　32, 34, 36, 38, 44-45

J
Jacobs, S. V.　43
Jones, J. W.　42

K
梶　秀樹　176
梶　哲夫　211, 222
Kantola, S. J.　232
Kaplan, A.　135
Kaplan, R.　56, 59-60, 62
Kaplan, S.　56, 59-62
加藤義明　72
川名俊次　37
川戸さえ子　155
Kempton, W.　204
木原俊行　222
Kincaid, D. L.　241
岸本幸臣　75
北川健次　32
北原理雄　56
北山　修　165
Knopf, R. C.　55
小林輝一郎　85
小林秀樹　156
Kaffka, K.　13"
古川雅文　155
Kohlenberg, R.　239
小泉正太郎　85
近藤光男　177-178, 180-181
Korte, C.　43
古瀬　敏　80
越河六郎　136-137
Krupat, E.　72
工藤雅世　138
久野　覚　72
Kwallek, N.　125

L
Lanius, U. F.　17
Lave, L. B.　42
Leonard-Barton, D.　232
Leopold, A.　225
Levy-Leboyer, C.　199
Lewin, K.　14-15, 22
Lewis, C. M.　125
Lynch, K.　22

M

松田　誠　75
McClelland, L.　237
Mehrabian, A.　17
Millgram, S.　17-18
南　博文　143-144,148,157,164-165
源　了圓　52
水越敏行　222
望月　衛　8,14,20
Mohai, P.　231
文部省　220
Moore, N. C.　102
森岡正博　225,226
Moser, G.　43

N

長倉康彦　147-148,158-159
内藤正明　63
中丸澄子　157
中山和彦　212
難波精一郎　132
永田良昭　9,12-13
Niemann, E.　63
日本環境協会　214,222-224
日本教職員組合　218-219
新村　出　50
西本憲弘　153
西山卯三　76-77
中埜　肇　51
野波　寛　230
沼田　真　53

O

Oberschall, A.　241
織田正昭　104-105
O'Hanlon, T.　49
扇田　信　77
大井直子　155
大倉元宏　137
大野秀夫　74
逢坂文夫　108
尾入正哲　119,121-123,126-
　　128,130,132,137-138
岡本浩一　198

Olmstead, K. H.　230
Olsen, M. E.　238
大山　正　8,14
長田泰公　71
Oskamp, S.　55,200,236

P

Pace, C. R.　155
Page, R. A.　41
Pallack, M. S.　236
Paulus, P. B.　39-40
Pawlik, K.　194
Pearce, B. G.　134
Persinger, M. A.　42
Piaget, J.　12
Pitt, D. G.　55
Platt, G.　201
Porter, G.　191
Power, S.　199
Proshansky, H. M.　49
Pulgram, W. L.　124,128-129,132

R

Rapoport, R. N.　207
Renn, O.　230
Rogers, E. M.　232,241
Rogoff, B.　53,166
Rotton, J.　43
Russel, A.　17
Russel, J. A.　17

S

定井喜明　72,174,177
斉藤平蔵　72
佐島群巳　215-216
榊原康夫　211,213
佐古順彦　153-154,157,198
Sanoff, H.　133-134
沢田知子　71,80
Schmidt, F. N.　198
Schroeder, H. W.　58
世古一穂　216
Seligman, C.　238
Seskin, E. P.　42

索　引

品田　穣　37
Shrader-Frechette, K. S.　206
Skinner, B. F.　12
Smardon, R. C.　56
Sommer, R.　20,166
相馬一郎　150,155-156
Spreckelmeyer, K. F.　133
Stern, P. C.　55,200,204-205
Stokols, D.　9,55,144
Stonis, R. E.　124,128-129,132
Stoutemyer, K.　234
Suedfeld, P.　55
杉村幸子　216
杉浦淳吉　234
住田昌二　77
Sundstrom, E.　128,130-131,133
Sundstrom, M. G.　128
鈴木成文　77-78
Syme, J. S.　233

T
高田光男　111-113
高橋　誠　120
高橋　直　238
高橋鷹志　85
Talbot, F.　61-62
田辺健一　29
Tanaka, K.　143
巽　和夫　78,111-113
寺本潔司　164
Thompson, S. C.　234

田中　隆　63
Tognoli, J.　125

U
内山　節　52
Urlich, R. S.　56,60-61

V
Valsiner, J.　144
Van Liere, K. D.　231
Veitch, R.　14-15,17,26
Vining, J.　55,232

W
Wandersman, A. H.　196
Wapner, S.　22,25,53,157,164
渡辺圭子　95-96,99-100
Wineman, D.　134
Witmer, J. F.　237
Wohlwill, J. F.　21-22,53,55,58-59,64
山本多喜司　157
山内宏太朗　95-96
柳父　章　51-52
山本和郎　94-95,102-103
横張　真　63
吉田　悟　132,139
吉田直樹　144,148-149
吉森　衛　46
湯川利和　105-111
Zube, E. H.　55

事項索引

あ行

アクションの効果　245
アクション・リサーチ　239-240
アメニティ　33
アンカーポイント　164-165
アンケート調査　246
意識調査　173
意思決定のプロセス　230
居場所　154, 165
インテリア・エレメント　81
インテリア・デザイン　81
エーリッヒの方程式　193
援助行動　44
オゾン層　192
　　　──破壊　191
オフィス環境　117-118
　　　──の評価　119
オフィスと自然　136
オフィスの機能性　125
オフィスの個人化　118, 126
オフィスの生産性　123
オープンデッキ　160-161
オープンプラン・オフィス　132
温暖化　191-192

か行

快適性　171
開放型住宅　86
学習者の共同体　166
学校環境　142
学校規模の錯覚　152
学校風景　142
渇水　230, 234
環境教育　209, 213-214
　　　──と学習指導要領　220
　　　──の教育課程　217
　　草の根──　216
　　日本の──　218
環境研修　214
環境社会心理学　229
環境知覚　57
環境と覚醒理論　16
環境と空間近接学　20
環境と個人空間論　18
環境と刺激負荷理論　18
環境と情動論　17
環境にやさしい態度　230
環境認知の変容アプローチ　233
環境の客観視（環境決定観）　12
環境の個人決定観　11
環境配慮行動　230, 237
環境ハザード　195
環境評価インベントリ　198, 200
環境保全プログラム　239
環境ボランティア　239-240
環境問題　217-219
　　　──の論理　200
環境倫理　206, 225
　　　ロマン主義的な──　226
環境を構成する要素　171
起居様式　77
気象条件　42
技術・知識の教示法　238
技術的カタストロフ　195
技術ハザード　196
GINI 係数　185
キャンパス空間　153
キャンペーン　234
共有地のジレンマ　195
共有地の悲劇　190
協力　207
居住環境　71
近所づきあい　111
　　　──マトリックス　112
近隣関係　115
空間的密度　37
空間の社会的な意味づけ　148
クラウディング　37-39
グローバル・チェンジ　191, 193-194, 198
　　　──と環境保全行動の主観的コスト
　　　-効率　195
　　　──と原因・結果の関係　194
　　　──と行為者と犠牲者との社会的距
　　離　195

256　索　引

　　　———と出現頻度の過少評価　194
　　　———と人間の感覚　194
景観　54,56
　　　———知覚　55
　　　———の質　55
　　　———評価モデル　57-58
ゲシュタルト心理学　13
建築環境学　73
公害　219
　　　———と教育　209
公私室型　77
校舎のデザイン　158
高層住宅団地と性犯罪　109
行動意図　232
行動セッティング　15,23,150-151,154,156
行動の場　15
行動評価の変容アプローチ　236
公平性　183
効率性　183
国際活動方略　213
国民生活指標　172
　　　新———　172
国連人間環境会議　211
個人空間　38
個人スペース　126-128
子どもの自立　115
子ども道　164
コミットメント（行動的介入）
　　　203,235,237
コミュニティ　115,166
　　　———・デザイン　166

さ行

サテライトオフィス　138
酸性雨　191
色彩計画　82
刺激過剰負荷　43
資源ゴミ　236,240
資源浪費的行動　237
施設の整備水準と満足度　176
施設の配置　178
自然　50-52
　　　———かんさつ路　215

　　　———災害　195
　　　———体験プログラム　61
　　　———なものの経験　54
　　　———の認知的プロセス　60
自然環境　36,49,53,169
　　　———の機能評価　63
　　　———の経験　54
持続可能な発展　210
持続的開発　213
実行可能性評価の変容アプローチ　238
室空間　81
室内環境評価　70
しつらい　84
私的空間　148
　　　半———　149
社会環境　169
社会規範　232,236
社会規範評価　237
　　　———の変容アプローチ　236
社会指標　171
社会的ネットワーク　241
社会的密度　37
住環境ストレス　95,100,115
　　　———・トラブル・イベント　99
住環境トラブル・イベント　96
住宅性能研究　73
住様式　84
省エネ　236
　　　———意図　233
小規模校効果　152
情報提供　234
情報ネット　241
情報をフィードバック　238
シンク機能　194
人口爆発　193
生活空間　22
生活空間論　14
生活の場　144
ストックホルム会議　209,212
ストレス　60
制御された刺激　8
生態学的アプローチ　144
生態学的妥当性の高いデザイン　143
生態学的心理学　15

性犯罪　109
整備格差指標　184
整備水準指標　184
生物種の多様性の減少　193
責任帰属の認知　231
節水　230, 234
選択的誘因　237
騒音　36, 41
総合整備指標　183
相互関係的アプローチ　56
相互交流的アプローチ　56
相互作用観（人間と環境）　13
双方向コミュニケーション　239
ソース機能　194
ゾーニング　75

た行

大気汚染　36
対処有効性　231
態度　200
態度と行動意図の関連強化のアプローチ
　　234
たまり場　165
段階的要請法　234
　　――によるアプローチ　234
地域環境　169
地下オフィス　138
地球環境と人間　190
地球環境変化　191
致命リスク　197
超高層集合住宅　90
　　――と子どもの自立　102
　　――とコミュニティ　112
　　――と心理的ストレス　94
　　――とセキュリティと子どもの遊び
　　105
　　――と妊産婦　108
超高層住宅と地域社会との遊離　116
強い紐帯　241
テクスチュア　83
デザインプロセス　158, 163
　　――分析　161
動因ネット　241
統制感　40

動線　75
都市　29
　　――ウォッチング　215
　　――かんさつ路　215
　　――の快適性　33, 35
　　――の定義　29
　　――の特質　30
都市化　30, 32
　　心理的――　32
都市環境　29, 72
都市的行動様式　32
土地の疲弊　193
トビリシ会議　213
トビリシ環境教育政府間会議　211
トビリシ勧告　213

な行

ニアビー　199
二段階モデル　233
日常安全性　79
ニムトゥー　199
人間―環境モデル　10
人間関係　46
人間次元の研究　207
妊産婦　115
ニンビー　199
ネットワーキング　242
ネットワークの機能　240

は行

バイオマス　192
ハザードのクラスター分析　198
場所　23
バーチャルオフィス　138
発展の権利に関する宣言　210
パーティション　127, 130-132
バルコニー　161
犯罪　44
犯罪発生の不安　115
批判的思考　226
評価関数　175
琵琶湖汚染　230
フィールド実験　247
プライバシー　128, 132

──の評価　130
フリーライダー　237,247
ふれあい空間　147-148
フロンプト　238
　　　──法　238
平面計画　76
ベオグラード憲章　211-212
便益費用評価の変容アプローチ　237
防災性　115
防犯性　108

ま行
マスメディア　229,231
町のかんさつ路　215
まとまりをもつ全体　9
満足距離　178
未知リスク　197
未来へのアジェンダ　210
目標整備水準　180
モスクワ会議　213
モジュール　82

や行
役割演技法　234
　　　──によるアプローチ　235
有限地球生態システム　191-192
ユネスコ-ユネップ1990年代の環境教育・研修のための国際行動戦略　211
ユネップ　210

ら行
リサイクルの普及　244
リスク・コミュニケーション　198
リスク知覚　196
リスク認知　230
リスク評価　196
倫理　206
　　宇宙船──　206
　　救命ボート──　206
　　地球──　207
　　土地の──　225
　　フロンティア──　206
ローカルメディア　234

執筆者紹介

編 者	岩田　　紀	（元大阪樟蔭女子大学人間科学部教授）
第1章	石井　眞治	（比治山大学現代文化学部教授）
第2章	岩田　　紀	（元大阪樟蔭女子大学人間科学部教授）
第3章	網藤　芳男	（独立行政法人農業・生物系特定産業技術研究機構近畿中国四国農業研究センター総合研究部農村システム研究室）
第4章	渡辺　圭子	（元独立行政法人建築研究所）
第5章	山本　和郎	（慶應義塾大学名誉教授）
第6章	尾入　正哲	（中京大学心理学部教授）
第7章	南　博文	（九州大学人間環境学研究院教授）
	吉田　直樹	（皇學館大学教育学部教授）
第8章	近藤　光男	（徳島大学社会環境システム工学教授）
第9章	佐古　順彦	（元早稲田大学人間科学学術院教授）
第10章	的場　正美	（東海学園大学教育学部教授）
第11章	広瀬　幸雄	（関西大学社会安全学部教授）

現代応用社会心理学講座──2
快適環境の社会心理学

2001年6月10日　初版第1刷発行
2015年3月25日　初版第8刷発行

定価はカヴァーに表示してあります

編　者　岩田　紀（いわた　おさむ）
発行者　中西健夫
発行所　株式会社ナカニシヤ出版
〒606-8161　京都市左京区一乗寺木ノ本町15番地
　　　　　ＴＥＬ．075-723-0111
　　　　　ＦＡＸ．075-723-0095
　　　　　郵便振替　01030-0-13128
　　　URL　http://www.nakanishiya.co.jp/
　　　e-mail　iihon-ippai@nakanishiya.co.jp

装幀／松味利郎・印刷／創栄図書印刷・製本／藤沢製本
Copyright © 2001 by O. Iwata
Printed in Japan
ISBN 978-4-88848-583-8